État modeste,
État moderne

Ouvrages du même auteur

Mouvements ouvriers et socialistes
chronologie et bibliographie (1750-1918)
en collaboration avec Édouard Dolléans
Éditions ouvrières, 1949

Usine et Syndicats d'Amérique
Éditions ouvrières, 1951

Petits Fonctionnaires au travail
Éditions du CNRS, 1956

Le Phénomène bureaucratique
Seuil, 1965
coll. « Points », n° 28, 1971

Le Monde des employés de bureau
Seuil, 1965

La Société bloquée
Seuil, 1970
coll. « Points Politique », n° 47, 1971

Où va l'administration française
en collaboration avec E. Friedberg,
Pierre et Catherine Grémion, J.-C. Thoenig, J.-P. Worms
Éditions d'Organisation, 1974

The Crisis of democracies
Report of the governability of democracies
en collaboration avec S. Huntington et J. Watanuki
New York, 1975

L'Acteur et le Système
en collaboration avec Erhard Friedberg
Seuil, 1977
coll. « Points Politique », n° 111, 1981

On ne change pas la société par décret
Grasset, 1979
Hachette-Pluriel, 1984

Le Mal américain
Fayard, 1980
Hachette-Pluriel, 1984

Comment réformer l'État ?
Trois pays, trois stratégies : Suède, Japon, États-Unis
avec Pierre Crozier et Bruno Chavanat
La Documentation française, 1988

L'Entreprise à l'écoute :
apprendre le management postindustriel
InterÉditions, 1989

Michel Crozier

État modeste, État moderne

Stratégies pour un autre changement

2e édition revue et augmentée

Éditions Fayard

EN COUVERTURE : photo droits réservés.

ISBN 2-02-012396-7.
(ISBN 1re publication : 2-213-01692-5.)

Avant-propos 1987

Les Français se désintéressent de plus en plus de la politique. Les passions peuvent monter un moment à propos d'un problème particulier bien concret, mais elles ont tôt fait de retomber. Les militants sont fatigués. La grogne peut s'élever et grandir contre le gouvernement, elle reste sectorielle, et la mayonnaise révolutionnaire à la française ne prend plus. Chez les nouveau-venus libéraux, l'enthousiasme s'est dissipé plus vite encore que chez les socialistes.

Les intellectuels eux-mêmes gardent le silence. Depuis ce morne été au cours duquel les journalistes du *Monde* les interrogèrent gravement sur leur absence dans le débat, rien ne les a fait sortir de leur réserve, hormis le souci de ne pas donner prise à l'esprit partisan.

Comme toujours, les experts remâchent leur perplexité. Chacun à sa manière, hommes politiques et journalistes de droite comme de gauche incriminent l'esprit du temps : la montée de l'individualisme, autrement dit de l'égoïsme, le déclin de la solidarité, l'affaiblissement des valeurs, le manque de combativité d'une population rassasiée, incapable de comprendre vrais problèmes et vrais enjeux.

En lisant leurs savantes rationalisations, on a envie de répondre : vos remarques sont souvent pertinentes, mais vous oubliez l'essentiel. Vous cherchez toujours du côté des Français les raisons de la mauvaise relation qu'ils entretiennent avec la politique, vous voudriez au fond changer le peuple pour qu'il devienne ou redevienne actif et enthousiaste, pour que la politique soit à nouveau ce merveilleux sport collectif qui donne du tonus à la société. Nous sommes si habitués à pareil discours qu'il ne nous choque plus. Pourtant, n'êtes-vous pas en train de nous faire perdre notre bon sens et d'oublier qu'en régime démocratique c'est aux gouvernants de s'adapter au peuple qu'ils doivent servir, non au peuple de se plier aux projets et aux lubies de ses gouvernants ?

Si la politique est chez nous en crise, pourquoi veut-on que ce soit la faute des Français ? Pourquoi n'accepte-t-on pas de réfléchir d'abord aux problèmes de la politique elle-même ? Se livrer sérieusement à cet effort débouche rapidement sur une conclusion toute simple : la politique est chez nous en crise parce qu'elle est devenue une activité mégalomaniaque. Les politiciens se croient responsables de tout, il leur faut tout savoir et avoir réponse à tout. La logique du débat partisan les entraîne à promettre des mesures énergiques pour régler définitivement tous les problèmes. Prisonniers de leurs promesses, incapables de résister aux pressions émanant de leur propre camp, ils devront ensuite s'évertuer à les mettre en œuvre en s'aveuglant sur leur coût et leurs conséquences.

Si le « parler-vrai » a un moment séduit, c'est que l'honnêteté est une valeur simple que tout le monde comprend et apprécie. Mais parler vrai n'a guère de sens tant que l'on reste dans le système inflationniste de la politique mégalomaniaque. A écouter les « parleurs-vrai », on se prend même parfois à regretter les vieux professionnels qui n'ignoraient pas que les « paroles verbales » ne doivent jamais affecter les choses sérieuses.

Si l'on veut *vraiment* parler vrai, il faut absolument parler modeste, car l'action que peut accomplir un homme politique l'est nécessairement. Si l'on veut que les Français reprennent goût à la politique, il faut que les hommes politiques se gardent de vouloir démontrer leur probité en respectant leurs promesses. Ils doivent avant tout prendre conscience de leurs limites et s'interdire toute promesse qui ne peut être tenue.

Ce qui ne revient pas à renoncer à toute ambition, bien

au contraire, mais conduit à appliquer ses talents au service d'une société que l'on comprend et que l'on respecte, à écouter d'abord les Français, à mieux cerner la réalité de leurs problèmes, et non pas à imaginer ces problèmes à travers le prisme déformant de l'idéologie ou des revendications catégorielles.

Surtout dans un pays comme la France, encore étouffé par le poids d'une longue tradition étatique, empêtré dans les réglementations et les directives imaginées par ses trop compétents technocrates, c'est ouvrir graduellement mais sérieusement le champ des décisions collectives à des citoyens sans le concours desquels aucune modernisation ni aucun projet de réforme ne sera jamais possible.

Je ne fais pas référence ici à l'autogestion, mirage d'inspiration tout aussi mégalomaniaque qui fascina un temps les esprits les plus généreux, mais à une reconnaissance réaliste des conditions du changement et de l'innovation.

La première de ces conditions, dont dépend tout le reste et qui concerne plus particulièrement le politique — elle devrait constituer sa tâche essentielle —, est la transformation du rôle de l'État et du comportement de ses agents.

Une politique à la fois active et réaliste ne peut plus être menée, dans notre monde complexe, sans la collaboration pratique de citoyens qui doivent prendre leur part de l'effort collectif. Un État arrogant, omniprésent et omnicompétent, est nécessairement impotent, car il ne sait qu'ordonner à partir de principes abstraits et de vues générales. Seul un État modeste peut vraiment se révéler actif, car il est seul en mesure d'écouter la société, de comprendre les citoyens et donc de les servir en les aidant à réaliser eux-mêmes leurs objectifs.

Grande ambition, en dépit des apparences, que la modestie ! Elle réclame beaucoup plus de travail que l'arrogance suprême de tous les « projets de société », fussent-ils libéraux ! Admettre qu'on ne sait pas demande beaucoup de courage. Déployer l'effort nécessaire pour connaître davantage, pour apprendre à apprendre, et apporter ainsi à une société qui le demande la contribution limitée mais indispensable qu'exige le développement de notre tissu collectif, est peut-être la tâche la moins brillante, mais la plus impérieuse qui soit.

Nos technocrates et nos hommes politiques prennent le fait d'être suroccupés pour un travail réel. Certes, ils passent de trop longues heures au jeu fascinant de la puissance et de la reconstruction du monde. Mais ils n'analysent jamais sérieusement le terrain sur lequel ils s'échinent, ils ne préparent jamais avec le soin nécessaire la mise au point et le suivi de la réforme qu'ils prétendent accomplir pour le bien d'administrés qui vont la rejeter ou l'émasculer. Aveugles et sourds au monde réel, ils tranchent en fonction de principes et de visions *a priori,* et nous maintiennent dans des débats de pure rhétorique.

Il est temps de reconnaître que cette politique des « projets de société » — socialistes ou libéraux — est fantasmagorique, que nos technocrates sont bel et bien dépassés dans la société d'aujourd'hui, et que ceux qui prétendent guider la société sont en retard sur elle. Notre État doit être enfin désacralisé.

Désormais capables d'être adultes, il est temps pour nous de redescendre sur terre et d'exiger une politique modeste pour un État modeste, au service d'une société plus libre, plus active et plus riche.

Avant-propos 1990

Au moment où les constructions mégalomaniaques de l'Europe soviétisée s'effondrent, quand les bureaucrates les plus endurcis des démocraties populaires reconnaissent la prééminence de la société civile et les vertus du marché, est-il encore nécessaire de plaider pour l'État modeste ?

Je me suis interrogé sur la pertinence d'une réédition en 1991 de ce livre écrit en 1986-1987 dans un contexte de discussion qui paraît, à trois ans de distance seulement, déjà lointain.

L'immense lueur de liberté qui s'est levée à l'Est a changé enfin le cours de notre histoire intellectuelle, sinon celui de l'Histoire tout court. Si l'idéologie s'effondre, plus rien ne peut justifier l'arrogance d'un État qui, parce qu'il aurait le monopole de la Vérité ou même de l'Intérêt général, aurait le droit et bien sûr le devoir de changer l'homme ou la société.

La portée de l'événement cependant dépasse la confrontation, que ce soit celle des systèmes d'armement, des systèmes d'alliance ou des systèmes idéologiques. Ce qu'il nous force à regarder en face, c'est la réalité du rôle de la contrainte étatique, ses limites, ses moyens mais aussi sa nécessité. Il faut remettre la fameuse *praxis* des marxistes les pieds sur terre. La tâche à laquelle nous appelle l'épuisement des toutes-puissantes bureaucraties est immense. Elle ne se résume ni à un succès polémique ni au retrait de l'État. L'abandon des prétentions des appareils n'est pas une politique, il laisse un vide béant. On s'en aperçoit douloureusement dès maintenant en Europe de l'Est. Si inefficaces qu'ils aient pu être, ces appareils soutenaient tant bien que mal cette société qu'ils mutilaient et stérilisaient. S'ils disparaissent, celle-ci risque de s'effondrer à son tour. Comment la reconstruire, ou plutôt, comment l'aider à se reconstruire ? Personne ne semble encore prendre toute la mesure du gigantesque effort que cette mission de survie impose. Ni peut-être surtout qu'elle n'est pas possible sans l'élaboration d'une nouvelle philosophie de l'action.

C'est dans cette perspective que le thème de l'État modeste s'impose. Et c'est dans cette perspective que j'aimerais que ma contribution soit lue. Non plus comme une polémique contre la sacralisation de l'État — ce qu'elle n'était que très partiellement — mais comme une réflexion sur les conditions de l'exercice de l'action publique dans une société moderne. L'État moderne ne peut plus opérer utilement que s'il devient modeste.

Car ces conditions sont désormais profondément différentes. Non seulement le monopole de la violence légitime n'avait jamais été suffisant. Il l'est désormais de moins en moins. On ne peut plus gouverner par la force mais pas davantage par la distance, le secret et la puissance de la hiérarchie.

On me dira que pour la France le problème n'est pas de même nature et ne requiert pas d'efforts aussi extraordinaires. On me dira aussi que les idées que j'avais exposées sont dans l'air du temps, qu'elles ne rencontrent plus vraiment d'obstacles et qu'on les voit désormais reprises un peu partout jusqu'au cœur même de cet État arrogant que je persiste à attaquer.

Je suis malheureusement convaincu que sur ce point on m'a beaucoup trop vite donné raison. La banalisation des idées est souvent le meilleur moyen d'en annuler l'impact. Le problème bien sûr n'est pas de même nature que dans les pays de l'Est. Mais il requiert un investissement beaucoup plus considérable qu'une seule modernisation.

Or, si les hommes politiques et les dirigeants administratifs français veulent bien reconnaître les arguments intellectuels en faveur de l'État modeste, ils n'ont pas le sentiment d'urgence qui les pousserait à faire de l'investissement nécessaire une véritable priorité. Ils n'y sont contraints ni par la faillite économique ni par la passion exigeante de citoyens qui veulent enfin la liberté. Ils reconnaissent les éléments d'une crise, le désordre de la Sécurité sociale, la misère de la Justice, l'impuissance de l'Éducation nationale, le désarroi du système universitaire et l'impossible écart entre dépenses apparemment indispensables et capacités de taxation. Mais chacun de ces problèmes est pour eux d'ordre technique. Ils refusent de voir qu'en fait ils mettent d'abord en question le système de décision public incapable de voir et d'entendre, incapable d'anticiper et de préparer, incapable de décider et de mettre en œuvre. Dans un monde qui n'est plus un monde de sujets obéissants et d'assistés reconnaissants, il faut désormais obtenir la collaboration active des citoyens. C'est la logique même de cet État majestueux sur lequel ils s'appuient qui est en question.

Bien sûr, on peut lire entre les lignes des divers rapports qui se sont succédé — rapport de Closets, rapport Viveret, rapport Choussat — des idées, des orientations, des intentions en phase avec cette mise en question plus profonde. Mais pour le moment aucune volonté politique majeure ne s'est affirmée pour relayer ces expressions encore timides. Les différents programmes de modernisation comme les projets de service constituent des figures classiques de l'agitation administrative visant à exorciser l'esprit de changement plutôt qu'à le mettre en œuvre. On croit pouvoir imposer le changement avec d'excellentes formules qui séduisent un moment sans se rendre compte que, sans engagement véritable, c'est-à-dire prioritaire et sans stratégie, elles risquent de rejoindre bientôt les mots d'ordre des modes précédentes au cimetière des pieuses intentions.

Je crois pour ma part que les portes ne sont ouvertes

qu'en apparence et qu'il faut continuer à les enfoncer sans fausse honte.

Si nous voulons vraiment rester modernes, si nous voulons vraiment servir la société, l'aider à devenir plus humaine et plus démocratique, il faut d'abord et avant tout faire admettre qu'il n'y a pas d'ambition plus haute pour la lutte civique que de réussir à transformer l'État arrogant qui nous paralyse en un État modeste au service de la société.

La France de 1990 est prospère et d'une certaine façon apaisée. Mais elle est inquiète et, si l'on peut dire, mal dans sa peau. Le malaise est particulièrement sensible pour toutes les activités qui touchent directement ou indirectement à l'État et aux divers systèmes publics : l'éducation, les universités, les chemins de fer, les métros, les hôpitaux, les prisons, la Sécurité sociale et jusqu'à ces fonctionnaires responsables du saint des saints, les employés du fisc. Dans tous ces domaines, catégorie après catégorie descend dans la rue en demandant avant tout *qu'on l'écoute,* comme si le principal grief n'était plus la rémunération mais le fonctionnement même d'un système dont les membres n'intériorisent plus les valeurs et la logique.

Les Français de 1990 rejettent une politique qui n'est plus animée par des idéologies mortes. Mais ils ne se désintéressent pas de la chose publique. Ils demandent qu'on les écoute, ce que l'État arrogant est de par sa logique profonde parfaitement incapable de faire. Dans le monde moderne qui n'est plus celui de la réglementation et du contrôle mais celui de l'innovation, de la confiance et de la responsabilité, les Français sont de plus en plus en phase. C'est leur État qui ne l'est plus.

La politique certes est par la force des choses devenue modeste. Mais une modestie qui n'aurait d'autre ambition que gérer est vouée à l'échec et au rejet à brève échéance. Être réellement modeste ne signifie pas s'abandonner mais combattre avec persévérance pour ramener l'État lui-même à la modestie. État et politique sont indissolublement liés. Une politique modeste qui s'effacerait au profit d'un État resté arrogant serait une politique de démission. Seul un effort d'investissement en temps, en personnes et en moyens impliquant engagement prioritaire de l'autorité politique peut réussir à répondre à la demande confuse mais profonde de citoyens qui sont désormais de plus en plus majeurs.

Ce livre a été écrit dans cet esprit de développement constructif. Les très vives critiques que j'adressais à l'establishment politico-administratif visaient aussi bien la droite alors majoritaire que la gauche qui allait la remplacer au pouvoir sans avoir davantage réfléchi aux problèmes de fonds auxquels elle devrait faire face. Elles ont changé de sens mais n'ont pas perdu pour autant leur valeur. J'ai donc choisi de les garder telles quelles.

Je me suis contenté d'ajouter quelques notes complémentaires à propos de certains points sensibles pour lesquels les actions engagées ou la simple évolution suggéraient d'approfondir l'interprétation ou de l'infléchir.

J'ai tenu toutefois à ajouter une postface pour faire le point sur le programme de renouveau du service public lancé par le Premier ministre et sur l'expérience des deux premières années du deuxième septennat de François Mitterrand.

Diagnostic

1

Les occasions perdues

Si l'on accepte l'idée que le problème fondamental de la société française est celui de la modernisation de son style de relations humaines, de ses modèles d'autorité, de ses modes de décision collective et de gouvernement [1], l'histoire de ces vingt dernières années n'est qu'une navrante série d'échecs répétés et d'occasions perdues.

Les transformations radicales du monde où nous vivons, que ce soit dans l'ordre des conditions de l'échange économique ou en matière d'emploi, de communication ou de culture, commandent que nous changions nos méthodes et nos perspectives politiques et sociales. C'est ce qu'exprimait de façon confuse mais profonde le psychodrame de mai 1968. Mais les deux décennies qui suivirent cette explosion inattendue recèlent peut-être davantage d'enseignements que l'événement lui-même. Depuis vingt ans, en effet, hommes politiques et technocrates refusent désespérément de s'attaquer à ces problèmes, voire de les poser, révélant ainsi la résistance du système politico-administratif au mouvement naturel de la société.

La stratégie quantitativiste de Georges Pompidou

Au lendemain de la fausse révolution de mai 1968, la droite — ou plutôt le mouvement gaulliste organisé — se

1. C'était le thème de mon premier livre sur les problèmes français : *La Société bloquée*, Éditions du Seuil, 1970.

vit offrir une chance historique. Non que le raz-de-marée électoral du mois de juin lui eût donné des assises vraiment solides. La Chambre introuvable qui en résulta lui causa plus de problèmes que la répartition habituelle des voix. Mais le pays entier attendait des initiatives, un autre *leadership*.

Le général de Gaulle, seul véritable homme d'État que la France ait connu durant ce dernier demi-siècle, avait senti que quelque chose avait basculé dans les têtes, et qu'il fallait y répondre. Mais il n'était plus capable d'inventer l'avenir et il choisit la dignité du départ solitaire. Ce fut à Georges Pompidou qu'incomba la responsabilité de trouver la solution de l'énigme posée par une société française devenue « insaisissable ». Pompidou avait toutes les qualités qui font l'homme d'État, sauf une : l'intuition, ce sixième sens, malheureusement pour lui le plus important.

La société française s'était « éclatée » dans une sorte de crise médiumnique, à certains égards absurde et naïve, mais non dépourvue d'un caractère prémonitoire. Elle ne pouvait plus supporter la tension de relations par trop formelles, trop hiérarchiques, trop distantes. Elle aspirait à la rencontre, aux rapports directs, à la simplicité, à la vie. Georges Pompidou traduisit en termes quantitatifs : taux de croissance et hausse du niveau de vie. Il n'était bien sûr pas le seul dans ce cas : il suivait là la pente des syndicalistes et des bureaucrates, de l'élite comme du Français moyen. Mais un homme d'État, au-delà des conformismes, perçoit les contradictions et les retournements qui vont faire les crises de demain, il pressent les risques de déclin que celles-ci peuvent entraîner s'il n'y est pas répondu à temps.

La fermeté de Georges Pompidou au cours de la crise de mai-juin 1968 avait révélé à tous l'excellence du choix qu'avait fait le Général en lui confiant la charge de Premier ministre. Mais les cinq années de sa présidence montrèrent à quel point le Général avait eu également raison, la crise passée, en ne le retenant point. Pompidou était assez homme de culture pour interpréter le phénomène révolutionnaire dans l'ordre des délires existentiels successifs qu'a connus l'histoire occidentale, mais il était incapable d'en comprendre la signification pour ce monde en gestation qu'il réduisait curieusement à ses seules dimensions économique, financière et technique. A une crise structurelle, il crut répondre par un supplément de croissance ; à la crise relationnelle, par un supplément de baume social. Seul de tous les hommes politiques français à avoir l'intelligence et la volonté nécessaires pour concevoir et appliquer une stratégie, il choisit une stratégie quantitative, extraordinairement risquée de la part d'un homme aussi prudent. Celle-ci devait succomber au premier choc pétrolier, en 1973, mais elle aurait de toute façon échoué, toutes les analyses tant soit peu sérieuses le montraient, car elle aggravait les problèmes mêmes qu'elle prétendait résoudre.

Convaincu que seul le retard matériel de la société française avait pu engendrer la crise, il choisit non seulement de rejeter toutes les chimères soixante-huitardes qui troublaient alors les meilleurs esprits, ce qui était courageux, mais aussi d'ignorer délibérément les problèmes que ces chimères révélaient, et de resserrer l'emprise des élites technocratiques, seules capables à ses yeux de faire tourner la machine de l'État et les grandes entreprises vivant en symbiose avec lui.

Cette fuite en avant apporta effectivement des succès matériels, une sorte de dernier âge d'or de la politique industrielle à la française qui fait encore rêver les technocrates, à gauche comme à droite. Mais son coût fut énorme : coût indirect, du fait de l'occasion perdue et de ses conséquences politiques ; coût direct aussi bien, notamment par suite de trois erreurs : la mise en place hâtive de nouveaux groupes industriels trop liés à l'État ; la création de toutes pièces d'un problème racial insupportable, par l'importation de quatre cent cinquante mille travailleurs nord-africains supplémentaires[1] pour faire face au développement de nos usines de production de masse sans changement radical des techniques et des procédures ; la mise en route d'une dérive d'État de bien-être qui allait nous charger, en l'espace de quelques années, d'un fardeau de dépenses sociales sans rapport avec notre capacité contributive réelle.

L'accélération de la machine économique, estimait le président, allait permettre de distribuer à temps aux Français les dividendes du progrès qui leur permettraient de passer sans trop de difficultés à l'état de société industrielle que nous étions, croyait-il, sur le point d'atteindre.

Pour assurer ce passage sans heurts, la stratégie pompidolienne, si agressive sur le plan économique, était apaisante sur le plan social, et résolument conservatrice sur le plan administratif et politique. Pompidou n'eut de cesse qu'il n'eût restauré dans toute sa puissance le système bureaucratique que 68 avait ébranlé. Il écarta toute tentation de décentralisation effective, aliénant ainsi pour longtemps les nouvelles élites provinciales que la politique d'ouverture du Général avait suscitées. Il s'appuya délibérément sur les notables des campagnes et des petites villes, qui avaient assuré la défaite du Général au référendum de 1969 et qui lui semblaient indispensables pour assurer la majorité électorale stable dont il avait besoin pour gagner la bataille industrielle. Il lança ses jeunes loups, Chirac en tête, à la conquête du Sud-Ouest, et favorisa systématiquement la France agricole et rurale aux dépens de la France urbaine et industrielle, laquelle ne devait recueillir le fruit de ses efforts qu'une fois la victoire économique acquise.

Il ne se rendait pas compte que, pour gagner quelques points de croissance dont les bénéfices ne furent d'ailleurs pas vraiment ressentis par les ouvriers et employés des

1. Chiffre établi par Yann Moulier, in *Économie politique des migrations clandestines de main-d'œuvre,* Publisud, 1986.

villes, il installait les Français dans la fallacieuse facilité d'une croissance inflationniste. Les entreprises assoupies dans l'expansion sans risque n'étaient incitées ni à innover techniquement ni à repenser leurs méthodes de gestion. Les concentrations trop rapides, souvent conçues en termes financiers plutôt qu'en termes de capacités d'action et de développement, se révélèrent vulnérables à l'esprit bureaucratique, puis à la prise de contrôle par l'État.

Cette stratégie quantitativiste devait s'écrouler en 1973 avec le premier choc pétrolier. Malade, le président était empêché de réagir. Mais il est clair que la stratégie qu'il avait choisie l'enfermait dans un piège que, bien portant, il eût été tout aussi incapable de déjouer. Plusieurs années encore, la société allait ainsi courir sur son erre, accumulant les difficultés avant de pouvoir songer à changer de cap. La première chance historique que la droite s'était vu offrir avec le raz-de-marée électoral de juin 1968 était irrévocablement perdue.

La démocratie sans aspérités de Valéry Giscard d'Estaing

Une seconde chance historique devait se présenter en mai 1974. Elle était moins évidente qu'en 1968 : la très faible majorité avec laquelle avait été élu le nouveau président limitait d'autant plus sa marge de manœuvre qu'au Parlement les gaullistes étaient majoritaires au sein de sa majorité. Le pays enfin avait oublié la secousse de 1968, aucune attente anxieuse ne le troublait plus, il semblait n'aspirer qu'au retour au calme d'une croissance tranquille.

Et pourtant, le soutien que l'opinion accorda tout à coup au nouveau, jeune et kennedyesque président fut considérable, inattendu. L'« état de grâce » n'a pas été découvert par François Mitterrand en 1981, il baigna avant lui les premiers mois de Georges Pompidou, mais surtout ceux de Valéry Giscard d'Estaing.

Les Français n'ont pas encore vraiment compris ce que représente l'avènement d'un nouveau président. Émotionnellement, ils y sont sensibles, peut-être même plus encore que les Américains. Chez ces derniers la « lune de miel », chez nous l'« état de grâce », représente pour la démocratie présidentielle une chance extraordinaire de renouvellement, mais en même temps un danger considérable. Car les espoirs déçus constituent un des ressorts les plus importants du jeu politique.

Les derniers mois du règne de Georges Pompidou avaient été éprouvants. Jamais le poids d'une technocratie enfermée dans ses certitudes n'avait été aussi insupportable. On attendait d'abord que le nouveau président ouvrît les fenêtres. Il le fit, mais bien timidement et pour peu de temps. Il offrit aux Français quelques symboles un peu bizarres d'un libéralisme de style. Il continua par une série de réalisations éparses, utiles, certes, parfois nécessaires, mais mal coordonnées et peu préparées. En revanche, à aucun moment il ne montra qu'il savait où il voulait aller, ou plutôt où il voulait conduire le pays. Il étonnait les Français et les éblouissait parfois par son intelligence, mais il était manifeste qu'il n'avait pas de stratégie.

Son rêve d'une démocratie sans aspérités, assortie d'une croissance raisonnable, était plus modeste que celui de Georges Pompidou et pouvait se prêter à tous les accommodements. Mieux en harmonie avec les idées à la mode — libéralisme des mœurs, écologisme, valorisation de la dimension humaine —, il pouvait ainsi séduire, mais il ne retenait pas. Il restait flou, sans consistance, et éludait par trop les problèmes réels : le poids de l'administration, l'arrogance des élites, la centralisation, le déclin de l'éducation, les lourdeurs syndicales. On attendait sans trop bien le concevoir l'air vivifiant du libéralisme, on eut droit à la continuation de l'État pompidolien, un delorisme sans Delors, l'imitation à contretemps d'un modèle suédois déjà à bout de souffle.

Politiquement, la vision de Valéry Giscard d'Estaing, si elle paraissait plus nuancée et plus moderne que celle de

Georges Pompidou, devenait en revanche beaucoup plus chimérique dès lors qu'il se refusait à faire de Jacques Chirac son successeur. La seule constante qu'il partageait encore avec son allié, devenu un rival haï, était le choix stratégique simpliste, mais longtemps très efficace, consistant à utiliser le parti communiste comme repoussoir et, chaque fois que possible, comme allié objectif.

Son erreur de loin la plus grave, tout compte fait, fut de laisser passer la meilleure opportunité qui lui fut offerte : celle du changement culturel. Force est de constater avec ahurissement que ce « gouvernement par l'intelligence » se révéla incapable de comprendre et d'utiliser le retournement intellectuel qui bouleversa l'intelligentsia française à partir de 1975. La montée de la gauche culturelle avait beau encore sembler inexorable parmi les couches moyennes que, déjà, une nouvelle vague intellectuelle s'esquissait, radicalement différente de la tradition doctrinaire, plus ou moins marxiste, de la gauche établie. Le succès aussi inattendu que décisif du témoignage-réquisitoire de Soljenitsyne contre le Goulag, l'échec des communistes portugais et de leurs compagnons de route à Lisbonne, la tragédie du Cambodge, métamorphosèrent en l'espace de deux ou trois ans le paysage intellectuel français. La logomachie révolutionnaire et la complaisance des médias à son égard devinrent également insupportables. Seule l'étrange inertie de la technocratie giscardienne permit aux socialistes de s'adapter à cette véritable révolution et même, un temps, de l'utiliser.

En 1978, l'histoire accorda pourtant un répit à Valéry Gicard d'Estaing et à Raymond Barre grâce à la complicité des communistes. Ceux-ci, comme chacun sait, réussirent une dernière fois à accomplir leur mission conservatrice en prenant le risque de jouer presque à découvert leur rôle de repoussoirs et d'alliés objectifs. Un homme d'État capable d'une véritable intuition aurait compris que cette stratégie était désormais épuisée, et qu'un retournement était inéluctable. Depuis longtemps troublés par la montée de la gauche, les électeurs flottants, particulièrement les cadres, se ressaisirent un moment : le parler-vrai de Raymond Barre leur faisait peur, mais les rassurait aussi. Le Premier ministre était impopulaire, mais certaines enquêtes révélaient que ses idées commençaient à « passer[1] ».

Le deuxième choc pétrolier vint malheureusement compromettre toute chance de succès économique tangible. L'indécision du président l'empêcha d'autre part de saisir les opportunités qui s'offraient à lui pour reprendre l'initiative. La victoire de François Mitterrand en mai 1981 fut dans une large mesure une victoire par défaut. La droite avait laissé passer sa chance. Elle n'avait pas su utiliser sa présence au pouvoir pour répondre au besoin de rénovation du système. Le tour de la gauche était enfin venu.

Le rêve d'une nouvelle donne

Les hommes politiques ont le génie de l'auto-intoxication. A force d'argumenter leurs programmes, ils finissent par y croire eux-mêmes. S'ils sont élus, ils lisent dans les suffrages de leurs électeurs des messages clairs et des engagements précis. Leur mandat devient une mission sacrée. Un navrant paradoxe en résulte : les vainqueurs d'une compétition électorale se croient liés à leurs électeurs de façon contraignante, quasi juridique ; ils se croient tenus de respecter à la lettre des programmes que ces mêmes électeurs n'ont pas lus et qui ne les intéressent guère, et dans le même temps ils se révèlent incapables de saisir et même de percevoir les opportunités réelles qui s'offrent à eux de faire progresser la société. S'ils y

1. En juillet 1978, une enquête sur les cadres effectuée pour le compte du SICOB nous permit de constater que les thèmes les plus délicats de la nouvelle politique barriste étaient approuvés à une très forte majorité : la rigueur financière et économique, l'abandon des « canards boiteux », l'exemple allemand.

parvenaient, nul doute qu'ils seraient à terme gagnants, électoralement parlant, plus sûrement qu'en conformant leurs actes à leurs promesses. Mais ils se refusent obstinément — professionnellement, dirais-je — à voir les réalités.

François Mitterrand ne fut pas élu grâce à sa popularité, mais parce qu'il se présentait contre un président qui avait fini par lasser les Français. La droite s'était montrée incapable de saisir les occasions d'agir qui avaient été les siennes. A François Mitterrand et à la gauche de jouer désormais. Leur chance historique était exceptionnelle : les Français leur avaient accordé tous les pouvoirs, leur tour était venu et ils disposaient de tous les moyens pour travailler sans contrainte. Grâce aux conditions de son élection, François Mitterrand bénéficiait d'autre part d'une position tout à fait remarquable qui lui aurait permis, comme ce fut le cas pour le général de Gaulle, de prendre quelque distance vis-à-vis de son parti et de lui imposer une politique qui ne correspondait pas à sa rhétorique.

Or non seulement il ne profita pas de cette marge de manœuvre, mais il se comporta comme s'il n'avait même pas perçu l'exceptionnelle opportunité qui lui était offerte.

On nous a dit et répété qu'il avait des promesses à tenir, qu'il fallait prioritairement satisfaire un électorat qui n'avait que trop longtemps attendu. Mais même si des compensations matérielles coûteuses pouvaient alors se comprendre sinon s'admettre, rien n'obligeait à procéder à des nationalisations engageant l'État dans une voie sans issue, rien n'obligeait à légiférer de manière aussi précipitée, rien n'obligeait à faire croire qu'on pouvait *changer* de société. Les vrais hommes d'État — ils sont rares, il est vrai — sont ceux qui ont su gouverner non pour plaire à leurs électeurs et à leurs amis, mais pour entraîner la société dans une voie constructive.

Un parallèle avec le général de Gaulle serait naturellement utile, mais la différence d'époque et le comportement d'une opposition partisane peuvent le rendre discutable. La comparaison avec l'expérience espagnole de Felipe Gonzalez est beaucoup moins contestable. Par bien des aspects, la similitude de situation est saisissante. S'il y a différence, elle tient d'ailleurs davantage aux difficultés beaucoup plus grandes que connaissait l'Espagne sur les plans économique et politique. La tâche des socialistes y paraissait impossible à maints experts. Dans le contexte espagnol, le parti de la rupture et de la revanche était nombreux et bruyant, il bénéficiait d'une légitimité morale beaucoup plus forte que le parti du changement de société en France. Pourtant, malgré toutes les prédictions raisonnables, Felipe Gonzalez parvint à imposer à la gauche espagnole une politique consensuelle, alors que François Mitterrand imposait aux Français des changements brutaux qui n'étaient réellement approuvés que par une minorité d'entre eux. Si Felipe Gonzalez a réussi et si François Mitterrand a échoué, c'est que le premier sut saisir l'opportunité que lui offrait sa victoire pour enterrer le passé et l'idée d'une revanche longtemps attendue. Il chercha prioritairement à répondre aux aspirations des Espagnols, favorables à un développement démocratique non partisan. Il montra la fermeté et le courage nécessaires pour s'opposer à l'esprit de parti et imposer à ses amis et alliés la voie de la sagesse, qui était aussi la meilleure voie possible du changement. Qui soutiendrait que la vie des Espagnols n'a pas été plus heureusement changée par le gouvernement Gonzalez que celle des Français par les gouvernements Mauroy et Fabius ? Les votes sont un test suffisant pour ceux qui pourraient encore en douter. Quant au besoin de revanche d'une gauche longtemps humiliée, qui se hasarderait à prétendre que vingt-trois ans de régime gaullo-giscardien pouvaient justifier un plus grand besoin de rupture et de réparation que quarante ans de franquisme ?

Qu'attendait alors la France profonde, ou du moins ces électeurs flottants qui font la différence mais qui expriment souvent les sentiments informulables d'une majorité d'électeurs ? Une nouvelle donne, une société plus ouverte, des élites moins arrogantes, des bureaucraties, moins lourdes, un système d'éducation plus moderne, plus proche, plus efficace, des possibilités et un avenir plus stimulants pour les jeunes. Non pas la fin de la crise et du chômage — la grande majorité des électeurs sont plus réalistes que ne se plaisent à le croire les hommes politiques —, mais le sentiment que l'on allait travailler dans la bonne direction pour en sortir.

Qu'ont-ils obtenu ? De la rhétorique, des réformes de structure dangereuses pour l'avenir, en tout cas sans effet, pour la vigueur de l'économie et l'ouverture de la société, l'exacerbation des passions partisanes et, d'une certaine façon, une revanche appelant encore d'autres revanches...

Aucune fatalité n'imposait les choix qui ont conduit à de tels résultats. Ils sont la conséquence logique de la vision dogmatique que la gauche française se faisait de l'action sociale, et de l'absence de pensée stratégique chez le président et les principaux leaders socialistes. C'est le manque d'imagination politique et sociale qui les rendit aveugles aux comportements et aspirations réels des Français, ainsi qu'aux opportunités qu'ils auraient pu saisir. Les Français attendaient confusément une nouvelle donne. Sous prétexte de vertu, ils assistèrent à un retour aux vieilles querelles qui allait nécessairement aggraver la vieille donne.

Mais considérons maintenant la pratique économique. La vision qui présida aux nationalisations était d'abord une vision patrimoniale : il fallait que les entreprises appartiennent vraiment à la collectivité, car seule la propriété confère le pouvoir. Une vision planificatrice l'accompagnait et la justifiait : il fallait que l'ensemble puisse être dirigé en fonction des besoins réels de la collectivité. Ces visions étaient déjà tout à fait archaïques dans le monde turbulent et ouvert qui est le nôtre. Elles ne pouvaient au surplus être réellement mises en œuvre, et elles jouèrent en fait le rôle de justification rhétorique à la poursuite d'une pratique technocratique de rationalisation

— au demeurant relativement bien réussie — face aux difficultés de la crise.

La relance de l'économie, second grand espoir de François Mitterrand, n'avait de sens que dans le cadre d'un raisonnement technocratique *a priori* de même nature que certains raisonnements reaganiens ou néolibéraux à la française sur les effets potentiels d'une baisse de la pression fiscale. Sur le papier, tout paraît possible, mais la belle harmonie quantitativiste vient se briser sur la complexité d'un vécu qui est, lui, qualitatif. Appelée au pouvoir contre l'austérité des technocrates, la gauche ne faisait qu'aggraver cette passion quantitativiste qui pervertit les élites françaises.

La résurrection d'une politique industrielle aussi active qu'inadaptée en est peut-être le plus bel exemple. Elle était fondée sur les enthousiasmes et les illusions que peut favoriser la connaissance descriptive de certains mécanismes économiques qui, tout à coup, parce qu'on vient de les découvrir, paraissent à la portée d'une action de rationalisation. Puisque la place dans une filière conditionne le succès de beaucoup d'entreprises d'une même branche, puisque les *linkages*, comme disent les Américains, sont un des moteurs du développement, pourquoi ne pas intervenir pour renforcer, réorganiser, créer des filières ? Mais les *linkages* sont des ensembles de relations de négociation qu'on ne gouverne ni par décret ni par exhortations-subventions [1]. Les filières ne se transforment ni ne se créent par décision ministérielle. Ce qui est en jeu, ce sont les rapports humains entre professionnels et les modes de régulation des petits systèmes que constituent les marchés spécialisés.

En matière de société, la gauche militante a vu ses grands élans se transformer finalement en mesures technocratiques contraignantes. On croyait pouvoir rénover la

1. Albert Hirschman en a donné une analyse très heureuse dans plusieurs essais, particulièrement dans son dernier recueil : *Rival Views of Market Society*, New York, Viking, 1986.

médecine avec des idées généreuses de justice et de progrès, mais on ne sut qu'imposer arbitrairement un modèle de départementalisation et une réforme des études médicales séduisante dans l'abstrait, mais qui n'étaient fondés sur aucune analyse réaliste de la diversité et de la complexité des situations et des interrelations en milieu médical. On ne se livra, pour les mettre en œuvre, à aucune préparation sérieuse, on ne réfléchit pas une seconde aux besoins et aux chances d'une évolution difficile, et on fut tout surpris d'avoir ainsi soulevé l'ensemble du milieu contre des réformes pourtant si prometteuses. Il en fut de même en matière d'éducation ou d'enseignement supérieur, et dans tous les domaines où la passion réglementaire des politiques et des technocrates eut le temps de s'exprimer.

Seule la décentralisation put réellement passer le cap difficile de la mise en œuvre. Mais si cette très grande réforme, portée par deux dizaines d'années de discussion, flattait un préjugé favorable du public, elle n'a pas déchaîné l'enthousiasme qu'on pouvait escompter, ni apporté de progrès rapidement perceptibles, ni déclenché de véritable dynamique. Elle aussi était d'esprit technocratique et n'était pas fondée sur une connaissance et une expérience réelles des relations entre administration et citoyens [1].

Il existe en fait un rapport paradoxal mais profond entre la rigueur idéaliste des principes et des objectifs de l'action et les aspects technocratiques de sa mise en œuvre. Plus on veut être généreux, plus on devient contraignant. L'idéal ne se dégrade pas en routine par suite d'un manque de fermeté sur les principes mais, tout au contraire, à cause de la passion de pureté logique.

1. J'ai analysé les défauts de cette réforme, qui fut une grande occasion perdue, dans la seconde édition de *On ne change pas la société par décret,* Pluriel, 1982. L'expérience de quatre années d'application n'a fait malheureusement que me confirmer dans mon pessimisme.

La nouvelle donne socialiste, quels qu'aient été ses bonnes intentions et ses effets secondaires heureux, était naturellement destinée à décevoir à la fois les Français et nombre de ses acteurs. Elle connut toutefois une seconde période, celle de la rigueur économique et du compromis social, à l'opposé de la fièvre de changements qui caractérisa les gouvernements Mauroy successifs. Il vaut la peine de réfléchir sérieusement sur les raisons de l'échec de ce nouvel effort, pourtant apparemment raisonnable et mieux dirigé.

Tentation et impossibilité du compromis à gauche

Les Français d'aujourd'hui refusent l'affrontement. Ils en sont venus à détester les conflits trop durs et la violence idéologique. Les guerres de religion les écœurent. Le soutien constant qu'ils ont apporté en 1986 au concept de « cohabitation » en est un témoignage dépourvu d'ambiguïtés.

Les hommes politiques semblent malheureusement incapables de comprendre la signification profonde de cette demande. Pour eux, ce que veulent les Français, c'est le compromis ou le consensus. Comme le consensus (« deux Français sur trois ») est généralement impossible, ils se croient mandatés pour recourir aux compromis politiciens, c'est-à-dire aux sempiternels arrangements entre professionnels, qui firent les délices des républiques parlementaires avec leurs gouvernements d'Union nationale, de Concentration républicaine ou de Large Union dont les subtils dosages faisaient l'admiration des *aficionados*... Le jeu du politique avisé consiste alors à se placer au centre pour être celui autour duquel le compromis va pouvoir se faire, le nécessaire pivot d'un arrangement inéluctable. En fait, il s'agit pour lui d'exploiter à des fins personnelles l'envie et le besoin universels de compromis. Il feint de ne pas comprendre que la répartition des avantages du pouvoir à la proportionnelle entre les différents partis exclut toute intervention du public et aliène naturellement le citoyen.

Ce que veulent les Français modernes, toutes les études de motivation le prouvent, ce n'est ni le compromis ni la règle écrasante de la majorité, mais la tolérance, le respect de l'adversaire, des échanges et des contributions positives au bien commun.

En 1983, François Mitterrand gardait encore une chance. Un président de la République légalement aussi puissant qu'il l'était se serait grandement honoré en montrant une véritable générosité à l'égard de ses adversaires de l'opposition, en décidant de suspendre toute attaque contre les forteresses de ses adversaires, et en acceptant de discuter avec eux de problèmes d'intérêt commun. Il avait eu la chance historique de pouvoir rapidement procéder à des réformes, il lui était donné cette seconde chance de faire progresser le développement de la société avec la collaboration active de la majorité des parties en cause.

François Mitterrand a certainement senti cette pression des Français et il a essayé d'y répondre, mais trop tard et trop peu, ou peut-être en politicien plutôt qu'en homme d'État. A son instigation, le gouvernement a alors utilisé des slogans plus neutres, plus consensuels, comme « moderniser », mais en donnant l'impression qu'il était en train de se placer au centre pour mieux pouvoir exploiter politiquement cette position. Dans le même temps, un certain nombre d'actions largement perçues comme sectaires n'en continuaient pas moins, s'aggravaient même parfois, comme la plus importante : le programme de mise au pas de l'enseignement privé. Le parti socialiste donnait enfin l'impression d'être devenu un État dans l'État, et, malgré le très remarquable apprentissage des réalités accompli par certains de ses membres, la majorité de ceux-ci perpétuaient la vision partisane qui leur semblait indispensable à la survie de leur système.

Malgré les erreurs économiques et les nationalisations, les Français auraient pu accepter que l'on gouvernât encore à gauche, à condition que ce fût à la manière de Felipe Gonzalez, sans aucun esprit partisan. Mais le sectarisme collait à la peau de trop de responsables politiques et bureaucratiques, et le choix de la proportionnelle comme mode de scrutin signifiait que l'on préférait le compromis politicien au choix de la tolérance. Il visait avant tout à écarter les risques de l'alternance, autrement dit à empêcher la victoire de la droite.

Beaucoup de bons esprits, à droite comme à gauche, ont une inclination plus ou moins forte pour la proportionnelle, qui permet d'éviter la confrontation et les alternances trop dures, et qui peut favoriser la coopération. Ils ne manquent pas de bons arguments. Un pays comme la Suisse, modèle de la démocratie bien tempérée et bien gérée, fonctionne avec un système de représentation proportionnelle non seulement dans toutes les assemblées, mais également au sein de ses divers « gouvernements » : fédéral, d'États (cantons) et municipaux. De nombreuses autres démocraties européennes ont adopté ce type de représentation, et s'en trouvent plutôt bien.

La proportionnelle et le système de compromis qui l'accompagne nécessairement ne sont néanmoins efficaces et tolérables qu'à des conditions très précises. Le risque qu'ils entraînent est en effet celui d'un régime de partis coupé des réalités de la société, conduisant inéluctablement à l'aliénation des citoyens. Si le gouvernement à la proportionnelle est si efficace en Suisse [1], c'est qu'il est contrebalancé par l'existence d'un mode d'expression populaire autonome, le référendum, dont l'impact est considérable. C'est qu'il est fondé d'autre part sur un équilibre de pouvoirs locaux réellement autonomes, entretenant une démocratie délibérative active aux niveaux locaux et cantonaux (la décentralisation à la française, façon Defferre, est absolument incapable de jouer un tel rôle). D'autres pays emploient d'autres méthodes dont

1. Même si ce qu'on appelle « la formule magique » commence à y être contesté.

l'effet est toujours de tempérer ou de contrebalancer la dérive partisane. Si des conditions suffisantes existent, une longue habitude de collaboration, de respect mutuel et d'honnêteté intellectuelle permettront à des institutions émanant de votes à la proportionnelle de délibérer avec sagesse. En aucune manière la proportionnelle ne peut en soi créer ces conditions. On peut et il faut dire qu'elle ne saurait au contraire réussir que si ces conditions sont déjà remplies.

Dans la situation française, les trop grands mouvements d'alternance sont dangereux, mais la situation de confusion et d'irresponsabilité qu'a pu créer le régime des partis l'est tout autant. Ce régime entraîne vite un risque d'aliénation des citoyens et de détérioration du système. Le côté paradoxal du choix de François Mitterrand, c'est qu'il allait à contrepied du seul argument véritablement valable utilisé contre Valéry Giscard d'Estaing, le besoin d'alternance, tout en laissant craindre un retour au régime des partis contre lequel le général de Gaulle avait obtenu naguère le soutien de la majorité des Français. Cumuler les inconvénients de la confusion partisane, rejetée majoritairement, avec le refus d'une alternance qui avait pourtant permis, au bout de vingt-trois ans, la propre victoire de la gauche, constituait une sorte de provocation non seulement pour l'opposition, mais aux yeux de nombreux électeurs flottants.

Le risque d'aliénation est particulièrement fort dans un pays politisé à forte tradition antiparlementaire comme la France. Son importance s'est manifestée en 1983 à Marseille par exemple, où il semble évident que le succès des efforts désespérés des socialistes pour garder la mairie en dépit d'un changement prévisible de majorité a abouti à accentuer le pourrissement du climat politique et à renforcer les positions du Front national.

Ces enchaînements de causes, à l'évidence, restent toujours flous. Mais la nature de l'offre politique change profondément le jeu. Les hommes politiques devraient prendre garde à la responsabilité qui est la leur en la matière. Si l'on refuse aux citoyens la possibilité de dire non efficacement, l'aliénation ne peut manquer de croître ; tout débat prolongé qui ne comporte pas d'engagements simples et clairs tend à devenir malsain.

Devant l'obstacle, François Mitterrand et la gauche choisirent une politique de compromis, mais sans parvenir à créer les conditions de son succès, parce qu'ils ne donnèrent jamais l'impression de renoncer à leurs objectifs hégémoniques.

On s'est étonné de leur passage du laxisme à la rigueur économique. On y a vu un changement radical de perspective politique, ce qui est bien sûr exact, mais très partiel. On n'a pas prêté attention au fait que les dénégations socialistes, dont tout un chacun se gaussait, étaient malgré tout en partie sincères. Malheureusement pour eux, la plupart des dirigeants socialistes croyaient bien ne pas renoncer, mais simplement changer de moyens. Or c'est justement cette sincérité qui les perdit dans l'esprit de beaucoup d'électeurs flottants qui ne pouvaient accorder aucune confiance à leur nouvelle entreprise de séduction.

Plus profondément se manifestait en outre, dans ce passage, une filiation plus forte encore entre la générosité de l'appel socialiste et la contrainte bureaucratique que la mise en œuvre de programmes idéalistes entraîne nécessairement. Ce n'est pas seulement sur le plan intellectuel que l'idéalisme se dégrade naturellement en routine bureaucratique, comme le proclamait déjà Péguy, c'est dans l'expérience pratique de gouvernement.

Cette dégradation se traduisit au sein du gouvernement Fabius par le retour en force des jeunes messieurs de l'ENA. Le gouvernement Mauroy avait offert au pays le spectacle d'une effervescence particulièrement mal dirigée, donc dommageable, mais néanmoins séduisante, parce qu'un appel d'air avait eu lieu. C'est par une de ces ruses classiques de l'Histoire, au demeurant prévisible avant même la victoire de la gauche [1], que la révolte contre

1. Si prévisible que l'auteur en avait fait un de ses arguments contre la gauche dans *On ne change pas la société par décret* (1979).

les technocrates conduisit ainsi à un renforcement de leur emprise.

Certains de ces technocrates, qui ne manquaient pas de talent, purent trouver un plaisir évident à tenter de réparer les erreurs précédentes tout en maintenant les engagements politiques de la gauche. Il pouvait leur paraître plus amusant, plus « sportif », de servir un gouvernement Fabius, même si sa politique leur posait plus de problèmes que celle d'un gouvernement Barre. Cela les conduisit souvent à échafauder des solutions plus imaginatives. Mais, derrière ces succès partiels, c'est le fond technocratique de cet éternel gouvernement administratif à la française qui ressortait.

Comme Valéry Giscard d'Estaing en 1978, la gauche n'a pas su saisir les chances de rattrapage qui lui étaient offertes. Quand elle a changé d'orientation, elle ne s'est pas départie de cet idéalisme vertueux qui constituait l'armature de sa pensée. Découvrant tout à coup les nouvelles perspectives de la modernité, elle voulut imposer la modernisation avec la même brutalité intellectuelle que Pierre le Grand ordonnant par oukase à ses boyards de couper leurs barbes. On ne modernise pas plus les relations sociales qu'on ne change la société par décret.

Le libéralisme par décret

Il restait une dernière occasion à perdre, une dernière démonstration à faire. Il revint à Jacques Chirac d'en être le responsable. Après que les Français eurent appris à leurs dépens l'absurdité d'une réponse consistant à vouloir changer de société pour résoudre la crise économique, il leur fallait encore faire l'expérience de l'impossibilité d'imposer le libéralisme par décret.

L'occasion pourtant était belle de préparer pour la société française les conditions d'une nouvelle donne libérale. Certes, le temps manquait ; certes, la liberté d'action faisait défaut, avec cette victoire incertaine de mars 1986 et devant le solide retranchement d'un président capable de jouer indéfiniment les prolongations. Mais l'attente des Français était beaucoup plus intense qu'il n'y paraissait. La société demandait qu'on lui permît de respirer. La nouvelle équipe fut malheureusement incapable de le sentir. Elle n'avait pas tiré la moindre leçon, semble-t-il, de l'échec des socialistes. Elle croyait que la faillite de la doctrine socialiste impliquait nécessairement la réussite de la doctrine libérale, sans se rendre compte qu'aux yeux des Français, c'était le dogmatisme doctrinal lui-même qui avait été mis en question.

D'autre part, si le conservatisme traditionnel réclame rarement un gros effort d'imagination, le retour au libéralisme demande en revanche un immense effort de reconstruction, surtout après une période d'intenses bouleversements. Cet effort peut paraître particulièrement enthousiasmant à ceux qui y appellent, mais il exige un investissement intellectuel et pratique considérable, car il s'agit de faire émerger de nouvelles régulations. S'il est absurde de forcer par décret les gens à couper leurs barbes, il est tout aussi absurde et plus difficile encore d'obtenir qu'ils les fassent repousser. Détruire donne très rapidement l'impression de commander et d'agir ; construire requiert de la patience, du temps et, surtout, un immense travail. Si le temps manquait pour mener à bien une première expérience, l'intelligence, la patience, le choix d'une bonne stratégie pouvaient permettre de préparer les Français à l'apprentissage de nouvelles façons de coopérer. Ce pari sur l'avenir parut sans doute trop naïf aux yeux des politiques. Il eût pourtant été infiniment plus réaliste, car il offrait le meilleur moyen de convaincre les électeurs de la capacité de *leadership* des dirigeants de la nouvelle majorité.

Pourquoi le gouvernement de Jacques Chirac a-t-il été incapable de prendre la mesure des vraies difficultés qui l'attendaient ? Ce n'est pas que sa doctrine ait été mauvaise ou que les membres de son équipe aient manqué des capacités nécessaires. Le problème dépasse en fait de beaucoup l'équipe ou même la majorité d'alors, car, d'une certaine façon, il n'était pas si différent de celui qu'avaient rencontré les socialistes, du moins sous le gouvernement Fabius. Dans l'un et l'autre cas, une équipe à majorité d'anciens technocrates, profondément influencée par les jeunes technocrates des cabinets ministériels, et restreinte par les inéluctables pressions d'une administration d'orientation technocratique, s'avère incapable de comprendre la réalité et même de la percevoir.

Pour s'en convaincre, il suffit de comparer la façon dont ont été respectivement traitées les affaires économiques et financières, sur lesquelles, jusqu'à un certain point du moins, les technocrates se montrent remarquablement compétents, et les affaires dites aujourd'hui de société.

Quelque jugement qu'on puisse porter sur la nécessité et l'urgence des « privatisations », tout le monde doit reconnaître qu'elles ont été bien préparées, que les choix de Saint-Gobain et de Paribas ont été de bons choix, et qu'elles ont été bien menées, avec la prudence financière et la fermeté politique indispensables. La gestion macro-économique, maintenant les grands axes de la gestion de Raymond Barre reprise par Jacques Delors et Pierre Bérégovoy, a été plus prudente qu'audacieuse, mais apparaîtra à distance comme raisonnablement correcte. Quant à la très complexe partie d'échecs politique que Jacques Chirac s'est trouvé obligé de mener avec François Mitterrand, on peut dire que jusqu'à l'éclatement de la crise étudiante de décembre 1986, elle a été conduite de façon très professionnelle. Autrement dit, quand il s'est agi de problèmes de type classique bien connus, des techniciens compétents, n'obéissant qu'à une rationalité étroite, ont bien su faire face aux difficultés et tirer parti des circonstances.

Dès qu'il s'est agi de ces problèmes plus complexes qu'on appelle désormais « problèmes de société », plus ouverts tant du point de vue des solutions possibles que de celui de la logique à appliquer, ce même gouvernement, qui faisait état de sa compétence et de son dynamisme face à des socialistes qualifiés d'amateurs ou de démagogues, s'est montré d'une très grande légèreté, pour ne pas dire d'une naïveté certaine. Il a été incapable de prévoir les réactions des groupes concernés, incapable d'analyser et même de comprendre les faits humains derrière les problèmes techniques. Toujours en retard d'un mouvement, toujours surpris par l'événement, il a toujours semblé agir à contretemps.

L'expérience de l'hiver 1986 mérite de rester comme un cas d'école pour les futurs hommes politiques français, particulièrement pour ce qui concerne les deux mouvements qui servirent de détonateurs successifs à la crise sociale et politique : celui des lycéens et des étudiants, celui de la SNCF. Je me bornerai à quelques remarques sur ces deux cas seulement, même si bien d'autres problèmes vaudraient la peine d'être pareillement analysés.

La bonne volonté d'Alain Devaquet dans la défense de la loi qui porta son nom était évidente. Tout le monde reconnaît après coup que ses intentions n'étaient pas du tout scandaleuses. Mais, s'il suscita un tel tollé parmi les lycéens des terminales et les étudiants de premier cycle, ce n'est pas seulement parce que, ayant mal « communiqué », il fut mal compris, c'est parce qu'il avait préparé sa réforme en technocrate consultant peu, et seulement les intérêts officiels, et parce que ni lui ni personne autour de lui n'avait la moindre idée de la façon dont les problèmes qu'on cherchait à résoudre étaient vécus par les premiers intéressés. Il ne s'agit pas de dire qu'il suffit de descendre dans la rue pour avoir raison et qu'il faut reconnaître aux jeunes la prescience de l'avenir et une connaissance des réalités qu'ils ne sauraient avoir. Mais ce qu'ils vivent, ils le vivent réellement. Ils nourrissent beaucoup de fantasmes à partir des difficultés qui sont les leurs, mais tant qu'on ne connaît pas ces difficultés, il est vain de prétendre y répondre. Une loi universelle, s'appliquant une fois de plus uniformément à des situations différentes, constitue de toute façon une erreur. On me dira que cette loi, qui s'efforçait de donner un peu plus de liberté d'action aux universités, allait dans le bon sens. Mais cette liberté théorique, ou si l'on veut « juridique », risquait de les rendre plus vulnérables et d'amoindrir encore leurs très faibles capacités managériales. Avant de changer la loi sur ce point, il était indispensable de transformer les relations entre le ministère et les universités, ce qui impliquait une réforme drastique des bureaux parisiens.

Il est trop facile de dire — comme l'avait d'ailleurs fait la loi Savary dans son préambule — que la sélection est indispensable. Les querelles de mots sont ici plaisantes. Sélection et élitisme, qu'ils soient ou non républicains, sont des faits qui existent dans toute société. Le problème n'est pas d'imposer le mot, c'est de réussir à faire reconnaître l'existence de ces faits et d'œuvrer pour qu'ils soient moins dommageables pour les personnes et plus efficaces pour l'ensemble social. De ce point de vue, la société française est effectivement trop élitiste. Le projet de loi Devaquet me semble avoir été en ce domaine d'une relative neutralité. Son auteur espérait sincèrement que son application apporterait un premier progrès. Mais si la suspicion des lycéens et des étudiants était tout à fait exagérée, l'anxiété qu'ils exprimaient était bien réelle, et pour que la loi soit efficace, il aurait fallu que soit accompli auparavant tout un travail de transformation des conditions d'entrée dans le supérieur, des méthodes d'accueil et d'information, des modes d'encadrement du premier cycle. Il aurait été indispensable qu'on prît en compte des problèmes réels qui ne se limitent pas aux files d'attente à l'inscription. Tout cela, beaucoup plus difficile à réaliser qu'à décréter, n'impliquait aucune réforme législative, ni *a fortiori* cet appel aux merveilles et mérites d'une sélection libérale dont le ministre n'était pas du tout responsable, mais qui transparaissait dans les discours des membres du gouvernement.

Ce n'est pas une overdose de réformes libérales qui a provoqué les explosions, mais la méthode selon laquelle elles avaient été préparées, et, dans le cas des universités, le contexte dans lequel le projet de loi vint s'insérer. A aucun moment le gouvernement Chirac n'avait considéré cette réforme universitaire comme une réforme importante. Il n'avait pas perçu que la façon dont sont résolus les problèmes des jeunes, ceux des universités et ceux de la recherche conditionne l'avenir de la société française et le succès à terme de *tout* gouvernement. S'il l'avait compris, il se serait rendu compte qu'il y avait en effet overdose de réformes en ces domaines, par la faute de ses prédécesseurs, et qu'il importait avant tout de travailler et de faire travailler les intéressés au redressement des institutions et au développement de nouvelles capacités dans un milieu totalement désemparé. Que des réformes plus ambitieuses ne sauraient être abordées qu'à partir de l'expérience et du succès de tels travaux. Et que c'était une raison de plus pour entreprendre ceux-ci sans attendre.

L'affaire de la SNCF est tout aussi absurde, mais encore plus navrante. Les historiens s'étonneront de l'absurdité qu'il y avait, pour un gouvernement aussi vulnérable que celui de Jacques Chirac, à s'attaquer à la forteresse de la tradition syndicale et du contre-pouvoir cégétiste que constitue la SNCF, notamment le milieu des roulants. Et ce d'autant plus qu'une grève sauvage avait déjà éclaté en 1985 pour empêcher que soit instauré un nouveau système de contrôle et de sanctions destiné à prévenir le renouvellement de catastrophes ferroviaires comme celles qui venaient alors de sensibiliser l'opinion. Cette grève imprévue et dure avait obligé le gouvernement de l'époque à céder et avait entraîné la démission d'un président de la SNCF pourtant peu marqué politiquement. Il ne sert à rien de s'abriter derrière les socialistes en faisant remarquer que la transformation de la « grille » avait été élaborée sous le gouvernement Fabius : elle n'en constituait pas moins un acte inquiétant pour un milieu aussi crispé. Si l'on ajoute que le ministre des Transports prit soin de sensibiliser à l'avance ces aristocrates du rail, puissants et chatouilleux sur leurs droits, disposant de ressources suffisantes pour tenir une longue grève, en enjoignant publiquement à la direction de la SNCF d'avoir à transformer radicalement un système archaïque, on ne s'étonnera plus de la réaction des cheminots ni du succès de leur mouvement.

Certes, la SNCF est une organisation très bureaucratique, extrêmement lourde et en déficit chronique. Il importe sûrement de la réformer, mais ce n'est pas une urgence. Ou plutôt, il faut s'attaquer en priorité aux problèmes à propos desquels on peut réaliser de sensibles progrès. Quant aux autres, il est indispensable d'attendre, et de mettre à profit cette attente pour travailler sérieusement. Ce que n'a pas fait le ministre en question, qui peut toujours proclamer après coup qu'il respecte l'autonomie des entreprises nationales ! Mais le plus étonnant, c'est que la direction de la SNCF, de son côté, n'ait pas sérieusement réfléchi à l'avance aux problèmes que pouvait poser une réforme remettant en question des habitudes et des traditions particulièrement chères à un milieu effectivement corporatiste. Parler de « mérite » en lieu et place de sanctions pouvait paraître habile, parce que plus positif et « dans le vent ». Mais c'était tout aussi hérétique aux yeux de cheminots parfaitement adaptés à un système bureaucratico-militaire qui, tout en les étouffant sous le poids hiérarchique, les protège.

On me dira que ces aspects ignorés d'une situation sociale n'apparaissent qu'après l'événement qui les révèle. C'est l'utilité et la portée des crises que de montrer au grand jour ce qu'on n'a pas su voir. Mais si l'on veut éviter les crises et les conséquences éventuellement très graves qu'elles risquent d'entraîner, ne vaut-il pas mieux consacrer le temps et les efforts nécessaires pour comprendre avant d'agir ? Ce que l'on est parfaitement capable de faire quand on est prêt à en payer le prix.

J'ajouterai néanmoins que si consulter n'est pas inutile, ce n'est pas en s'évertuant à consulter toutes les parties intéressées, y compris les organisations syndicales, et pas davantage les coordinations spontanées, que l'on peut parvenir à l'indispensable connaissance en profondeur.

S'impose ici l'urgente nécessité d'élaborer de nouvelles méthodes pour prendre des décisions et les mettre en œuvre. Il ne s'agit pas de comprendre les problèmes en soi, mais ceux que vivent réellement les hommes. Dans l'un et l'autre cas que j'ai évoqués, ce n'est pas le libéralisme en tant que doctrine qui est en cause, c'est l'ignorance, l'absence de stratégie et la rationalité simpliste des gouvernants. Si nous devons déplorer une nouvelle occasion perdue, ce n'est pas faute d'énergie, de bonne volonté ou de bonnes intentions, c'est par insuffisance de réflexion et de capacités intellectuelles. La critique, si sévère et désobligeante qu'elle puisse paraître, ne concerne pas ici les hommes, mais le système.

Prendre la véritable mesure de nos échecs

Comment est-il possible que, vingt ans durant, une société comme la société française ait pu constamment buter sur les mêmes obstacles et répéter à ce point les mêmes échecs ? Les oppositions idéologiques et les rationalisations différentes ont si bien obscurci ces similitudes que nous avons du mal, il est vrai, à reconnaître le même mécanisme à l'œuvre dans l'échec du socialisme par décret et dans celui d'un libéralisme gouvernant lui aussi par décret. Ce dont nous devrions pourtant nous étonner, ce n'est pas que les mêmes causes produisent les mêmes effets, mais que ces mêmes causes se répètent et que gouvernants et fonctionnaires se montrent si incapables de concevoir des actions de type différent.

Ce n'est pas qu'hommes politiques et fonctionnaires nourrissent de mauvaises intentions ou soient de mauvaise qualité, c'est que le système dans lequel ils se sont laissé aliéner leur impose, du fait des règles contraignantes de son jeu, des comportements complètement inadaptés. Pour survivre, il leur faut prétendre ordonner eux-mêmes aux hommes de changer, au lieu de faire l'effort de les comprendre pour les aider à décider eux-mêmes.

Ce qui est réellement en cause et que nous allons

aborder maintenant, c'est le tissu de notre vie collective et le fonctionnement de cet État archaïque qui la domine. C'est aussi la conception que nous avons de la politique, de l'administration et de l'action collective.

Si les jeunes s'enflamment à tort et trop rapidement, ce n'est pas parce qu'ils sont mal éduqués, ni parce que « la culture » est fautive, c'est parce qu'ils vivent des situations sans issue contre lesquelles ils s'insurgent. Si la politique apparaît comme un monde ésotérique accaparé par les militants et les idéologues, c'est qu'elle est trop ambitieuse et trop incompétente à la fois. Pour que la société puisse être éclairée, guidée, accompagnée dans sa mutation, il faut que la politique devienne réaliste, c'est-à-dire proche du quotidien, et qu'à son tour l'État perde son arrogance et accède lui-même à cette modernité dont il nous parle tant en devenant enfin *modeste*.

La succession des crises sociales que nous connaissons sans interruption depuis le retour de la gauche au pouvoir montre malheureusement que ce diagnostic reste toujours valable. Que ce soient les socialistes qui gouvernent ou que ce soient les libéraux, le problème ne change pas. Les immenses manifestations d'infirmières de 1988-1989 faisaient pendant aux immenses manifestations d'étudiants de 1986. Comme les étudiants, les infirmières demandaient avant tout à être « écoutées », et comme les ministres libéraux, les ministres socialistes se révélaient totalement incapables de le faire. Les crises et les manifestations qui ont affecté tour à tour de grands services publics en 1988 et 1989 sont significatives : c'est toujours contre l'ignorance et la suffisance de l'État technocratique que se cristallise l'exaspération des Français.

Et pourtant, l'expérience de l'audit social que nous avons menée à la SNCF, Jean-Léon Donnadieu, Jacques Lesourne et moi, nous a permis de montrer que non seulement il était possible de répondre sérieusement et efficacement à cette demande, mais qu'à partir de cette écoute on pouvait élaborer une stratégie de changement acceptable pour les intéressés.

2

La France étouffe

La France n'est pas endormie, c'est une société bien vivante, fort active, qui s'est transformée de façon extraordinaire au cours des quarante dernières années. Si elle connaît une crise, comme toutes les sociétés occidentales, c'est parce qu'elle se trouve profondément affectée par les révolutions de la société postindustrielle : la révolution des emplois et la révolution des mœurs.

Face à ces révolutions, c'est l'État qui est en retard sur la société, et la tâche urgente des nouvelles générations politiques consiste à trouver enfin l'issue en transformant radicalement l'État arrogant et autoritaire que nous connaissons encore en un État modeste au service de la société.

La société française est vivante et active

Les interventions de nos responsables politiques, les articles alarmistes des journaux, le climat d'agitation des milieux dirigeants donneraient à penser à l'observateur étranger que la France est un pays en déshérence que des hommes d'État lucides chercheraient désespérément à ranimer, une société retardataire que seule l'action persévérante de technocrates désintéressés serait capable de moderniser. Sur ce registre, les ministres socialistes des années 1983-1985 développèrent leurs plaintes et leurs exhortations à un niveau encore jamais atteint. Mais ils ne faisaient qu'exprimer la vision dominante de notre *esta-*

blishment bureaucratique, vision qui a été si largement et constamment relayée dans l'opinion publique que la majorité des Français a fini par l'accepter.

Or rien n'est plus faux que ce discours. Non que la France soit en tête de la compétition économique internationale, mais parce que c'est un pays riche de ressources et de possibilités, qui a énormément changé depuis la dernière guerre et qui continue à bouillonner d'activités. Ce n'est pas la France, ce ne sont pas les Français qui sont en retard, mais leurs technocrates, le monde politique officiel, et cet État interventionniste à la française, certes bienveillant et bien-pensant, mais qui réagit toujours à contretemps et prétend toujours ordonner un « changement » qu'il est incapable de maîtriser ou même — fait beaucoup plus grave — de simplement comprendre.

Les gens de l'État et, dans une certaine mesure, ceux de la France dirigeante officielle, voudraient nous faire croire que nous sommes totalement dépassés, que nous n'avons pas l'esprit d'entreprise, le goût de la compétitivité, la capacité de répondre aux défis du monde moderne. Ils nous exhortent en permanence à nous réveiller. Mais on a l'impression qu'ils sont si bien installés dans leur rôle de prédicateurs qu'ils voudraient au fond nous conserver dans le péché afin de pouvoir continuer à nous morigéner en toute bonne conscience. De ce point de vue, la différence est beaucoup plus faible qu'on ne pourrait croire entre libéraux et socialistes.

Même Fernand Braudel, armé de la « longue distance », s'était laissé entraîner à nous persuader que nos traditions de société paysanne, militaire et bureaucratique nous rendaient impropres à lutter sans protection dans la compétition internationale. Comme si l'esprit d'entreprise était un don du ciel, une prédestination ! Ces vues abstraites et hâtives expliquent bien mal le passé et nous empêchent de comprendre la réalité présente et de préparer l'avenir. Seule la droite reaganienne a pu croire à un tel mythe. La volonté d'agir et de réaliser, qui est à la source de ce qu'on appelle l'esprit d'entreprise, emprunte les voies qui s'offrent à elle dans le monde du moment. Ces voies sont déterminées par des opportunités et des contraintes matérielles et sociales. La politique de l'État y joue un rôle non négligeable, mais ce rôle est important d'un point de vue négatif, plutôt que d'un point de vue positif : il peut ralentir et paralyser facilement, mais beaucoup plus difficilement susciter et accélérer.

Or si nous examinons sérieusement la réalité du passé récent, elle ne confirme d'aucune manière cette vision chagrine d'une paralysie française. Pour autant qu'on puisse mesurer quelque chose en matière de volonté d'agir et de réaliser, il apparaît que, durant toutes ces années d'après-guerre, non seulement les Français n'ont pas été en retard, mais qu'ils ont au contraire été plutôt en avance sur tous les autres pays occidentaux[1]. Cette découverte n'apparaîtra paradoxale qu'à ceux qui vivent dans le mirage des idées reçues et l'abstraction des stéréotypes technocratiques.

Elle est parfaitement en consonance, en revanche, avec une observation plus attentive des faits économiques et sociaux. S'il n'y avait pas eu volonté d'agir et de réaliser, les Français n'auraient pas triplé leur niveau de vie, radicalement transformé une agriculture restée paysanne en une agriculture moderne[2], rénové leurs industries traditionnelles et renouvelé ou créé entièrement des secteurs entiers, comme la grande distribution, les loisirs, l'hôtellerie, la montagne.

On m'objectera peut-être que c'est l'État qui a forcé à la modernisation, qui a guidé, exhorté, fait avancer des Français rétifs. Nos habitudes volontaristes et planificatrices, notre manie de l'inflation verbale, nous ont fait beaucoup surestimer la part de l'État : celle-ci n'a certes pas été négligeable, mais si les Français se sont modernisés

1. Ceci se marque par exemple dans les comparaisons internationales sur « la volonté de réalisation » effectuées par la COFREMCA, *L'Observatoire,* n°s 13 et 16, juillet 1984, septembre 1985.

2. Même si cette agriculture rencontre maintenant d'énormes problèmes.

à travers leur État, c'est dans une large mesure parce que cet État encombrant était là et qu'il leur fallait bien passer par lui. C'est leur volonté, leur acharnement à reconstruire et à développer, qui ont conduit au succès. L'État a suivi, il a accompagné et il a chanté. Il a aussi tenu sa place, bien sûr : il a reconstruit ou créé la nécessaire infrastructure dont il avait la charge, mais peut-être avant tout parce que ses fonctionnaires étaient emportés par le même mouvement et répondaient à une demande bien claire.

Les Français, il est vrai, n'ont pas créé autant de très grandes entreprises que certains de leurs voisins, ni bien sûr qu'Américains et Japonais. Ils ont généralement préféré, on le leur a assez reproché, les secteurs des services aux secteurs industriels proprement dits. Mais l'esprit d'entreprise ne se porte-t-il pas naturellement vers les secteurs où il y a de l'argent à gagner, et surtout peut-être vers ceux qui ne sont pas encombrés par les règlements, les contraintes, les situations acquises et les complications syndicales ? Rappelons-nous l'exemple de la première révolution industrielle : elle ne s'est pas produite dans la laine, qui représentait alors l'industrie respectable, la seule « vraie industrie » de l'époque, mais dans le coton, secteur libre dans lequel les nouveaux entrepreneurs n'avaient pas à compter avec les règlements des corporations.

Quand on refera cette histoire avec la sérénité que dispense le recul du temps, on découvrira probablement que ce sont les Français qui avaient raison de préférer investir dans la restauration, et l'État qui avait tort de dépenser tant de milliards dans l'acier.

Ce monde des « trente glorieuses » n'en est pas moins terminé. L'avenir est effectivement beaucoup plus difficile. Mais au lieu de nous lamenter sur nos faiblesses et de recommencer à battre notre coulpe, ne vaudrait-il pas mieux réfléchir sur les atouts qui sont les nôtres, dans ce nouveau contexte, face à des défis dont on veut nous accabler ?

Or ces atouts existent. Contrairement à l'opinion dominante, nous sommes *mieux* placés dans le monde qui se prépare que dans celui qui s'achève. Les ressources qui vont compter de plus en plus, désormais, ce sont les ressources humaines, et non plus les ressources matérielles. Le temps de la houille et du fer est révolu, celui de l'industrie est en train de prendre fin à son tour. Ce qui fera le succès demain, dans un monde dominé par les services et la haute technologie, ce sera la capacité d'assurer la qualité, de développer et d'utiliser la connaissance, l'adaptabilité, l'aptitude à organiser des coopérations complexes — bref, de façon générale, l'intelligence.

Les Français étaient mal à l'aise dans le monde de la quantité. Les matières premières leur manquaient. La main-d'œuvre était exigeante, les marchés trop étroits. Ils retrouvent leurs chances dans ce monde de la qualité dans lequel nous entrons. Certes, ils n'ont que trop appris à produire de la camelote. Mais ils disposent encore d'un fonds de traditions considérable. La France du barreau de chaise de Péguy n'a pas disparu sans laisser de traces. La demande de qualité reste présente. Elle n'est pas seulement une vision de technocrate de retour du Japon. Elle a tôt fait d'affleurer chez les exécutants dès que l'occasion leur est donnée de la mettre en œuvre. Dans les services, et bien avant qu'on n'évoque la compétition japonaise, les progrès ont été immenses. La spectaculaire transformation de l'industrie hôtelière, en trente ans, en est un témoignage. Mais dans les loisirs, le conseil, la maintenance et bien d'autres secteurs, les réussites sont tout aussi nombreuses, fondées sur des conceptions nouvelles et intelligentes des rapports marchands et sur un souci de la qualité qui tranchent avec la vision simpliste de la réponse aux besoins, du rendement taylorien, voire du contrôle de gestion.

Les « Gaulois querelleurs » que nous croyons être paraissent en revanche plus mal placés quand il s'agit de la capacité d'organiser, de l'adaptabilité, du souci de la communication. Là encore, nous devons néanmoins nous garder de raisonner selon les catégories du passé. Le problème n'est plus de s'adapter à la discipline des grandes organisations tayloriennes ni de se plier aux exigences de la machine, mais de savoir tirer parti des circonstances, de trouver de nouvelles solutions, d'inventer de nouveaux arrangements avec autrui. De ce côté, la France du système D rencontre beaucoup plus de difficultés, mais dispose en même temps de ressources humaines considérables, et même, pourrait-on dire, d'une expérience largement partagée par une population plus curieuse, plus ouverte et plus adaptative qu'on ne croit.

On nous répète que la France n'a jamais été une nation de marchands[1]. Mais personne n'est marchand par nature. Le commerce est avant tout affaire de relations humaines. Or les Français ont beau avoir une tradition paysanne et bureaucratique un peu plus longue que leurs voisins, ils ne sont ni frustes ni retardataires en matière de telles relations. Toute leur culture repose sur la passion qu'ils ont toujours éprouvée pour elles. On ne voit pas pourquoi ils seraient désavantagés dans un monde désormais obligé de leur accorder de plus en plus de place.

La révolution des emplois et la révolution des mœurs ont transformé les conditions de l'action collective

Quand nous parlons du défi des nouvelles technologies et de la concurrence du Sud-Est asiatique, des problèmes du chômage et de la compétitivité, qui sont de vrais et souvent douloureux problèmes, nous devons donc prendre plus de distance et ne pas nous laisser entraîner par la rhétorique du moment. Non, l'Europe n'est pas finie ; non, l'économie et la société françaises ne sont pas sur le point de s'effondrer parce que nous traversons une crise, fût-elle profonde.

1. En oubliant que c'est à Paris qu'ont été créés les premiers grands magasins.

Mutation, adaptation ! nous crie-t-on en nous accablant de toujours plus de conseils, de préceptes, de décisions et de règlements. Mais ceux qui nous morigènent et nous exhortent se rendent-ils compte de l'évolution réelle de la société et de la façon dont nous nous adaptons à la marche du monde ? Deux révolutions sont en train de se produire, qui bouleversent de fond en comble des façons de vivre et de raisonner que nous avions crues immuables : la révolution des emplois et celle des mœurs. Personne n'a encore pris la mesure de l'importance de ces révolutions. Les Français s'y adaptent en pratique beaucoup mieux qu'on ne pourrait le penser, mais l'État, lui, les ignore, ou plus exactement agit comme si elles n'existaient pas. Bien pis, l'État est en train de devenir le secteur le plus archaïque de l'ensemble du système social.

A l'évidence, la révolution des emplois est politiquement la plus marquante. D'une certaine façon, c'est une révolution classique qui répète les révolutions industrielles des XVIIIe et XIXe siècles. Européens et Américains du Nord avaient alors massivement quitté la terre pour les usines. Aujourd'hui, ils quittent tout aussi massivement les usines. Cette « société industrielle » qui nous était devenue comme une seconde nature est en train de disparaître à son tour. Curieusement, nous sommes aussi désarmés face à cette nouvelle révolution que nos ancêtres face à la précédente. Beaucoup de nos hommes politiques et de nos technocrates déclarent que seule l'industrie est réellement productive, avec la même candeur naïve que leurs prédécesseurs physiocrates du XVIIIe siècle affirmant que, toute richesse venant de la terre, seule l'agriculture était réellement productive.

Certes, les industries classiques continueront à l'avenir de jouer un rôle décisif, tout comme l'agriculture d'ailleurs, mais elles n'offriront qu'un nombre de plus en plus réduit d'emplois. Ces emplois ne seront pas remplacés, on commence à le savoir, par des emplois dans des industries plus modernes ou dans la haute technologie. C'est en effet tout le système industriel qui se transforme : celui-ci ne peut plus être fondé sur l'emploi de masse tel que nous l'avons conçu pendant un siècle. Si l'on raisonne à long terme, défendre l'industrie, ou les industries, est nécessaire, mais défendre l'emploi industriel est un non-sens. La prospérité de l'industrie ne peut être acquise que grâce à la réduction drastique de l'emploi industriel. L'équivalent masse humaine/puissance industrielle n'a plus aucun sens.

Les responsables politiques et administratifs qui raisonnent selon les catégories figées des statistiques ne voient pas comment le tertiaire ou les services pourraient absorber tous ces travailleurs ainsi libérés par l'industrie. Il est vrai qu'en l'occurrence les symboles ne nous aident guère : les bureaux qui ressemblaient à des usines sont tout aussi menacés qu'elles, la division secondaire/tertiaire ne correspond plus à la réalité multiforme des services dont la frontière avec l'industrie est devenue floue. En réalité, c'est le départ qui est significatif, non le point d'arrivée : ce point, ou plutôt ces points d'arrivée, sont dispersés, hétérogènes, en flux perpétuel. Leur comptabilisation continuera de faire le désespoir des statisticiens tant que ceux-ci ne raisonneront pas en termes différents, moins catégoriels et moins essentialistes.

Le fait majeur est celui du déclin et de la rapide disparition du modèle de civilisation industrielle sur lequel nous avons vécu. L'image de Charlie Chaplin sur sa chaîne de montage apparaîtra dans quelques années aussi archaïque que celle du *Semeur* ou de *L'Angélus* de Millet. Cela signifie que le système production de masse/consommation de masse sera de moins en moins central, que le type d'encadrement hiérarchique auquel nous sommes si profondément habitués est déjà obsolète, et que même les raisonnements des *business schools* américaines sur la gestion doivent être révisés.

Pourquoi devrions-nous nous en plaindre ? N'avons-nous pas assez pleuré sur le scandale de la peine des hommes au fond de la mine et sur l'aliénation des OS dans la production mécanisée ? Au lieu de nous lamenter, ne serait-il pas temps, au contraire, de mettre à profit nos chances dans un monde plus ouvert où les contraintes ne s'exercent plus avec autant d'intensité contre notre morale et notre culture ? Ne touchons-nous pas aux limites de l'absurdité quand les mêmes idéologues qui développaient naguère des réactions quasi hystériques face aux obligations du travail à la chaîne se révèlent maintenant des fanatiques de l'emploi industriel ?

Malgré les apparences, c'est le monde officiel qui s'insurge et s'agite, non la masse des Français. Les révoltes et les violences qui ont marqué ces dix dernières années sont très localisées et ont toujours eu lieu dans un contexte extrêmement politisé. La sidérurgie et l'automobile étaient des bastions traditionnels du système politico-syndical généré en France par la civilisation industrielle. Leur démantèlement — car il s'agit bien d'un démantèlement — ne pouvait s'accomplir sans réactions. La visibilité des problèmes qu'ils posaient, l'existence de mécanismes bien rodés de confrontation politique capables de s'en saisir, purent transformer ces réactions en véritables journées révolutionnaires. Mais, dans le même temps, les grands groupes nationalisés ont perdu le quart ou le tiers de leurs effectifs sans que personne ne s'en soit pratiquement ému ou même rendu compte. La mobilisation pour la défense de l'emploi industriel est un phénomène caractéristique du jeu politico-syndical, elle ne répond pas aux problèmes réels que sont la transformation des modes d'organisation du travail et le chômage des jeunes.

L'action de l'État, qu'on ne peut séparer du débat politico-syndical, s'exerce généralement à contre-courant, ralentissant les évolutions, donnant une prime exorbitante à tous les combattants de l'arrière-garde, et pénalisant les novateurs. Mais les Français, eux, s'adaptent, qu'il s'agisse des entrepreneurs orientés vers les secteurs plus prometteurs des services ou des salariés qui utilisent les ressources d'un système heureusement plus complexe que le système industriel protégé pour trouver de nouvelles insertions.

Peut-on faire l'économie d'un réajustement douloureux ? Certainement pas. Pourrait-on accélérer le processus et éviter le problème sociétal considérable que constitue le chômage des jeunes ? Assurément oui. Mais la clef du changement n'est pas à chercher du côté d'une population beaucoup plus capable de s'adapter aux circonstances qu'on ne le croit, elle se trouve du côté d'un système administratif, éducationnel, politique et syndical incapable de s'adapter à la réalité, et exigeant pourtant de la contrôler. Créer des emplois, ce n'est pas « caser » des gens, c'est créer des besoins et des marchés nouveaux, ce qui implique nécessairement l'innovation. Or les barrières à l'innovation ne sont pas culturelles : les Français sont tout aussi innovateurs que leurs voisins. Elles sont sociales et administratives, et l'État au sens large en est le principal responsable.

La seconde révolution, celle des mœurs, est à terme au moins aussi importante que la révolution des emplois. D'une civilisation fondée sur la prééminence masculine, celle d'un chef de famille pourvu de l'emploi principal auquel correspondaient rémunération, prestige et avantages sociaux, nous passons à une civilisation plus égalitaire et beaucoup plus libre, certes, mais aussi beaucoup plus compétitive, où la désagrégation des structures protectrices traditionnelles rend les individus bien plus vulnérables.

La société française, pour profondément atteinte qu'elle soit, ne réagit pas si mal, si on compare son comportement à celui des autres sociétés occidentales. La première grande secousse, celle de la révolution étudiante, s'est, tout compte fait, nettement mieux passée en France qu'en Allemagne, aux États-Unis ou en Italie. Le terrorisme n'y a pas vraiment trouvé un terrain favorable. Le fossé entre les générations n'y a pas été aussi grand. Les parents se sont finalement adaptés assez bien et assez rapidement aux nouvelles mœurs imposées par leurs enfants. L'ensemble social et familial a relativement bien tenu.

La transformation des rapports entre hommes et femmes est à la fois plus lente, plus diffuse et à terme plus profonde ; elle entraîne pour le moment une désagrégation des pratiques traditionnelles du mariage et a certainement une influence décisive sur la natalité. Mais, au lieu de se polariser sur des conséquences peut-être temporaires de cette révolution, ne devrait-on pas plutôt réfléchir au phénomène qui en est la cause ? Certes, la poursuite de cette évolution n'est pas exempte de dangers, mais nous n'en changerons pas le cours en nous lamentant. Mieux vaut songer à nos avantages et à nos capacités d'innover.

Toutes les sociétés occidentales connaissent les mêmes problèmes. La société française, aux valeurs plus ouvertes et mieux partagées entre masculin et féminin que celles de la plupart de ses voisines, me semble avoir de bonnes chances de découvrir des voies nouvelles. Mais ce n'est pas en décidant d'un modèle *a priori* et en cherchant à le faire imposer par l'État qu'on y parviendra. L'État ne peut ni penser sérieusement ni imposer le changement. En revanche, sa responsabilité est très lourde dans un système d'éducation et un système de protection et de sécurité sociale conçus pour un monde qui est en train de disparaître, et qui apparaissent comme extrêmement sclérosés. Ce sont ces systèmes qui devraient être repensés afin de favoriser la recherche active de solutions de la part d'intéressés qui n'échapperont pas, désormais, au jeu de la liberté. Tout notre système de *welfare* est contre-productif, qui tend à leur imposer pour leur bien le maintien d'un jeu débilitant d'assistance et de dépendance qui les handicape encore davantage dans le nouveau contexte. Bien sûr, la dérive des coûts est un phénomène immédiat qui oblige à agir. Mais aucune réforme ne réussira si elle ne s'appuie sur le changement des mœurs et de la société.

La société française n'a plus l'État qu'elle mérite

En 1970, quand j'écrivais *La Société bloquée,* je tendais à assimiler encore la société et son État, comme si toujours les peuples avaient les gouvernants et jusqu'au système qu'ils méritent. Je le crois moins aujourd'hui. La société française est victime de ses choix antérieurs et, dans une certaine mesure, de ses succès. Le modèle de gouvernement et d'administration qu'elle avait élaboré n'était pas sans mérites. Il lui assurait un équilibre stable et le maintien de sa place dans le concert mondial. Mais dans le climat de changements accélérés et de « guerre de mouvement » qui caractérise notre époque, ce système est parfaitement inadapté. L'État à la française, gardien des valeurs, éclairant et animant une société relativement stable, est devenu obsolète. La société est trop à l'étroit dans ce carcan. Non seulement elle bouge toute seule, mais, en se développant, elle se heurte à tout moment aux contraintes qui se sont cristallisées autour de ce système stabilisateur. Les initiatives, les élans, les développements les plus prometteurs sont arrêtés ou freinés par la nécessité du recours à l'État.

Ce problème fondamental pour l'avenir de la société française a été mal perçu et mal compris du fait de l'expansion sans précédent des services collectifs nécessaires au fonctionnement d'une société avancée. La révolte contre l'État, qui est vive et générale, se concentre en une attaque des services publics et des fonctionnaires, à la fois stérile et dangereuse. On rêve sinon de supprimer l'État, du moins de le réduire à la portion congrue qu'il occupait il y a cinquante, voire même cent ans. Les expériences de Margaret Thatcher et de Ronald Reagan sont pourtant également concluantes : ce n'est pas ainsi qu'on diminuera beaucoup le nombre de fonctions et de fonctionnaires. Le libéralisme sauvage est impossible dans un monde d'une complexité sans commune mesure avec celle du XIXe siècle. Ce monde a besoin de services collectifs nombreux, sophistiqués et intelligents. Ces services ne doivent pas être nécessairement des services de l'État national, ils peuvent être assurés pour une large part par des collectivités locales ou des organes spécialisés autonomes, avec une beaucoup plus forte participation des citoyens, mais ils doivent absolument être assurés. La proportion des employés des collectivités publiques nationales et locales est à peu près aussi élevée aux États-Unis qu'en France, et, si l'on excepte la Sécurité sociale, le pourcentage des prélèvements totaux reste du même ordre.

On peut faire reculer l'État national, enrayer la progression de l'ensemble collectif ; on ne peut pas s'en débarrasser. Mais c'est justement parce que ce collectif est devenu important qu'il faut à tout prix le moderniser. Il ne s'agit pas d'y introduire plus d'ordinateurs, mais d'en changer les méthodes, les pratiques et l'esprit. Les progrès d'une société vont de plus en plus dépendre de la qualité de son système collectif, non pas du tout dans le sens d'un État directif ordonnateur ou même animateur, mais, au contraire, dans le sens d'un meilleur service offert à ceux qui sont directement actifs, qui seuls peuvent assurer l'innovation, le développement et le changement.

L'État français et le système politico-administratif tout entier sont des institutions mégalomanes qui s'illusionnent sur leurs capacités d'agir. Leurs dirigeants se bercent de formules, de déclarations et d'exhortations, ils célèbrent le développement avec des cocoricos sonores, mais, généralement, ils ne font qu'en troubler la réalisation par leurs interventions intempestives.

Nous avons besoin au contraire d'un État modeste, soucieux d'investir dans le long terme, au service d'une société qu'il écoute, capable de s'effacer et de se retirer quand une activité réussie peut être assurée par les praticiens eux-mêmes. Cela implique un style d'action moins glorieux, mais qui requiert bien plus de connaissances, de soin, de préparation et d'intelligence.

L'effort pour y parvenir est immense. Non que la tâche soit démesurée, mais elle suppose une conversion radicale de la façon de raisonner de nos élites. Moderniser l'État est un travail beaucoup moins exaltant, à première vue, que moderniser la société, orchestrer le changement, commander aux autres de changer. Mais c'est un travail plus pratique, plus sérieux et surtout plus intelligent. Ses chances de succès sont réelles et pourraient, de ce fait, le rendre beaucoup plus stimulant. Il demanderait que les technocrates remettent en question leurs rôles et leurs principes, ce qui risque de paraître utopique à première vue, mais peut devenir réalisable si l'on veut bien réfléchir à une nouvelle stratégie.

On ne commande pas la société, on n'en ordonne pas les arrangements et les objectifs. On la sert, et pour mieux la servir on fait en sorte de l'écouter, car ce n'est jamais la société qui a tort.

Il nous faudra enfin trouver l'issue

Quelques mois avant Mai 68, Pierre Viansson-Ponté avait lancé un joli mot à la française qui fit fortune : « La France s'ennuie. » Je me suis toujours demandé pourquoi une analyse aussi fausse avait pu rencontrer un tel succès. Il doit traîner encore dans le subconscient de nos spécialistes de la politique une vague idée selon laquelle le « peuple » serait comme un grand enfant qui aurait avant tout besoin de romances et de coups d'éclat.

Ce scepticisme de bon aloi est pourtant particulièrement mal adapté à nos réalités, celles d'une société active et en pleine mutation. A la veille des « événements », la France ne s'ennuyait pas comme le René romantique dans l'attente des orages désirés. Elle étouffait en fait dans son carcan de société trop fermée, aux élans paralysés par des interdictions, des chamailleries et des chicanes bureaucratiques dépourvues de sens.

Elle étouffait et continue d'étouffer. La fête de 1968 lui donna un peu d'air, un peu de temps, contribuant à faire bouger les esprits, mais sans desserrer le carcan. La France étouffa plus particulièrement dans les dernières années du septennat de Pompidou et, de nouveau, au temps de Giscard. Après les quelques mois d'anesthésie de l'état de grâce socialiste, elle a recommencé à étouffer de plus belle sous Mitterrand, et ce sentiment s'est exaspéré à nouveau avec l'arrivée au pouvoir d'un gouvernement plus doctrinaire que vraiment libéral.

Si la France cherche des issues et a été capable d'en accepter des plus bizarres, comme les chimères de la révolution étudiante et celles du socialisme à la rose, ce n'est pas qu'elle s'ennuie, c'est qu'elle bute sur de vrais problèmes pour lesquels il lui faut absolument trouver des solutions. Il est d'ailleurs significatif que la même quête indéterminée d'une « nouvelle donne » ait pu se cristalliser aussi et peut-être surtout sur des personnalités à l'image tout à fait modérée, comme Jacques Chaban-Delmas, Michel Rocard ou Raymond Barre. L'homme du discours de la « nouvelle société » parut un temps offrir une telle issue. Puis le socialisme moderne à visage humain a fait rêver d'une autre — pour le public au fond presque la même. Il peut paraître plus étrange encore de voir en Raymond Barre le leader charismatique capable de répondre aux attentes de changement. Et pourtant, si son « parler-vrai » a séduit à plusieurs reprises plus largement que toutes les promesses, c'est que nombre de Français ont soudain l'impression que les mises en ordre qu'il proposait pouvaient constituer à elles seules la solution qu'ils espèrent et entrevoient inconsciemment.

Il est permis de traiter ces pulsions avec le dédain des bons connaisseurs qui prétendent ne s'attacher qu'aux réalités des intérêts et au poids des groupes sociaux. Les analystes acharnés à délimiter les majorités potentielles dans les combinaisons des classes et catégories socio-professionnelles me font penser à Staline quand il demandait de combien de divisions pouvait disposer le pape. Pour les mutations de société, la notion de groupes porteurs et de classes prédestinées est devenue tout à fait aberrante. Les réactions d'une société devant les problèmes récurrents que lui posent son système d'organisation sociale et son système de décision sont naturellement simplistes. Elles ont pourtant beaucoup de sens, car elles constituent la matière essentielle pour la réflexion de l'homme politique dont la première tâche n'est pas de céder aux engouements passagers qu'elles peuvent susciter, mais de les mieux comprendre pour être à même d'y répondre. Et c'est peut-être d'abord la tâche de l'intellectuel que de les connaître et de les analyser, pour forcer le débat dans le public, clarifier la nature du raisonnement et créer le climat indispensable à l'action.

Depuis la fin de la guerre d'Algérie et celle des années soixante, la société française piétine. J'ai examiné comment la droite avait perdu ses deux grandes chances historiques, avec l'échec de la stratégie pompidolienne et les hésitations giscardiennes ; comment la gauche, à son tour, perdit la sienne par ignorance et présomption ; et comment la nouvelle alternance devait à nouveau nous ramener le même échec de la même technocratie.

Allons-nous enfin nous montrer capables d'ouvrir largement le débat sur la réalité des problèmes de notre société et sur les moyens, non plus de la contraindre, mais de l'aider à y faire face ? Telle me semble devoir être en tout cas la tâche essentielle des nouvelles générations politiques. Sa simplicité nous fait instinctivement reculer. Pourquoi devrions-nous agir ? Pourquoi vouloir faire appel au pays ? Pourquoi se prévaloir de parler en son nom ? Quand on dit « la France », quand on emploie les termes de « nation » ou de « peuple », on se sent maintenant vaguement ridicule. Même le terme de « société », qui plaisait tant parce qu'il faisait intellectuel et un tantinet social, commence à son tour à faire dépassé. La société française, la France, sont en effet des termes nébuleux. Une société nationale n'existe pas comme une entité qui s'incarnerait dans un être supranaturel, pourvu de sentiments et porteur d'un destin. Pas davantage comme un ensemble de forces sociales, acteurs plus ou moins conscients de missions historiques. Au degré d'organisation qu'atteignent souvent nos sociétés, ces métaphores n'ont plus aucun sens, elles sont souvent anachroniques et parfois dangereuses.

Quelque chose pourtant existe, qui nous importe. Nous savons bien que, sans le support d'ensembles sociaux plus vastes que ceux de notre horizon familier, nous ne pourrions rien accomplir, que ce que nous faisons n'aurait pas de sens. Nous baignons dans une culture qui ne se limite pas à un langage réduit à quelque instrument local neutre, mais qui constitue un réseau vivant à plusieurs dimensions. Nous faisons partie de tout un ensemble de systèmes plus ou moins lâchement organisés, mais eux aussi vivants, dont les modes de structuration dominants sont très souvent nationaux. Tous ces ensembles ont leurs règles, leurs mécanismes, leur rationalité, mais sont avant tout vivants. Et il est naturel que le caractère vivant de cet ensemble flou de systèmes nous fascine, même si les mots grandioses de « nation » et de « peuple » paraissent usés. Car ces mécanismes, ces règles, ces logiques constituent pour nous un capital, une ressource essentielle, vis-à-vis desquels nous ne pouvons manquer d'éprouver une certaine responsabilité.

Responsabilité pour quoi faire, à quelle fin ? Quoi qu'on veuille et fasse, il n'est pas de « société idéale ». Les modèles qu'on nous propose sont des modèles abstraits, extrêmement pauvres, qui reflètent avant tout les ressentiments et les illusions de leurs auteurs. Quant au bien commun, non seulement il n'est jamais donné une fois pour toutes, mais il n'est même pas calculable au sens étroit que sont obligés de lui conférer les économistes pour élaborer des formules mathématiques de composition des intérêts.

Pourtant, notre contribution a un sens, nous le sentons intuitivement. Tous ces efforts accomplis, grâce auxquels ce capital nous a été légué, n'ont pas été vains. Ce que nous faisons y contribue. Si nous y trouvons plaisir, si la chose publique peut inspirer tant de passions nobles ou mesquines, c'est que nous sentons à quel point cet aspect de nos activités et de notre vie est lourd de signification.

Le fait que tout n'est pas possible, qu'on ne façonne pas un ensemble aussi complexe et délicat qu'une société selon un plan ou à partir d'un modèle, n'implique pas pour autant que rien ne sert à rien et que nous n'avons aucune responsabilité. Nous n'avons pas *toute* la responsabilité, mais nous avons *une* responsabilité. Changer la société par décret est dérisoire ; œuvrer pour le développement de la société est indispensable.

Qu'est-ce qui justifie donc nos passions pour un bien commun si confus, qu'on ne saurait justifier par un idéal ou des buts très clairs ? Ce n'est ni la grandeur ni le dépassement des concurrents. Ce n'est pas non plus une poignée de dollars de plus au hit-parade mondial du « produit national brut ». C'est tout simplement le devoir de vivre.

La société n'existe pas en dehors de nous, mais, pour vivre, nous devons la faire vivre, apporter notre contribution à son développement, c'est-à-dire à son perpétuel changement.

Quand je constate que la société française étouffe, je veux dire par là qu'elle ne vit pas au rythme qui pourrait être le sien. Que nous devons travailler à la transformer pour qu'elle vive mieux et davantage, qu'elle devienne une société plus ouverte, dont chacun pourra tirer quelque chose de plus, à laquelle chacun pourra aussi apporter quelque chose de plus.

Quantité de novateurs y contribuent déjà d'une certaine façon, dans tous les domaines. Ils y ont toujours œuvré, et notre époque n'est pas en retard, au contraire. Que ce soit dans l'entreprise, l'éducation, la santé, les talents et l'enthousiasme ne manquent pas. Pourtant, nous avons tous l'impression d'un extraordinaire gaspillage.

La thèse que je défends dans ce livre, c'est qu'au lieu d'être imputé à des forces obscures — malédiction culturelle, capitalisme en sa dernière phase —, ce gaspillage peut être compris, analysé, et qu'il est ainsi possible d'y remédier. Notre blocage est le fait du collectif, non de l'individuel, et chez nous, en France, ce collectif qui ne se résume évidemment pas à l'État est néanmoins accroché à lui, indissolublement conditionné par le comportement de cet ensemble déterminant.

Pour passer à la vitesse supérieure, il convient donc de

transformer notre système étatique : non pas ses structures ou ses fonctionnaires, mais le système tout entier, avec sa logique et sa rationalité.

Pour qu'une société soit vivante, il faut aujourd'hui un État modeste, non pas un État faible ou pagailleux, mais un État respectueux, qui sait ce qu'il ne sait pas, qui connaît ses limites, qui est avant tout un État au service de la société, et non plus un État qui lui donne des ordres.

On me dit souvent que les Français étant ce qu'ils sont, c'est là une chose impossible. Je ne parviens pas à comprendre de telles réactions de la part de concitoyens qui passent encore leur temps à discuter de formules de société idéale, à droite aussi bien qu'à gauche. Vouloir changer le monde est un rêve rarement inoffensif ; vouloir changer ses comportements est le point de départ de tout progrès. Certes, il n'est pas facile de se changer soi-même, mais il n'est pas d'autre tâche possible pour un réformateur. Cela demande d'abord d'analyser dans sa réalité profonde le fonctionnement des ensembles humains qui paraissent faire problème, puis d'élaborer une stratégie de développement et de changement. Il va de soi que nous n'aurons jamais que partiellement satisfaction, mais il faut bien tenter de vivre.

3

La crise de la gestion publique

Dans le monde occidental, la crise de la gestion publique est universelle. Mais la France connaît une crise spécifique à cause du rôle beaucoup plus important de l'État national à la française, qui s'est constitué comme une entité monolithique monopolisant l'Intérêt général et, de ce fait, ayant toujours priorité sur les autres intérêts collectifs, locaux et régionaux, et sur tous les intérêts privés.

Le problème du changement indispensable est rendu d'autant plus délicat par la capacité de résistance d'un ensemble aussi considérable, protégé par une véritable idéologie qu'il a réussi à faire partager, au moins en partie, au reste de la société. La tâche serait impossible si le contexte culturel n'était pas désormais de plus en plus propice à de nouvelles pratiques, favorisant l'élaboration d'une stratégie réaliste de changement.

D'abord oublier l'Histoire

Si l'on veut comprendre les raisons de nos blocages dans une perspective active de changement et non plus pour nous plaindre de ne pouvoir rien faire, il convient d'analyser sérieusement les problèmes de notre société actuelle et, pour ce faire, dans un premier temps, d'oublier l'Histoire. L'effort intellectuel à accomplir est difficile, car notre pensée administrative et juridique est pétrie d'histoire, ou plutôt d'une certaine histoire merveilleusement explicative. *Post hoc propter hoc.* Expliquer trop facilement dispense de réfléchir et nous empêche même souvent de voir la réalité : nous n'y voyons que ce qui correspond à notre explication. Certes, il est bien vrai que certains traits de comportement et certains mécanismes de relations étaient déjà en germe sous Richelieu. On peut s'enchanter de retrouver dans les diatribes de Vauban contre les méthodes de gestion des marchés publics une dénonciation pertinente de certaines de nos pratiques actuelles. En sommes-nous toutefois plus avancés ? Si nous pensons que ces pratiques sont inadéquates et dommageables, savoir qu'elles ont une si longue histoire ne nous permet en aucune manière de comprendre à quoi elles servent ni pourquoi elles se perpétuent. Allons-nous nous laisser aller à penser qu'il existe une essence particulière, spécifique aux Français, de mal administratif, et que notre culture serait dotée par essence d'une vertu bureaucratique analogue à la vertu dormitive de l'opium ?

La vision historique que nous appliquons au phénomène administratif, et particulièrement à la centralisation, est une vision essentialiste statique qui nous conduit justement à adopter ce mélange de conservatisme sceptique et de révolutionnarisme irresponsable que l'on voit à l'œuvre dans nos blocages à chaque période de mutation.

Chemin faisant, nous oublions que le problème de l'État était totalement différent en un temps où les activités administratives ne représentaient qu'une très faible part de l'ensemble des activités de la société, comme ce fut le cas non seulement jusqu'à la guerre de 1914, mais au moins jusqu'à celle de 1939-1945. Il est d'une autre nature aujourd'hui, quand dans nos pays développés la gestion publique peut employer de 15 à 25 % de la population active et les prélèvements publics absorber de 30 à 50 % des revenus.

Les réponses de chacun des grands pays occidentaux sont différentes. Il existe bien une spécificité administrative propre à chacun d'eux. Mais l'analyse montre que les problèmes sont les mêmes, que chacune des solutions présente de graves défauts, et que seule la comparaison permet de mieux comprendre chacune d'elles.

L'analyse permet aussi de faire apparaître que l'État ne doit pas être considéré en soi, mais dans ses relations avec la société. La prédominance de l'État national est une solution particulière contingente, impliquant une séparation ou une distance entre ceux qui gèrent le tissu collectif et ceux qui bénéficient de cette gestion (ou qui la subissent). Le problème n'est pas que l'État soit efficace en soi, mais que les rapports entre l'État et la société soient tels que celle-ci obtienne les services nécessaires et soit véritablement aidée par une bonne gestion publique [1].

L'universalité de la crise

En fait, toutes les analyses comparatives montrent que la crise de la gestion publique n'est pas uniquement française. Elle est universelle.

Tous les pays développés connaissent des problèmes du même ordre. Dès qu'on les aborde à partir de cette première constatation, on découvre la présence de contraintes semblables : des sociétés plus riches et plus actives, dans lesquelles les citoyens sont plus libres, les barrières sociales et les distances culturelles plus faibles, sont nécessairement des sociétés plus complexes, dont le tissu social est par conséquent plus difficile à gérer. Ni l'État fédéral ou national ni les autres collectivités publiques nc paraissent y parvenir de façon satisfaisante dans aucun pays. Leurs poids dans la vie sociale, l'énormité de la masse administrative qu'ils représentent ne doivent pas faire illusion : en réalité, ils constituent le maillon faible de nos systèmes sociaux modernes.

1. J'ai examiné ces problèmes dans trois pays très différents : le Japon, la Suède et les États-Unis. Voir *Comment réformer l'État? Trois pays, trois stratégies*, Paris, La Documentation française, 1988.

Qu'aucune autre activité ne reçoive aussi généralement et aussi indistinctement un tel lot de critiques devrait nous donner à réfléchir. Les systèmes administratifs diffèrent en effet davantage entre eux que ne le font les activités techniques ou économiques dominantes. Et pourtant, les citoyens emploient presque les mêmes termes pour se plaindre du monstre étatique aux États-Unis, au Danemark, en Italie ou en France. Cette curieuse unanimité, qui tendrait plutôt à s'accentuer, nous montre bien qu'il s'agit d'un problème général. Il est beaucoup trop commode de rejeter les critiques formulées en tel pays en leur opposant des critiques apparemment inverses qui se font entendre en tel autre. Les citoyens ne sont jamais contents. Ici ils s'indignent que l'État en fasse trop, là ils se plaignent qu'il n'en fasse pas assez. Dans un pays ils réclament qu'on les consulte et les écoute, dans l'autre ils se plaignent de la confusion des parlottes qui empêchent que rien ne soit jamais décidé. Il est plus sage de reconnaître que si les activités administratives publiques sont entrées en crise, c'est que les mêmes raisons objectives générales existent partout, quels qu'aient été les choix effectués et les erreurs commises dans chaque pays. On peut d'ailleurs ajouter que les oppositions ou contrastes entre pays se retrouvent parfois aussi forts à l'intérieur d'un même pays.

Quelles sont les raisons de cette crise ? Elles se résument en une formule toute simple : plus de besoins et de demandes d'intervention, et plus de difficultés à intervenir. Un tissu social plus complexe exige davantage d'attention, de soin. Paradoxe : plus la liberté des participants au jeu social est grande, plus il faut d'organisation. Les tenants du néo-libéralisme semblent incapables de comprendre cette règle fondamentale : il faut beaucoup d'organisation pour assurer davantage de liberté à un plus grand nombre de personnes.

Prenons un exemple simpliste. Dans l'école à la française, où la liberté de choix des élèves est extrêmement restreinte, le rôle du directeur d'établissement ou du censeur consiste essentiellement à établir des grilles permettant le meilleur emploi des salles et des professeurs. Dans l'école à l'américaine, où les élèves ne se voient plus imposer un menu, mais peuvent choisir à la carte, il faut une organisation plus complexe, avec plus de personnel et plus de compétence. On me dira que cette organisation indispensable au développement de la liberté n'a nul besoin d'être une organisation étatique. J'en conviens, et c'est souvent heureusement encore le cas quand des systèmes d'organisation informels assurent la régulation d'un ensemble d'activités. Mais j'observe que, partout, la demande supplémentaire d'organisation se présente d'abord comme une demande d'intervention publique. Il ne s'agit pas seulement d'une déformation systématique ou d'une demande politisée. Quantité de problèmes qui étaient sectoriels ou régionaux sont en effet devenus généraux et nationaux du fait de l'interdépendance croissante de toutes les activités, et l'État peut apparaître comme le seul cadre assez large permettant à tous les intéressés d'être associés à la gestion des problèmes communs.

Plus graves sont peut-être les conséquences de la puissance même des sociétés humaines occidentales, dont les actes ont des retentissements plus considérables et plus rapides sur le contexte naturel qui est le leur et, directement et indirectement, sur leurs membres eux-mêmes. Ces conséquences sont désormais mieux comprises, en raison du progrès des connaissances. Grâce à leur liberté, à leur meilleure éducation, à un accès plus facile aux centres de décision, les citoyens peuvent enfin intervenir plus promptement et plus activement. Le jeu politico-administratif devient ainsi inévitablement un jeu plus difficile, avec davantage de problèmes et davantage de participants.

Face à ces changements dont l'ampleur n'a pas été jusqu'à présent bien appréciée, les ensembles administratifs ne disposent pas de moyens adéquats. On s'est certes préoccupé de développer les moyens techniques et tous les pays disposent désormais d'énormes capacités informatiques. Mais on s'est fait des illusions sur l'aide ainsi apportée à la décision, dans la mesure où on n'a pas tenu compte des conditions humaines et politiques de fonctionnement du système de décision en tant que tel. Partout la même impuissance est apparue.

C'est que le problème n'est pas un problème de calcul, mais de gestion humaine complexe. Pour les administrations, la modernisation n'est pas une affaire de machines, mais une affaire de moyens humains, de méthodes, et, plus profondément, de modes de raisonnement et de philosophie. Toutes les activités humaines se transforment : nos méthodes d'action, nos habitudes de pensée doivent s'adapter. Leur transformation constitue même, d'une certaine façon, le point clé de la mutation qui est en train de s'accomplir. Non seulement le système administratif ne saurait échapper à la règle, mais on peut penser que, dans nos sociétés, il constitue, malgré ou à cause de sa faiblesse, le domaine le plus sensible et le plus critique du développement. Nul paradoxe ici : dans les problèmes de développement, il est fréquent que ce soient les maillons faibles, les activités retardataires, qui commandent.

Ces difficultés que connaissent les systèmes étatiques ne doivent donc pas conduire à les accabler ou à les rejeter, mais, au contraire, à les revigorer et à les moderniser. Ce sont les pays qui auront le mieux réussi la transformation de leur système public qui auront le plus de chances de réussir leur développement.

Mais si les solutions simplistes des néo-libéraux véhiculent une philosophie dangereuse, ils n'en ont pas moins raison sur beaucoup de points pratiques, car la modernisation du système étatique, clé du développement, exige un abandon des habitudes et des principes étatistes traditionnels. Dernier paradoxe, en effet : c'est parce que le système administratif public est devenu si important, c'est parce que son efficacité conditionne le développement de la société tout entière qu'il doit absolument changer de pratiques et de philosophie. On peut tolérer dans un État archaïque limité certaines dysfonctions et routines ; elles deviennent insupportables dans un État moderne.

La spécificité française

Chaque pays doit répondre à cette crise avec ses moyens propres, en fonction de ses contraintes, de ses ressources et de ses capacités particulières. A problèmes semblables, les solutions possibles peuvent s'avérer très inégales et différer beaucoup. A cet égard, la société française a une spécificité qu'il importe de bien comprendre.

Notre système administratif est plus centralisé, ou plutôt plus nationalisé, que celui des autres pays occidentaux. Il joue un rôle plus important dans la société, peut-être pas tant du point de vue matériel que du point de vue moral. Avec le même nombre de fonctionnaires et les mêmes prélèvements, il intervient beaucoup plus, en partie au moins parce qu'on le lui demande davantage. Enfin, s'étant formé plus tôt, s'étant maintenu de façon continue sans rupture radicale, il a atteint dans l'unité et l'intégration de son organisation interne un degré de perfection plus poussé que celui de ses voisins (sauf peut-être l'anglais). Sa force de résistance culturelle est donc beaucoup plus forte, et la crise en France ne peut qu'être ressentie de façon plus aiguë. C'est ce que nous constatons depuis trente ans. Pour une large part, les soubresauts politiques que nous avons connus au cours de ces années durant lesquelles, après tout, la société s'est développée de façon remarquablement continue, ne se comprennent que par référence à cette crise de l'État et du concept d'État à la française. La refonte des institutions opérée par le général de Gaulle pour restaurer l'État aussi bien que l'explosion antibureaucratique de 1968 ont été des réactions — sinon des réponses appropriées — à cette crise ; les réformes socialistes de 1981-1982 ont beau avoir accentué l'emprise de l'État, elles ont été des réactions du même ordre, la fuite en avant pouvant alors apparaître comme un moyen de résoudre le problème.

Force est de noter que la société française a accompli un saut fantastique depuis la Libération. Au début du mouvement, l'État lui a servi d'armature ou de balancier, comme une lourde quille servant à assurer la stabilité d'un voilier qui file trop vite. Aujourd'hui que la modernisation de la société a obtenu les résultats que l'on connaît — triplement du niveau de vie, doublement de la production industrielle... —, cette armature craque de toutes parts et c'est l'État qui, de plus en plus, bloque le développement.

Qu'est-ce que l'État à la française ? Chaque société a ses institutions, ses pratiques administratives et sa philosophie de l'État. Les institutions n'ont pas en soi tellement d'importance. Ce sont les pratiques qui comptent, encore ne faut-il pas les analyser de façon étroite, seulement matérielle : pour l'administration, dont les fonctions sont faites avant tout de relations humaines, les pratiques ne sont pas uniquement des services rendus et des fonctions assumées, ce sont des rapports humains caractérisés par des mécanismes qui structurent profondément les comportements et obéissent à une certaine philosophie. C'est par l'étude de ces mécanismes que l'on peut mettre au jour l'originalité profonde de l'État à la française.

L'État français est un État national centralisé. Cela ne l'empêche pas de rendre à peu près les mêmes services que l'ensemble public allemand ou italien. La philosophie de l'État à la française est fondée sur l'unité et la hiérarchisation des fonctions et des niveaux. Cette hiérarchisation va très loin : non seulement tout ce qui est public est subordonné à l'État national, mais, d'une certaine façon, les activités privées sont subordonnées aux activités publiques. Il existe une conception spécifiquement française de l'Intérêt général qui justifie cette hiérarchie. C'est l'État national seul qui incarne l'Intérêt général. Toutes les autorités publiques locales ou régionales peuvent de ce point de vue être considérées comme n'incarnant que des intérêts particuliers ; de même, si les intérêts privés ont tout loisir de s'exprimer et de se développer, ils doivent céder le pas à l'Intérêt général dès que celui-ci se manifeste. Les arguments échangés sur la défense de l'Intérêt national à propos des entreprises nationalisées seraient bien évidemment incompréhensibles aux États-Unis, mais aussi bien en Suisse, en Belgique ou en Allemagne.

Ce n'est pas que l'État soit en France tellement plus étendu, plus volumineux qu'ailleurs. Mais, au nom de cette philosophie de l'Intérêt général qu'il a réussi à faire accepter — même si c'est de mauvais gré — à la société entière, il est irrésistiblement plus interventionniste. Il ne rémunère pas, toutes proportions gardées, plus de fonctionnaires, il n'assure même pas réellement plus de fonctions. Mais il est partout, intervient sur tout, envahit la société dans tous ses aspects.

L'État à la française apparaît enfin comme un tout, il se considère comme une entité monolithique et a réussi à se faire admettre comme tel. Certaines fonctions, minoritaires dans l'ensemble, correspondent clairement à des activités d'Intérêt général qui semblent devoir être partout protégées, mais d'autres sont des services qui pourraient être remplis par des entreprises privées, d'autres enfin sont mieux assurées par des autorités publiques mais n'auraient nul besoin d'être protégées, au contraire. Dans la philosophie de l'État à la française, l'ensemble est indivisible et tous ses employés participent du caractère quasi sacré de l'État gardien de l'Intérêt général.

Ces singularités devaient inéluctablement créer des tensions très fortes qui, elles, sont propres à la société française. Les mécanismes psychosociologiques dominant les rapports entre fonctionnaires et administrés, et entre fonctionnaires à l'intérieur du système, sont des mécanismes très forts d'opposition et de collaboration qui ont des effets marquants, dommageables en fin de compte pour la société.

Quoi qu'on veuille réaliser en France, dans n'importe

quel domaine — santé, éducation, recherche, culture, médias et même économie —, tout ce qui est collectif ou social se heurte à l'État. Il ne s'agit pas seulement de lui donner sa part de la richesse produite, il faut lui demander l'autorisation, l'associer, ou du moins le « mettre dans le coup ». Il sait tout, a compétence sur tout, vous prodigue des conseils que vous ne lui demandez pas, et vous oblige à le convaincre d'utiliser vos propres idées pour qu'il vous trace votre propre mission. Il est faux de dire que les Français font continuellement appel à l'État pour des raisons « culturelles ». S'ils s'y résolvent aussi souvent, c'est qu'ils ne peuvent faire autrement. Certes, l'État, ou plutôt ses agents peuvent avoir de grandes compétences; leur dévouement, leur point de vue plus large sont souvent utiles. Mais ce qu'ils peuvent apporter de positif est généralement ruiné, et bien au-delà, par la lenteur et l'irréalisme qu'entraîne nécessairement le recours aux mécanismes étatiques. A son niveau, le fonctionnaire aura bien une vue synthétique, mais ce sera une vue abstraite, facilement irréaliste. Jamais il ne pourra se mettre à la place du praticien dont il tendra à étouffer la capacité d'innovation. Son action d'Intérêt général sera toujours une action de régularisation, de normalisation, qui jouera toujours contre la surprise, la rupture, la violence même, inévitablement incluses dans la découverte de voies nouvelles et leur traduction en actes.

L'État à la française, en voulant maintenir à tout prix un Intérêt général effectivement important, mais forcément abstrait, tend enfin à privilégier les contrôles, plus particulièrement les contrôles de conformité. C'est pourquoi son activité, qu'il voudrait stimulante, est en réalité plus souvent étouffante et paralysante. Ce n'est pas très important dans un monde qui se transforme lentement. Cela devient insupportable dans un monde en changement rapide, où l'innovation joue un rôle de plus en plus décisif.

Plus profondément peut-être, en monopolisant l'Intérêt général, il fait le vide autour de lui, écarte les bonnes volontés, rend impossible toute collaboration efficace. Le long et difficile combat pour la suprématie de l'État sur les féodalités, pour l'élimination de la corruption et du pillage des ressources communes, est pourtant terminé, et la méfiance pathologique de l'État français est devenue depuis longtemps contre-productive. Mais ces réflexes sont entrés dans les mécanismes du jeu social. Le citoyen, rejeté du côté des intérêts particuliers, gardera ses idées pour lui, refusera de renseigner l'administration, ou ne lui fournira que les informations qui pourront être favorables à sa cause. Tout ce qui est innovation se fera contre le système. Nous commençons à percevoir dans les services marchands une mutation radicale qui va bientôt constituer une véritable révolution : le succès va à ceux qui sont capables de faire participer le consommateur à la production du service qui lui est rendu. Les services administratifs vont devoir être profondément renouvelés par cette nouvelle conception. Mais l'État à la française la refuse instinctivement.

Dès maintenant, il apparaît que son raidissement, qu'on pourrait qualifier de réaction nobiliaire [1], est extraordinairement coûteux pour la société française, mais aussi pour lui. L'État à la française est ainsi devenu un État mégalomane, de moins en moins adapté au monde nouveau qu'il a en partie contribué à développer. Il a plus de mal que ses voisins à accomplir sa propre mutation.

Le premier obstacle à la modernisation de la société, c'est lui. Parler d'État modeste, c'est réclamer un État qui soit plus capable d'adaptation, qui acceptera de reconnaître qu'il est en retard et que le meilleur moyen pour lui de contribuer à la modernisation du pays, c'est d'accepter d'abord de se moderniser lui-même.

Quels sont d'ailleurs les États occidentaux qui réussissent le mieux ? Ne sont-ce pas les États modestes ? La Confédération helvétique ne manque pas de connaître les

1. Par analogie au raidissement des dernières années d'Ancien Régime, interdisant l'accès des roturiers à de nombreuses charges.

grands problèmes de la crise de la gestion publique. Si l'on compte les employés des états cantonaux et des villes, elle a proportionnellement autant de fonctionnaires que la France. Elle assure autant de services, aussi bien et souvent beaucoup mieux que la France. Mais elle a un ensemble administratif modeste — on n'ose pas dire un État — avec lequel les citoyens sont heureux de collaborer. Absence de mégalomanie ne signifie pas manque de conscience de l'Intérêt général, bien au contraire. L'État modeste a de plus en plus de chances de battre sur le terrain de l'efficacité l'État mégalomane, car ses citoyens sont portés à l'aider, non à le paralyser [1].

Chaque fois qu'on insiste sur la spécificité de mécanismes sociaux ou institutionnels dont on démontre qu'ils sont stables ou récurrents, chaque fois que, pour les bien comprendre, on recommence à analyser la culture dont ils sont une expression, on suscite d'emblée une crainte : si ces mécanismes sont si profondément ancrés dans une culture, il n'est pas même pensable d'escompter un changement. Les plus dures critiques ici tournent court. A quoi bon dénoncer ce qui ne peut se défaire, qui est consubstantiel à un système national ? Si les Français ne souffrent pas d'une maladie qu'on peut guérir, mais d'une infirmité congénitale, mieux vaut leur conseiller d'accepter leur sort dont ils peuvent après tout s'accommoder, voire même tirer éventuellement parti.

Bien des habitudes et des mécanismes, il est vrai, paraissent difficiles à changer, parce qu'ils sont le produit d'une culture capable de résister. Mais aucune culture ne constitue un ensemble cohérent et stable. La culture française est à même d'accepter bien des mécanismes nouveaux, et peut s'ouvrir elle-même au changement. Si elle a su préserver une identité qui s'est maintenue si longtemps, c'est justement parce qu'elle a été capable de changer. Quand le contexte se transforme, des change-

1. Le catastrophique effondrement des pays de l'Est montre bien, s'il en était besoin, la faiblesse congénitale de l'État mégalomane.

ments culturels équivalents sont indispensables pour lui permettre de sauvegarder son équilibre et de rester vivante.

De ce point de vue, il ne faut pas sous-estimer le bouleversement profond qui est en train d'affecter l'ensemble du monde occidental. La culture française est tout à fait en mesure de s'y adapter. Elle est déjà en train de le faire. Mais s'adapter signifie se rééquilibrer. C'est donc bien le moment de reprendre et de mettre en question les équilibres traditionnels.

Ce qui est visé ici, c'est le couple que forment la société et son État. Or, contrairement au stéréotype historicisant dominant, ce couple a profondément évolué. Certes, l'État à la française était en germe sous Richelieu, et déjà bien formé sous Louis XIV. Mais si l'on trouve dès cette époque des traits caractéristiques de ses modes d'action actuels, la société n'en était encore guère affectée. La situation actuelle, où les membres de la société peuvent se sentir écrasés par leur État, est un phénomène relativement récent. Dans le cadre d'une société encore largement dominée par les activités paysannes, artisanales et de petites entreprises, le poids de l'État était faible et son intervention comparativement limitée. Le développement du système fiscal, la guerre de 1914-1918, puis la Grande Crise, ont commencé à perturber l'équilibre traditionnel. Mais c'est seulement après la Libération que le poids de l'État, tel que nous le connaissons, a réellement commencé à se faire sentir. Encore son importance a-t-elle été longtemps atténuée par l'extraordinaire expansion dont nous avons alors bénéficié.

La culture politique française a été façonnée, il est vrai, par les modes de gouvernement administratifs et l'idéologie de l'État. Mais si importante que soit la culture politique, elle n'est qu'un aspect de la culture d'une société. Même aujourd'hui, la société française n'est pas moulée sur son État. Il l'a certes influencée, mais on l'a vue à maintes reprises réagir. Et si l'on veut chercher ses traits les plus profonds, on peut affirmer que ce qui la caractérise ici le mieux, c'est son dualisme. Comme les autres Occidentaux, jamais les Français n'ont accepté de vivre dans une structure unifiée. L'Église a toujours été séparée de l'État. Celui-ci a toujours connu des limites. Il n'est que de comparer la culture bureaucratique française et la culture bureaucratique chinoise, qui est une culture moniste, pour comprendre, malgré quelques traits communs, l'importance de cette différence radicale.

Si tel est bien le cas, il est raisonnable de penser qu'un renversement de tendances non seulement peut avoir lieu, mais serait même dans la nature des choses. Ce renversement peut s'accomplir sans que les fondements de la culture française soient mis en question, sans que nous ayons à refaire notre histoire. On peut même penser qu'il existe dans notre culture administrative, plus vaste et plus complexe que le modèle dominant ne le laisserait supposer, des éléments sur lesquels s'appuyer pour sa réorientation.

Dans ce monde, l'État est devenu beaucoup plus important, mais, parce qu'il est plus important, la priorité dans le couple État-société ne peut plus lui être accordée. L'État doit être au service de la société, et non plus la société au service de l'État ou des fins qu'il se découvre. L'État ne doit pas avoir le monopole de l'intérêt général, les citoyens non fonctionnaires ne sont pas moins capables de dépasser leurs intérêts particuliers que les citoyens fonctionnaires. Rétablir la priorité de la société correspond aux vœux des Français et ne heurte en aucune manière leur culture.

Si la tâche est si difficile, c'est que l'ensemble que représente l'État à la française et, dans une certaine mesure, sa clientèle, a une capacité de résistance considérable. Mais elle peut être menée à bien si, au lieu de rêver aux décrets qui pourraient faire tomber les têtes et imposer le changement, on voulait bien réfléchir à une stratégie qui tienne compte du contexte, des ressources, et notamment des vertus propres aux acteurs de ce système que l'on veut aider à se transformer, et non pas attaquer.

Ce sera l'objet de la dernière partie de ce livre que de développer les points forts de cette possible stratégie. Dès à présent, je voudrais néanmoins proposer un certain nombre de remarques sur le problème d'ensemble.

Le contexte est maintenant favorable au changement

La transformation d'un système aussi profondément enraciné dans la société et dans ses traditions paraît à première vue impossible à envisager sérieusement. Rien de plus difficile à changer qu'une culture, et notre système administratif est une culture en soi. Mais, justement parce que le problème peut être défini comme un problème culturel, la situation paraît finalement beaucoup plus favorable. Pourquoi ? Parce que toutes nos cultures occidentales sont en très rapide évolution et qu'on peut déjà noter dans la nôtre des transformations considérables qui placent notre culture administrative en porte à faux.

Il serait fructueux et tout à fait possible d'exploiter cette situation, car les changements culturels actuels constituent de ce point de vue des mouvements porteurs. Ceux-ci ne peuvent bien sûr pas restructurer par eux-mêmes un système administratif, mais on peut s'appuyer sur eux, ou plutôt utiliser leur dynamisme, pour accélérer le changement de mentalité des fonctionnaires et des administrés qui est déjà en train de s'accomplir, et pour offrir à ceux-ci des possibilités concrètes d'expression et de réalisation à travers des pratiques et des mécanismes nouveaux qui permettraient de reconvertir le système.

Examinons quelques points sensibles :

1) L'évolution de notre culture nous porte à exiger de plus en plus de simplicité dans les rapports sociaux, des rencontres plus directes, débarrassées des barrières du formalisme. A la faveur de ce mouvement, les complica-

tions administratives paraissent de plus en plus insupportables. Mais il ne s'agit pas, pour y répondre, de se borner à vouloir simplifier les formulaires ! Ce qui exaspère, c'est la non-rencontre. Le fonctionnaire ressent la même frustration et cherchera souvent pour son compte, en dehors de ses fonctions, des univers de rencontre et de simplicité, tout en restant prisonnier, dans l'exercice de son métier, de la logique des mécanismes où il joue son rôle. Ses tentatives pour y échapper pourront éventuellement aggraver les problèmes, et il est fort possible que son insécurité le conduise à plus de formalisme. Mais si les barrières sont supprimées, incitant à l'élaboration de mécanismes plus simples, les chances de succès sont fortes. Il y a des situations où l'on attend que quelqu'un dise enfin : « le roi est nu ».

2) Quand j'écrivais *On ne change pas la société par décret,* je soutenais que l'esprit d'entreprise n'était pas mort, mais, au contraire, en train de renaître. Tout le monde constate désormais partout sa remontée. Faire ses affaires soi-même, ne plus s'occuper des aides et des autorisations, ni du « qu'en-dira-t-on », apparaît comme une exigence générale. Les organisations de représentation ou d'expression des intérêts commencent à perdre de leur vigueur au profit de celles qui réalisent, ou plutôt qui offrent à leurs membres, la possibilité de réaliser des actions plus concrètes. A terme, ce mouvement met en question le système de régulation étatique fondé sur les structures de représentation formelle[1]. Il peut être porteur pour la transformation de la culture administrative elle-même, pourvu qu'on sache l'utiliser. A ceux qui sont obnubilés par des catégories de réflexion qu'ils érigent en absolu, rappelons que la mutation des paysans français dans les années 1950-1970, qui nous a dotés d'une agriculture moderne, a d'abord été une mutation culturelle —

1. J'examinerai ces problèmes aux chapitres 5 et 6.

une mutation du même ordre que celle qui se dessine aujourd'hui et que la société française me semble tout à fait capable de poursuivre. A condition toutefois que l'on puisse convertir la forteresse administrative. La pensée catégorielle sur laquelle vit le système officiel est en crise. On croit de moins en moins au système notabiliaire qui l'exprime. On ne trouve plus guère de capacité d'organisation dans les structures anciennes dont la bureaucratisation est reconnue. Le déclin manifeste du plus puissant des syndicats français, celui de l'Éducation nationale, la FEN, est le premier signe visible de ce changement. Toutes les organisations syndicales sont affectées par ce phénomène. Derrière les belles façades, c'est tout un monde qui s'effondre, incapable de s'adapter.

3) La redécouverte du métier, de l'engagement concret, de la qualité me semble constituer un autre élément extrêmement porteur. Le mouvement culturel s'éloigne de plus en plus de la vision quantitative — abstraite, en fait — du développement. Ce qui redevient passionnant, ce qui fait le succès, c'est le qualitatif. Ce qui donne une armature morale, humaine, une sécurité, c'est le métier. Un tel mouvement peut être utilisé dans la fonction publique française. Si influencée qu'elle ait pu être par l'idéologie quantitativiste, elle participe aussi de ces valeurs plus individualistes, et il est possible de les remettre à l'honneur chez elle.

4) L'ouverture à l'étranger est un autre élément culturel important pour le changement. Cette ouverture s'est affirmée de plus en plus avec la perte du complexe d'infériorité (qui était aussi en l'occurrence un complexe de supériorité) qu'avaient longtemps entretenu les Français. Ce mouvement, lent mais profond, s'est poursuivi depuis les années cinquante. L'évolution de la gauche à ce sujet est impressionnante. Toutes les velléités isolationnistes d'un socialisme mégalomane se sont brisées sur l'évidence de leur rejet total par les Français. D'une

certaine façon, ce sont les Français qui ont réussi à convertir leurs socialistes... Si bien que le nouvel objectif de modernisation est devenu un objectif d'ouverture. Cette aspiration renforce les thèmes porteurs du changement culturel et rend l'administration, qui paraît si tatillonne, protectrice et rigide, encore moins consonante avec le mouvement des mœurs. Elle ne pourra le rester longtemps. Sa modernisation est nécessaire à l'ouverture du pays. Il devient de plus en plus paradoxal que l'État administratif exhorte les entreprises à se montrer plus compétitives, à imiter davantage les modèles étrangers, alors que lui-même se refuse à tirer parti des expériences étrangères.

On me dira que tous ces phénomènes sont superficiels et n'ont pas d'impact réel sur les forces sociales et les systèmes institutionnels. Ce sont, il est vrai, des phénomènes de mode et ils ne sauraient en eux-mêmes bouleverser des mécanismes institutionnels. Leur importance n'en est pas moins décisive, car c'est en utilisant leur mouvement que les réformateurs seront à même d'agir. Ceux-ci ne pourront rien accomplir en ramant contre le courant. Mais s'ils se révèlent capables de réfléchir efficacement à son utilisation, ils peuvent accomplir ce qui apparaîtra après coup comme une véritable révolution. J'ai parlé de la rénovation de l'agriculture française entre 1950 et 1970. Prenons un autre phénomène plus large : personne au Québec n'aurait prédit, en 1960, que ce pays arriéré et conservateur accomplirait en dix années cette « révolution tranquille » qui en fait aujourd'hui une démocratie active, capable de combler son retard économique. C'est une bonne appréciation intuitive du mouvement culturel qui a permis de réussir. Il me semble que la chance actuelle de la France, c'est que le mouvement culturel qui porte notre société la rend mûre pour un tel changement.

Premiers éléments de stratégie

La plupart de nos hommes politiques, socialistes ou libéraux, continuent à se comporter comme si ce qui devait compter, dans une action de réforme, c'était une vision du bien et un programme de mesures réglementaires pour traduire cette vision. Au départ, la vision sera volontiers radicale, mais le point d'arrivée sera généralement édulcoré du fait des transactions indispensables au passage d'un texte : sa mise en œuvre n'en restera pas moins marquée par le caractère abrupt de la logique qui a présidé à l'élaboration du programme. Quand l'objectif consiste à faire reculer l'État, le même modèle de pensée revient et on aboutit à un catalogue de mesures dont toute cohérence, toute capacité d'impact seront inévitablement détruites par le débat partisan, mais qui n'en resteront pas moins des mesures autoritaires. On fera reculer l'État interventionniste par la méthode la plus spécifiquement étatique : par décret. Comment ne pas mesurer qu'une institution aussi considérable que l'Administration française sera capable de faire le gros dos et d'attendre ? Comme l'Église catholique, elle a les siècles pour elle.

Une réflexion stratégique amène à concevoir tout autrement le changement. Les mesures législatives et réglementaires ont leur importance, parfois décisive, mais on ne transforme pas un ensemble institutionnel de cette façon. Ce qui fera la différence, ce sont les hommes et l'organisation qu'ils se seront donnée. Il convient donc de peser sur les hommes et sur l'ensemble institutionnel qu'ils constituent.

Ces hommes, on ne peut les changer de façon autoritaire, coercitive. Toute attaque frontale contre le système est vouée à l'échec. Il faut faire évoluer les fonctionnaires en s'appuyant sur leurs qualités, en leur offrant de nouvelles possibilités de les utiliser. Si le système change, ils trouveront d'eux-mêmes un meilleur rôle. S'il n'a pas changé, ils ne manqueront pas la première occasion de reprendre leurs routines.

Une réflexion stratégique doit tenir compte en l'occurrence de l'existence de deux mécanismes contradictoires : d'une part, l'esprit public est très favorable à un changement, même radical, du fonctionnement d'une administration qu'il juge dépassée ; mais, d'autre part, un groupe humain aussi important que celui des fonctionnaires a beau être en butte aux critiques, il obtient facilement la sympathie de l'ensemble de la société s'il paraît attaqué injustement ou systématiquement puni.

Il est donc indispensable de trouver dans la fonction publique des appuis suffisants pour entraîner une masse critique de fonctionnaires dans le mouvement de réforme. Car ce sont les fonctionnaires qui feront la réforme, pourvu qu'ils découvrent l'intérêt des potentialités qu'elle leur réserve.

Une stratégie de changement doit donc comporter une priorité d'action sur les hommes. Cette action constitue le seul moyen d'utiliser au maximum le mouvement culturel porteur, sans risquer de susciter un mouvement de défense qui perpétuera l'opposition État-société au lieu de la faire disparaître [1].

Le clergé d'Ancien Régime paraissait vermoulu, sans avenir et sans soutien. Le mouvement culturel allait contre lui. L'attaque frontale que lui portèrent les Constituants en décidant de le réformer par décret eut pour conséquence de le ressusciter littéralement et de créer un contre-mouvement qui fit échouer les espoirs pourtant raisonnables de la révolution « libérale » des années 1789-1791.

Pour orienter les fonctionnaires, leur offrir des tâches et des objectifs plus utiles et plus satisfaisants, encore faut-il

1. Mouvement dont on a vu les premières manifestations, par exemple, dans le soutien apporté par l'opinion publique à la grève des roulants de la SNCF, et, de façon moins forte, à la révolte des instituteurs contre la loi Monory leur imposant des « maîtres directeurs ».

réfléchir aux fonctions actuelles, aux façons dont elles sont remplies et à la logique du système qui les conditionne. Je vais essayer de le faire en évoquant d'abord deux crises profondes que l'on peut percevoir : la crise du modèle modernisateur et la crise de la pensée catégorielle et sociale de l'administration, puis en proposant une réflexion sur les investissements nécessaires en matière de qualité et de nouvelles régulations.

La stratégie du changement pour réaliser l'État modeste pourra commencer à se dégager à partir de ces réflexions.

4

L'impossible modernisation à la française

L'État administratif français classique est devenu, après la Libération, un État modernisateur. Mais, malgré les espoirs qu'on avait pu mettre dans ses capacités de renouvellement, il ne s'est pas pour autant modernisé lui-même. Les mêmes mécanismes bureaucratiques traditionnels se sont renforcés en se transposant. Ils ont été à l'œuvre dans les réformes socialistes et on les voit se reproduire dans les réformes libérales.

La planification à la française et les administrations de mission qui proliférèrent dans les années cinquante et soixante ont pu apporter dans un premier temps des progrès sensibles, car elles constituaient un investissement intellectuel considérable, mais elles ont plus ou moins rapidement dérivé vers la technocratie et ont fini par s'enliser dans les mêmes routines que leurs aînées.

Les réformes de démocratisation et de décentralisation des socialistes ne semblent pas davantage avoir touché juste. Quant à celles des libéraux, elles n'arrivent pas à entamer le cœur du système.

Jusqu'à présent, les efforts les plus spectaculaires ont moins abouti à animer la société et à moderniser l'administration qu'à étendre encore l'emprise du système compliqué, routinier et inadapté qu'elle représente.

La spécificité de l'État modernisateur français

J'ai essayé d'établir un diagnostic des problèmes actuels de notre administration et de notre État en faisant à la fois un effort de distanciation — la crise de la gestion publique est universelle et tient au développement même de nos sociétés complexes — et un effort d'analyse spécifique de la société française, marquée par la domination d'un État centralisé, d'une administration intégrée opposant à la société un bloc monolithique tout-puissant.

Pour comprendre la crise actuelle du système administratif, il ne faut pas se contenter de cette opposition. Il faut aussi, me semble-t-il, considérer le rôle de cet État durant les quarante années d'après-guerre. L'État que nous connaissons est en effet à la fois très ancien et très récent. Son rôle et même sa légitimité ont beau s'appuyer sur une longue tradition — la plus longue d'Europe —, ils ont changé. Au cours des trente dernières années d'expansion, une nouvelle identité de l'État s'est forgée, celle d'un État modernisateur, profondément engagé dans la gestion du développement. Cet État s'est identifié avec le modèle industriel dominant. La France a voulu devenir une société industrielle et a accepté que l'État organise une sorte de révolution économique tranquille pour y parvenir. L'État administratif est ainsi devenu un État technocratique.

On ne peut comprendre les conséquences de ce changement si on ne tient pas compte de l'importance de la mutation effectuée. En l'espace de trente ans, de 1945 à 1975, la société française a davantage changé qu'au cours de tout le siècle précédent. La paysannerie, qui constituait la pierre angulaire du système politique et social, a, pour les trois quarts au moins, disparu. L'urbanisation extrêmement rapide a créé un rapport à l'espace totalement différent. Les concentrations dans l'industrie et la distribution ont transformé non seulement le paysage, mais le jeu économique lui-même. Le fantastique développement de la couverture sociale et le triplement du niveau de vie ont assuré à l'individu un type de liberté et d'égalité très différent, par maints aspects, de celui qui avait prévalu jusque-là. L'éducation secondaire, fondement du système de classes d'autrefois, a été à son tour métamorphosée par l'expansion, tandis que se développait un système d'enseignement supérieur hétéroclite, anarchique, mais de masse. Ni l'Amérique, laboratoire de la modernité, ni les pays européens voisins, sauf l'Italie et l'Espagne, n'ont connu autant de bouleversements, et si vite.

Il serait stupide d'attribuer un tel développement à l'État à la française. Si les Français ont obtenu des résultats, c'est qu'ils les désiraient passionnément et ont travaillé avec acharnement pour les atteindre. Mais l'État français n'a pas été pour autant le coq de Chantecler qui croit faire se lever le jour en poussant son cocorico. Il serait tout aussi stupide de ne pas reconnaître l'extrême importance de son rôle et son relatif succès. Le développement français a été un développement original : il s'est réalisé sans que les Français s'en rendent vraiment compte — comme une sorte de révolution tranquille, tout aussi différente de l'épopée anarchique du Far West américain que du développement plus rapide encore, mais plus violent et plus enrégimenté, de l'Asie du Sud-Est. L'État modernisateur, en même temps médiateur et arrangeur, a été présent partout, s'est mêlé de tout, a été pour tous les acteurs un partenaire obligé, décidant souvent à tort et à travers, mais imprimant partout sa marque. Le développement français a été canalisé, régularisé, réorienté par l'État.

La modernisation française se serait très probablement faite de toute façon, et il n'est pas interdit de penser qu'elle se serait mieux faite, ou plutôt qu'elle aurait obtenu de meilleurs résultats économiques autrement. Mais son caractère particulier de révolution tranquille — avec énormément de querelles et de criailleries, certes, mais sans drames majeurs — est probablement dû à ce rôle de chef d'orchestre de l'État modernisateur.

Un tel modèle de développement a présenté des avantages certains, il faut savoir le reconnaître. Son coût humain a été allégé. Les risques d'éclatement politique ont été évités. D'une certaine façon, les Français ont pu avoir le beurre et l'argent du beurre, la croissance rapide du niveau de vie et le maintien du cadre auquel ils étaient attachés : cadre politique, social et même culturel.

Mais, à côté de ces avantages, la modernisation régularisée comportait d'énormes inconvénients que nous payons après coup. Nombre d'erreurs ont été commises, certaines graves, comme en matière de sidérurgie, de télécommunications ou d'éducation. Surtout, nous nous sommes engagés dans des rationalisations prématurées qui constituent aujourd'hui autant de rigidités. Enfin, et c'est peut-être le plus important, nous avons développé une philosophie de la modernisation et du rôle de l'État modernisateur qui pouvait paraître bien adaptée à la période d'expansion — qui fut aussi pour nous une période de rattrapage —, mais qui est en totale contradiction avec les problèmes auxquels nous avons à faire face désormais.

C'est ici que la spécificité française nous pose particulièrement problème. Il ne s'agit pas seulement de structures centralisées, mais d'une philosophie de l'action et d'une légitimation de l'intervention étatique qui sont profondément intériorisées par les meilleurs des fonctionnaires et qui influencent indirectement tous les Français, notamment leurs milieux dirigeants.

Les caractéristiques soulignées au chapitre précédent — centralisation nationale, intégration — ont été profondément liées à la réussite de cette action. Elle les a renforcées et justifiées. Le besoin de modernisation ressenti par l'ensemble des Français a conféré une légitimation nouvelle à la structure traditionnelle de notre pouvoir administratif et à la domination qu'elle entraîne. Toutes deux sont devenues inextricablement liées. Nos attitudes à l'égard de la modernité ont été façonnées par ces mécanismes. Dans aucun autre pays on ne constate un tel contraste et une telle opposition entre des praticiens conservateurs, qui le sont par peur de l'intervention de l'État, et des technocrates modernisateurs interventionnistes, d'autant moins compétents qu'ils ne bénéficient pas du soutien des praticiens.

Notre crise propre se superpose ainsi à la crise universelle de la gestion publique. Elle est non seulement due à l'envahissement de la complexité, mais à la rupture du modèle de modernisation dans lequel nous nous étions engagés. Si ce modèle est devenu anachronique, c'est parce qu'il n'y a plus de rattrapage évident à faire. Rester compétitifs face aux Japonais n'a plus du tout la même signification que pouvait avoir, il y a vingt ans, l'idée selon laquelle nous devions adopter le modèle universel de société industrielle qu'élaboraient alors les « premiers de cordée » américains. Les Japonais n'ont pas de modèle universel à nous proposer. Leur succès est lié à leur culture, que nous ne pouvons imiter. A vouloir les défier, nous sommes renvoyés à notre propre culture. Tous les modèles apparaissent désormais comme contingents. Il n'y a d'ailleurs plus ni rationalisation à effectuer ni régularisation à imposer. Le problème immédiat est de générer suffisamment de nouvelles entreprises, de nouvelles innovations pour nous permettre de rester compétitifs et d'explorer de nouvelles frontières d'activité. Le problème social et culturel qui le sous-tend est de générer un mouvement de développement qui soit en accord avec les nouvelles contraintes et les nouvelles opportunités du développement mondial.

La société industrielle apparaissait comme un aboutissement, un état perpétuel. On avait cru pouvoir enfermer le progrès dans cette extrapolation tranquille des technocrates. Nous n'étions pas encore arrivés au port que, déjà, une tout autre configuration se profilait. La rupture que nous vivons ne se manifeste pas seulement dans les objectifs, mais dans les moyens. La bureaucratie à la française avait finalement su s'accommoder de la société industrielle en y coulant ses qualités traditionnelles. Elle est complètement déconcertée par la nouvelle conversion qu'il lui faudrait à présent accomplir, qui va à l'encontre de tous ses instincts, met en cause sa logique structurelle, ses modes de raisonnement et jusqu'à sa légitimité.

Les formes changent, la logique demeure

On aurait pu penser que l'État français, en devenant modernisateur et en prenant un rôle actif dans le développement, se serait modernisé lui-même et que son incarnation pratique, l'administration, en se mobilisant pour intervenir dans la société, aurait transformé ses propres comportements. C'est en tout cas ce que je pensais moi-même en écrivant *Le Phénomène bureaucratique,* au début des années soixante.

Le paradoxe, c'est qu'en devenant modernisatrice, l'administration a bien transformé ses techniques et ses méthodes, mais n'a fait que renforcer ses tendances traditionnelles. On pourrait presque dire que la modernisation a constitué pour elle le meilleur moyen, sinon de se prémunir contre le changement, du moins de maintenir les régulations qui lui conféraient son identité. Ce que l'on constate, quand on essaie de considérer avec recul l'évolution qui s'est poursuivie depuis la Libération, c'est que les formes de la vie administrative ont beaucoup changé, mais que la logique d'ensemble est demeurée la même, quand elle ne s'est pas plutôt renforcée et durcie.

Ce jugement est difficile à admettre pour trois raisons : d'abord parce que les critiques se polarisent généralement sur les apparences et sur les aspects anecdotiques des comportements ; en second lieu, parce que les traits caractéristiques du modèle bureaucratique semblent à première vue contradictoires ; enfin, parce que d'une certaine façon, ils apparaissent encore à beaucoup de Français comme des traits associés à la modernisation.

Les formes ont effectivement beaucoup changé. Les nombreux critiques qui refusent de le voir et qui s'attachent à mener des combats depuis longtemps gagnés contre l'obscurantisme administratif non seulement manquent leur cible, mais contribuent à masquer les vrais problèmes.

Nous sommes désormais bien loin de Courteline. L'attachement pathologique des fonctionnaires aux rites et aux usages formels a depuis longtemps disparu. A la fin des années cinquante, on pouvait encore découvrir certaines survivances de mœurs anciennes. J'ai pu personnellement voir un chef d'atelier en blouse grise et manchettes de lustrine prendre la peine d'ôter cérémonieusement son béret pour pouvoir mieux répondre « Oui, monsieur le Directeur » au téléphone. Cette forme d'aliénation bureaucratique est impensable aujourd'hui. Dans l'administration comme dans le reste de la société, chacun a intériorisé le langage et les rites des bonnes relations humaines « démocratiques ». Mais le changement des formes et des mœurs n'a pas transformé pour autant les régulations importantes. Derrière une démocratie de façade, on peut toujours mettre en évidence la persistance et même l'accentuation des tendances du modèle bureaucratique traditionnel. L'impersonnalité des règles s'est encore accrue, car elle permet justement de supprimer l'arbitraire hiérarchique. Toutes les possibilités de rationalisation offertes par l'introduction de techniques ou de méthodes modernes ont également été utilisées dans le même sens. Et tout ce qui pouvait faire contrepoids, comme les particularismes de métier, qui avaient au moins l'avantage de préserver une connaissance qualitative de la réalité, s'est affaibli. La quantité d'informations disponible s'est énormément accrue, mais ces informations sont devenues de plus en plus quantitatives et abstraites. Et la « surinformation » qui en résulte a eu tendance à stériliser la connaissance et la communication empiriques concrètes.

La protection donnée par les rites d'évitement autour de l'autorité formelle est désormais dispensée par le recours aux règles, à la démocratie formelle et à l'abstraction de l'information. Cette évolution négative est particulièrement flagrante quand on examine en profondeur le phénomène, plus complexe pour l'observateur, de la centralisation. Les critiques continuent à s'acharner sur l'accaparement des pouvoirs par le sommet, comme si l'on était encore au temps des grands commis. Mais ceux-ci ont aujourd'hui disparu. Il existait encore quelques grands commis au début des années soixante. Dans certains ministères, pour assurer la modernisation et l'exécution des réformes programmées, on s'évertuait à imposer à tous les fonctionnaires le recours exclusif à la voie hiérarchique en leur interdisant toute communication latérale, même téléphonique, entre bureaux. Ce type de centralisation par reprise en main hiérarchique serait impossible de nos jours. Le modèle de la concertation à travers réunions, commissions et groupes de travail rassemblant des gens de spécialités différentes, s'est répandu des sommets interministériels jusque dans les directions et les bureaux. Mais les mécanismes de la centralisation n'ont pas disparu pour autant. Dans la mesure où la centralisation n'était pas un phénomène de concentration du pouvoir, mais d'esquive des responsabilités, on peut même affirmer qu'elle s'est encore accrue. Dans les années quatre-vingt comme dans les années soixante, c'est pour y échapper que les réformateurs réellement convaincus cherchent toujours à renforcer le pouvoir hiérarchique, même si c'est en usant d'autres moyens.

Reprenons, tels que j'avais essayé de les synthétiser en 1964[1], les problèmes d'ensemble du système, avec ses traits interdépendants et profondément cohérents, mais en apparence contradictoires :

— la prédominance absolue des règles impersonnelles sur les besoins et contraintes des situations particulières ;
— la centralisation des décisions, qui doivent toujours être prises au niveau où l'on est à l'abri des pressions, mais où l'on est nécessairement coupé de toute connaissance qualitative sérieuse de la réalité ;
— la stratification de personnels délivrés de toute autorité hiérarchique, mais soumis à la pression

1. *Le Phénomène bureaucratique,* Éditions du Seuil, 1964.

extrêmement forte de leurs pairs, parfaitement égaux à l'intérieur de chaque strate et ainsi capables de faire échec à la fois aux supérieurs et aux clients ;
— la force enfin, toujours combattue mais toujours renaissante, parce que fonctionnellement indispensable, d'un système informel de pouvoirs parallèles à travers lesquels s'effectuent les ajustements indispensables.

Les nombreuses enquêtes que nous avons pu effectuer au cours des vingt années suivantes ont confirmé la persistance de ce modèle dans les situations et les métiers les plus différents, et ce, en dépit de l'évolution des mœurs. Curieusement, si les anecdotes et faits humains que l'on peut glaner au fil de ces enquêtes ont tôt fait de se démoder, les analyses abstraites, elles, demeurent pertinentes.

Cette persistance et la force même du modèle ne sont pas vraiment comprises, car le débat qui se renouvelle sans cesse autour du changement reste toujours, au fond, un débat entre les rationalisateurs — qui poussent sans s'en rendre compte à toujours plus de règles impersonnelles et à toujours plus de centralisation des décisions pour assurer le progrès —, et les praticiens, qui souhaitent préserver leur autonomie, cependant que syndicalistes et responsables de personnel utilisent la poussée rationalisatrice pour développer encore la protection et la régularité statutaire. Aucun des protagonistes ne veut assumer la responsabilité ni même faire sienne la connaissance du fonctionnement d'ensemble du système.

L'actualité de ces mécanismes n'a pas disparu, au contraire. Il est paradoxal de constater que les ministres réformateurs du gouvernement Chirac les ont — sans le savoir, ni bien sûr le vouloir — retrouvés comme instinctivement. Alain Devaquet a fini par rédiger à l'abri de tous les regards un texte universaliste qui, malgré ses intentions libératrices, est apparu ainsi comme une nouvelle contrainte impérative mettant en danger les habitudes et donc les droits des étudiants. Jacques Douffiagues a voulu que soit imposé au système militaire archaïque de la SNCF, qui n'en comportait pas moins de multiples arrangements et menus privilèges, un modèle rationalisateur libéral qui ne pouvait manquer de susciter la révolte de ceux qui auraient dû en bénéficier. Quant à René Monory, c'est par des règles impersonnelles définissant le statut d'une nouvelle strate de maîtres-directeurs qu'il a cru pouvoir assurer l'animation des écoles et leur plus grande autonomie.

Or cette logique, malgré ses apparences rationnelles, est extraordinairement mal adaptée aux problèmes actuels de la société postindustrielle. On peut penser qu'elle l'était assez bien au modèle de la société industrielle classique. Elle pouvait s'avérer fonctionnelle lors de la formidable expansion des « trente glorieuses » et pour les problèmes de rattrapage que cette expansion posait à la société française. Elle est devenue de plus en plus dysfonctionnelle, en revanche, dans un monde en perpétuel changement, où il ne peut plus y avoir ni modèle ni régularisation. En outre, la symbiose entre modèle industriel quantitatif et modèle bureaucratique impersonnel est si profonde que l'image de la modernisation que véhicule l'administration est devenue tout à fait anachronique, charriant des notions de rationalisation et de standardisation contre lesquelles les Français se révoltent d'instinct.

Le vice profond du monde administratif français actuel n'est donc pas tant l'archaïsme ou la routine que de se vouloir et de se croire modernisateur. Si l'administration française est si souvent paralysante, ce n'est pas qu'elle veuille ralentir le développement, c'est au contraire parce qu'en voulant l'accélérer et en prétendant le diriger, elle le bloque dans des mécanismes rigides.

Le débat dominant sur la modernisation est un débat sur le contenu même du développement. Les critiques prétendent toujours avoir de meilleurs concepts de modernité à opposer à ceux des gens en place. Mais qu'ils accèdent à leur tour au pouvoir, et leurs idées intelligentes paraîtront à l'usage, quelle que soit leur valeur intrinsèque, tout aussi inefficaces. Le problème n'est pas la modernité, mais la façon de la promouvoir. A vouloir imposer ou même seulement prêcher la modernité, on se condamne, dans une société en mouvement comme la nôtre, à s'engager le plus souvent dans une modernité rationalisée, c'est-à-dire fondée sur des pratiques déjà éprouvées, qui a donc toutes chances d'être la généralisation d'un modèle dépassé. Plus grave encore, on s'interdit en même temps d'accueillir la modernité inattendue, surprenante, qui générera le développement. Le modèle volontariste de l'administration va ainsi transformer les meilleures idées en schémas rigides qui seront autant d'obstacles à l'innovation.

D'où l'échec des modernisateurs et des réformateurs, malgré souvent quelques succès de départ. Les uns et les autres sont irrésistiblement entraînés dans des mécanismes d'action qui découlent des régulations du système. C'est pourquoi on peut constater une similitude inattendue entre les échecs des socialistes et ceux du gouvernement Chirac. Pour dépasser ces blocages, il faudrait avant tout comprendre ce qui est en jeu dans cette constante récupération des efforts les mieux dirigés par un système d'autant plus fort que ses vraies régulations sont inconscientes.

La dérive de la planification

Le caractère nécessaire, sinon inéluctable, des dérives de la modernisation à la française est particulièrement visible et révélateur dans le cas du Commissariat général au Plan. La planification indicative apparut en effet, pendant une quinzaine d'années au moins, comme une sorte de percée conceptuelle pour l'opinion éclairée française [1], et même, pendant un temps plus bref, pour une

1. Qu'on en juge d'après le nombre de commentaires, d'articles et de livres enthousiastes qui lui furent consacrés, et d'après le succès d'une formule comme celle d'« économie concertée ».

partie influente de l'opinion anglo-saxonne[1]. Parallèlement, l'institution du Commissariat semblait alors une force de renouvellement capable de donner un souffle nouveau au système administratif. Elle offrait un modèle et un espoir aux jeunes générations sorties de l'ENA dans les années d'après-guerre.

L'idée de planification et l'institution du Plan attiraient les jeunes fonctionnaires et passionnaient les plus novateurs d'entre eux, parce qu'elles témoignaient d'une tout autre logique : non plus garder, maintenir et régulariser, mais développer, moderniser et aussi transformer la société française. Elles empruntaient au socialisme dominant son idéal et ses objectifs, tout en refusant ses contraintes et ses méthodes. Elles opposaient à la bureaucratie socialiste et à l'administration malthusienne cette formule nouvelle, démocratique, de l'« économie concertée », dans laquelle pouvaient se retrouver syndicalistes et hommes d'affaires, hommes politiques modérés et socialistes non doctrinaires.

Quelle que soit la pertinence de cette idéologie, l'institution avait une activité pratique intense qui justifiait son image et l'enthousiasme qu'elle faisait naître. A cheval sur le public et sur le privé, avec ses centaines de membres venus de toutes les activités économiques et sociales[2] et son petit nombre de permanents préparant les dossiers et rédigeant les rapports, elle constituait une novation extraordinaire qui pouvait paraître à certains la préfiguration de l'administration de demain. Elle devait pousser les industries françaises à accomplir leur mutation en leur fournissant perspectives, repères, exhortations, encouragements, et en leur rendant la modernisation plus facile

1. Au début des années soixante, une mission spéciale fut envoyée en France par le président Kennedy, une équipe de la Harvard Business School entreprit une recherche sur ce nouveau mode de gestion de l'économie, tandis que les Anglais s'inspiraient directement de l'expérience française pour créer un système de concertation industrie-administration.

2. Jusqu'à 4000 personnes furent associées aux travaux du Plan.

grâce à la concertation : chacun, connaissant la tendance générale, pouvait développer ses activités en minimisant les risques. En contrepartie, elle obligeait les administrations à faire entrer dans leurs calculs les préoccupations et les contraintes des entreprises, et les habituait au raisonnement économique moderne, keynésien et postkeynésien. De fait, le Plan fut un peu comme le cheval de Troie de tous les novateurs. C'est au Plan que prirent naissance et se développèrent les idées directrices des vingt-cinq premières années d'après-guerre : le Marché commun, l'aménagement du territoire, la régionalisation, la politique des revenus, et même, si timidement que ce soit, la réforme administrative.

Pourtant, après coup, les résultats paraissent relativement décevants. Certes, la France s'est modernisée, mais aucun des espoirs de renouvellement n'a été satisfait, tandis que l'institution elle-même commençait à s'essouffler après le choc de la révolution culturelle de 1968, et perdait graduellement tout crédit à la fin des années soixante-dix.

Que s'est-il passé ? Sous Jean Monnet, le Commissariat est une institution marginale que son patron tient absolument à garder telle. Il a posé pour principe que le nombre de personnes employées au Plan ne dépasserait pas la quarantaine, secrétaires comprises. Il ne veut s'occuper que des priorités et n'aime point trop les chiffres en général, les statistiques en particulier. Il agit comme un sage qui sait constamment s'effacer derrière les idées simples qu'il souhaite faire accepter, apportant aux hommes politiques, aux fonctionnaires et aux hommes d'affaires le bénéfice de sa connaissance du monde anglo-saxon, de son flair d'investisseur international, de son extraordinaire capacité à marier les intérêts différents et à leur faire prendre conscience des responsabilités du présent à partir des problèmes d'avenir. On tolère ses méthodes non orthodoxes, on lui fait confiance dans la classe politique, parce qu'il réussit à régler les affaires importantes hors d'un circuit administratif partiellement contrôlé par les communistes[1] et parce qu'au lieu de profiter de la situation pour se bâtir un empire, il accepte et revendique même de travailler dans l'ombre.

Mais le succès du Plan de Jean Monnet est précisément dû à son caractère non orthodoxe. Même s'il s'est agi d'un cas d'une ampleur exceptionnelle, portant sur des problèmes cruciaux, aux répercussions considérables, et qui, de ce fait, apparut plus vite au grand jour et donna ainsi l'impression d'une voie alternative au sein du système, on peut penser qu'il constitua un exemple de plus de ces pouvoirs parallèles qui se créent en permanence dans le système administratif français pour résoudre des difficultés insurmontables dans le cadre des mécanismes officiels.

Mais à mesure qu'il fut connu, qu'il attira davantage et qu'il devint dans une certaine mesure un mouvement et une idéologie, le Plan perdit toute originalité et se fit « récupérer » par le système. Finalement, à la fin des années soixante-dix, il apparaissait comme épuisé. C'est au moment même où, avec l'arrivée au pouvoir des socialistes, son idéologie semblait enfin devoir être consacrée, que son crédit avait disparu. Les socialistes et Michel Rocard lui-même, ministre du Plan, furent incapables de le rétablir.

Certes, on peut penser que le changement des conditions de l'économie, du fait de sa mondialisation puis de son instabilité à partir de la crise pétrolière, devait rendre les prévisions du Plan si aberrantes qu'elles en perdraient toute utilité. Il reste que la réflexion sur la stratégie économique de l'État et des entreprises devenait au contraire, dans de telles conditions, de plus en plus nécessaire, et qu'aucune cellule d'étude n'est venue remplacer le Plan. Quand on examine son fonctionnement réel, on s'aperçoit en fait que le succès des méthodes du Plan à la Monnet, et leur propre capacité de renouvellement, étaient liés à la marginalité de l'institution qui avait permis de préserver l'informel, autrement dit un réseau de

1. Marcel Paul est alors ministre de la Production industrielle.

pouvoirs parallèles. Dès que le Plan est devenu trop visible, une série de dérives se sont produites : ses commissions se sont institutionnalisées, les différents intérêts en cause ont réussi à imposer leurs représentants en leur sein, leur faisant perdre leur caractère de réunions d'experts et de responsables informels, donc libres ; les administrations qui, elles aussi, s'y faisaient représenter, et qui contrôlent naturellement leurs représentants d'encore plus près, utilisèrent ces commissions pour manipuler leurs partenaires plutôt que pour s'ouvrir à des points de vue nouveaux ; les permanents du Plan se bureaucratisèrent, ou plutôt rejoignirent les autres hauts fonctionnaires dans le cursus des honneurs de la bureaucratie ; enfin, une expertise de plus en plus sophistiquée, mais de moins en moins qualitative, tendit à se substituer au travail d'exploration et d'analyse des problèmes qui s'était révélé si fécond.

La grande victoire du Plan, son apport au renouvellement de l'administration, aura consisté en fait à favoriser le développement des services d'études des diverses administrations. Pour répondre aux questions du Plan sur leurs projections à terme, mais aussi et surtout pour l'empêcher d'intervenir dans leurs propres affaires, les administrations se sont dotées de cellules nouvelles de prévision, de planification et d'étude. Le Plan a également beaucoup contribué au développement et à la domination intellectuelle de l'INSEE [1] et de la Direction de la prévision.

Mais cette victoire était à double tranchant. La préoccupation du moyen terme, qui constituait l'apport méthodologique essentiel du Commissariat, allait bien vite se trouver transformée et stérilisée par la logique administrative. En fait, à travers les illusions de l'économie concertée, l'instrument de mise en question qu'était le Plan a favorisé le passage de l'État administratif à l'État technocratique dont il justifia l'action grâce à l'idéologie de la modernisation.

1. Créé avant le Plan, mais qui prit une extension considérable, pendant une première période au moins, grâce au succès du Plan.

Au moins à ses débuts, le Plan a néanmoins apporté un progrès considérable à l'administration française, d'ordre essentiellement intellectuel. Il a été d'abord et avant tout un investissement intellectuel. Grâce à cet investissement, des méthodes et des modes de pensée nouveaux ont été introduits, qui ont contribué au développement de politiques économiques plus sophistiquées. Malheureusement, le Plan véhiculait aussi une idéologie, et les progrès qu'il a permis d'accomplir ont entraîné la constitution de rigidités nouvelles, à la fois dans la pensée et dans l'action, dont le coût, tout compte fait, s'est révélé extrêmement élevé.

Contrairement au meilleur instinct de Jean Monnet, le Plan est en effet devenu le véhicule d'une pensée quantitative catégorielle étroite qui a retardé, sinon rendu impossibles, les prises de conscience indispensables. Le modèle dominant de la pensée planificatrice est désormais celui de l'extrapolation et des catégories socio-professionnelles. Prenons le problème, capital pour la société française, de l'éducation, le plus important investissement d'avenir d'une société : l'énorme développement des enseignements primaire, secondaire et universitaire s'est réalisé à partir d'un modèle intellectuel simpliste, uniquement quantitatif, fondé sur des extrapolations démographiques, des ratios budgétaires et une vision des débouchés développée à partir d'artificielles catégories socio-professionnelles. Non seulement le Plan n'a pas essayé d'introduire la réflexion qualitative, mais il a conforté l'administration de l'Éducation nationale dans ses modes de pensée bureaucratiques. Aucune considération sur les problèmes de qualité du personnel enseignant, sur son adaptation à ses fonctions dans un contexte radicalement transformé par la multiplication du nombre des élèves et des maîtres ne pouvait trouver place dans cette réflexion. Une gestion décentralisée et différenciée des personnels apparaissait alors comme coûteuse et peu moderne. Aucun investissement n'a été programmé ni même discuté en matière de formation des maîtres, encore moins en matière de contenus et de méthodes d'enseignement.

Les explosions successives de ce système — dont la crise sociale profonde de 1968 — furent la conséquence naturelle de ce manque total de maîtrise d'une croissance que l'on considérait seulement sous son aspect quantitatif. L'aveuglement des fonctionnaires, face au changement des mœurs et à la nécessaire apparition de demandes nouvelles émanant des enfants et des familles, ne laisse pas d'étonner, l'éducation comptant parmi les grandes préoccupations du Plan dont les fonctionnaires n'étaient pas avares de discussions sur les objectifs sociaux et culturels d'une société comme la nôtre.

Même aveuglement en matière de recherche et d'enseignement supérieur. C'est la même vision quantitative, fondée sur l'idée naïve mais très généralement répandue que la quantité doit générer la qualité, qui a abouti, après quelques années d'expansion, au déclin d'un système stérilisant. Le modèle particulièrement pernicieux de l'« enveloppe recherche » qui nous en est resté, a conduit à des satisfactions trompeuses et à des absurdités croissantes.

De même encore, l'État technocratique, au développement duquel le Plan a contribué, a longtemps ignoré le phénomène « entreprise ». Alors qu'il gardait un poids informel sous Jean Monnet, en raison de la personnalité des hommes d'affaires libéraux engagés avec lui dans la planification, il a presque complètement disparu dans le modèle quantitatif de l'INSEE, incapable de dépasser catégories, ratios statistiques par productions, toujours comptabilisés de façon abstraite. Les extraordinaires erreurs révélées en 1968 sur l'estimation de l'auto-investissement des entreprises étaient fatales ; les raisonnements qui en étaient la cause n'ont jamais été vraiment corrigés.

Enfin, si le modèle de décision de l'État modernisateur n'a pas été élaboré par le Plan, les pratiques qui se sont développées peuvent être considérées comme une caricature de son modèle idéal d'économie concertée. C'est un modèle dans lequel l'État est à la fois contrôleur, incitateur et régularisateur du développement. Tant qu'elle restait abstraite, cette vision pouvait paraître cohérente. Malheureusement, l'État n'est pas un centre de décision, mais un ensemble diffus pénétré de toutes parts par ceux qui vont bénéficier ou pâtir des mesures prises. Dans cet État confus et mou, tout le monde parle à tout le monde, se mêle de tout, s'occupe de tout, les décisions sont longues à prendre, constamment remises en question, et tendent naturellement à maintenir les intérêts établis. Les conflits sont étouffés et les secousses évitées, mais les conséquences en sont aujourd'hui flagrantes. Une comparaison de la sidérurgie française et de la sidérurgie allemande est à cet égard éloquente. En 1967, après des années d'efforts pour reconstituer l'empire Krupp, la nouvelle firme géante se trouvait mise en situation de quasi-faillite ; sa restructuration permettait un premier assainissement d'une sidérurgie allemande qui put ainsi aborder la grande rupture des années soixante-dix dans une situation relativement favorable. Un tel drame eût été impensable dans la sidérurgie française que les planificateurs considéraient comme le modèle exemplaire de leur réussite. Moyennant quoi, la sidérurgie française, de plan de modernisation en plan d'investissement, courait nécessairement à la catastrophe.

Dans ce cas comme dans beaucoup d'autres, non seulement l'intervention du Plan n'a pas contribué à adapter le modèle de décision de politique économique aux transformations accélérées du monde, mais elle l'a cristallisé dans un raisonnement technocratique uniquement orienté vers la quantité.

Les autres dérives de la modernisation

Des dérives plus exclusivement bureaucratiques peuvent être analysées dans le cas de ce qu'on appelle les administrations de mission. Edgard Pisani, dans un célèbre article de 1956, avait fait la théorie de ces nouvelles institutions destinées à renouveler l'action de l'État[1]. Sorties du système courant et délivrées ainsi des contraintes bureaucratiques, elles devaient être capables d'intervenir à la fois en force et en souplesse pour accomplir les tâches urgentes de modernisation et de réforme de la société. Elles allaient, pensait-on, contribuer en même temps au renouvellement de la vie administrative. Inspirées du succès du Commissariat au Plan, ces vues exprimaient bien le sentiment de tous ceux qui promouvaient le mouvement de rénovation de la haute fonction publique. On en vit progressivement la réalisation sous la forme de nombreuses délégations, missions et organisations diverses qui jouèrent un rôle décisif dans l'aménagement du territoire, dans l'étude, le conseil et le financement en matière d'urbanisation, dans les aides aux collectivités locales, dans le développement de la recherche ou dans l'animation économique régionale : la Datar, la Mission Bas-Rhône-Languedoc, la DGRST, les missions régionales, le grand système de développement de la Caisse des dépôts et consignations, pour ne citer ici que quelques-unes d'entre elles. Certaines de ces organisations restaient publiques ; d'autres, parapubliques, étaient de droit privé. Elles comportaient toujours des fonctionnaires d'origine et de corps divers, détachés de leurs cadres d'origine, des contractuels recrutés en fonction de leurs qualité et expertise propres. Elles agissaient à la fois comme bureaux d'études, comme distributeurs de crédits et comme spécialistes d'ingénierie financière.

Ces institutions, qui ont eu généralement leur heure de gloire à leurs débuts, grâce à l'impulsion d'un patron charismatique, se sont toutes plus ou moins routinisées par la suite. A l'intérieur de l'administration, elles se sont bureaucratisées ; dans le para-public, elles sont devenues des organismes pléthoriques, impossibles à réformer. Tout en jouant un rôle très positif au démarrage de leur

1. « Administration de gestion, administration de mission », *Revue française de science politique*, n° 2, avril-juin 1956.

mission, elles n'ont guère suscité de renouvellement dans le reste du système qu'elles ont probablement privé, au contraire, de certains de leurs éléments novateurs. Surtout, elles ont constitué le fer de lance d'une conquête progressive de nouvelles activités par un système administratif incapable d'y parvenir par ses méthodes propres, mais, une fois le terrain conquis, tout à fait capable de le « digérer » et de l'organiser en y imposant ses méthodes. Le cas le plus significatif, de ce point de vue, est celui de la DGRST, structure légère, active, ayant pour mission de secouer les habitudes bureaucratiques des organismes de recherche en donnant des moyens aux chercheurs prometteurs, grâce à des subventions et à des contrats, et qui a progressivement routinisé ses procédures de subvention jusqu'à les rendre aussi stériles que celles du CNRS, pour être finalement transformée en administration de gestion et de programmation par le ministre socialiste Jean-Pierre Chevènement.

Ce système public ou para-public d'administration d'exception apparaît avec le recul comme un système entretenant la confusion et l'irresponsabilité et reproduisant par une autre voie les travers du modèle bureaucratique. Ses rapports avec les praticiens privés ou publics sont devenus de plus en plus difficiles, dans la mesure où ses responsables ont tous été tentés d'imposer leur politique sans tenir compte des contraintes et des objectifs découlant des particularismes de terrain. L'incitation financière s'est souvent muée en chantage. La pratique des associations entre institutions par financements croisés a simultanément entraîné de plus en plus de confusion : de la sorte, les objectifs formels des uns et des autres sont satisfaits, mais la réalité est perdue de vue et toute sanction éventuelle par le résultat disparaît. Une fois l'enthousiasme de la création épuisé, les para-administrations ont tendu de plus en plus à devenir des sous-administrations mal gérées, générant un appel de moins en moins résistible au retour à la rigueur des règles administratives.

On peut donc se demander en fin de compte si ces

immenses efforts, plutôt que d'animer la société ou de moderniser l'administration, n'ont pas fait davantage pour étendre l'emprise du système compliqué, routinier et inadapté que celle-ci représente. En transformant ses critiques potentiels en francs-tireurs de son développement, l'administration a opéré comme les pays européens du XIXe siècle, exportant leurs aventuriers pour mieux préparer la colonisation de l'outre-mer.

L'introduction de la rationalisation des choix budgétaires n'a pas entraîné un mouvement d'une importance comparable. Mais son échec relativement rapide vaut néanmoins la peine d'être médité, car il s'agissait cette fois d'un effort de renouvellement des pratiques internes de l'administration, partant du saint des saints des Finances. Dans une certaine mesure même, on s'évertuait à développer un raisonnement nouveau. Mais on n'avait à aucun moment pris la véritable mesure du problème. Les schémas empruntés aux Américains étaient déjà trop standardisés et trop rationnels *a priori*. Les hauts fonctionnaires français ne manquèrent pas de les « améliorer » encore, les rendant ainsi plus formels et intellectuellement contraignants. Malgré l'intérêt qu'ils suscitèrent parfois chez certains fonctionnaires ou chez certains jeunes responsables passionnés par des analyses de système plus larges et plus ouvertes, ils étaient inéluctablement voués à l'échec et leur impact réel peut être après coup jugé très faible.

La modernisation socialiste fut d'une tout autre nature et son influence aura été profonde, même si elle ne s'est pas développée dans le sens attendu. Cette fois, on semblait en effet avoir le courage de s'attaquer au cœur du problème, au fonctionnement même du système : les réformateurs pensaient qu'en démocratisant et en décentralisant, ils ouvriraient la fonction publique sur la société et répondraient ainsi aux critiques qui les accusaient de vouloir tout étatiser. Mais une autre dérive, tout aussi prévisible, les entraîna à accroître encore, en fait, et l'étendue et la rigidité du système. C'est que démocratisation et décentralisation sont des concepts abstraits et vagues dont la portée pratique va dépendre de la logique et des contraintes du contexte à l'intérieur duquel on va les appliquer.

La démocratisation que l'on était capable de concevoir était une démocratisation catégorielle : ouverture de la haute fonction publique à des groupes sociaux moins favorisés, extension des privilèges de la fonction publique à tous les personnels contractuels, élargissement des pouvoirs syndicaux et promotion à des postes de responsabilité de militants fonctionnaires non issus de la haute fonction publique. En aucun cas on ne songea à réfléchir sur le fonctionnement du système de décision, des rapports hiérarchiques, ni sur la gestion des personnels. De ce fait, les réformes entreprises furent finalement de peu d'ampleur, et très vulnérables au changement. L'arrivée d'hommes nouveaux ne manqua pas de déclencher une crise de la gestion qui ramena aux commandes les membres des grands corps sous le gouvernement Fabius. Entretemps, on avait considérablement accentué la rigidité des statuts administratifs avec l'entrée potentielle dans la fonction publique de près de 700 000 auxiliaires et contractuels [1]. On avait rendu plus difficile encore l'adaptation au monde extérieur d'un système que le poids syndical et l'affaiblissement de l'autorité rendaient prisonnier de ses contraintes intérieures. L'activité des membres de la super-élite auxquels on fut bientôt obligé de faire appel accentua à son tour la centralisation interne.

Quant à la décentralisation locale, elle a pu apparaître au contraire comme une révolution d'autant plus réelle et efficace qu'elle bouleversait des traditions plus fortes. Il

1. Selon Jean-Loup Gourdon, environ 700 000 personnes étaient concernées, moitié dans la fonction publique d'État, moitié dans les collectivités territoriales. L'intégration a été en grande partie réalisée pour les collectivités territoriales, beaucoup moins en ce qui concerne l'État, sauf pour l'Éducation nationale et le CNRS où 100 000 personnes ont été titularisées. (« La titularisation : un vieux métier de la fonction publique », *La Lettre aux contractuels du secteur public*, n° 16, décembre 1985.)

est toutefois bien difficile d'en juger encore, car il faudra du temps pour évaluer ses résultats concrets. Dès aujourd'hui, ses limites commencent néanmoins à se manifester, qui tiennent essentiellement à la façon dont elle a été conçue. Dans ce cas comme dans les autres, on a privilégié les aspects formels et juridiques des répartitions de pouvoirs et des attributions, et on a complètement négligé la réalité des rapports entre l'État national et le système local, si bien que le modèle central de médiations et d'arrangements qui confère leur pouvoir et leur rôle dans la société aux administrations et aux notables locaux n'a pas été fondamentalement transformé. En outre, si les inconvénients et rigidités du nouveau système ont été immédiatement subis, en particulier l'intégration de tous les personnels dans un ensemble unitaire et centralisé, ses bienfaits n'ont pu être appréciés que du petit nombre de notables soudain promus au statut de potentats locaux. Par suite, la vertu la plus profonde du changement, qui aurait été de créer une dynamique entraînante, a pour le moment été perdue.

L'impossible modernisation

S'il y a ainsi constamment et comme nécessairement dérive de tous les mouvements de réforme, qui aboutissent dans une large mesure à des résultats opposés à ceux qui étaient recherchés, ce n'est pas par manque de conviction ou d'énergie des réformateurs, mais parce qu'on s'est chaque fois révélé incapable de s'attaquer à la logique profonde du fonctionnement et du développement du système administratif.

Les réformateurs ont voulu moderniser la société en utilisant l'outil administratif tel qu'il était. Ils n'ont pas compris à quel point un tel outil pouvait rester autonome par rapport aux missions qu'on lui assignait. Même détaché des organes officiels et de leur carcan de règles, il tend à reproduire la logique du système. Les réformateurs n'ont pas senti que la transformation de cet outil était plus importante que les objectifs qu'on lui fixait, et qu'au lieu de l'utiliser directement pour agir sur la société, il fallait au contraire utiliser la société pour moderniser, adapter et même révolutionner l'outil. Ce qui a fait défaut et semble malheureusement toujours faire défaut, c'est la reconnaissance du caractère déterminant des problèmes d'organisation interne : leur incidence est toujours plus forte que la volonté de changement inhérente aux missions, quand bien même il s'agit d'assurer le recul de l'État. Même méconnaissance de la logique des rapports complexes entre les diverses administrations et leurs publics sectoriels, territoriaux et individuels respectifs : la pensée administrative privilégie la commande simpliste par objectifs, alors que le milieu sur lequel elle travaille est toujours un système complexe de rapports humains et que les moyens d'action employés constituent eux aussi un système du même ordre, rebelle à toute rationalité simple.

Ni la planification ni aucune des idéologies successives de la réforme administrative n'ont constitué une réponse pertinente à cette crise. Le néo-libéralisme à la mode paraît à cet égard tout aussi superficiel. Pour dépasser les impuissances traditionnelles, le premier pas consisterait à prendre conscience de la nature et de la signification de cette crise, et de son lien direct avec les régulations de la société et celles du système administratif[1].

1. Le programme de Renouveau du service public lancé par Michel Rocard constitue enfin un progrès significatif dans cette direction, même s'il reste centré sur une idéologie encore étroite de la modernisation. On en trouvera une analyse détaillée dans la postface, p. 293 et suiv.

Problèmes

5

L'État et les régulations de l'économie

Libéraux et technocrates confondent également réglementation et régulation. L'analyse de cas concrets, en matière de marchés simples aussi bien que de systèmes industriels complexes, montre que d'autres régulations, d'ordre social cette fois, sont aussi importantes que les automatismes économiques qu'elles renforcent, suppléent ou rendent tout bonnement possibles.

Pour libérer l'économie de l'emprise étatique, il est essentiel de comprendre ces régulations et la façon dont elles interviennent dans le contexte nouveau des sociétés postindustrielles.

L'économie de commande est en général condamnée, et si les privatisations sont indispensables en France, ce n'est pas parce que les nationalisations ont échoué, mais parce que l'importance qu'elles ont prise nous fige dans un modèle de gestion de plus en plus dépassé.

L'intervention active de l'État dans l'économie doit être complètement repensée, car nos technocrates, si intelligents soient-ils, n'ont ni la compétence ni la liberté d'esprit nécessaires pour prendre des décisions en lieu et place des praticiens. En revanche, l'État omet totalement d'investir dans le développement des connaissances et des recherches indispensables à l'éclairage des décisions économiques, techniques et financières publiques et privées.

Il lui faut enfin élaborer une nouvelle philosophie de la réglementation fondée sur deux idées : d'une part, que seule la simplicité des règles permet de répondre à la complexité des problèmes ; d'autre part, que seule la collaboration active des citoyens et des professionnels peut lui permettre d'accomplir sa tâche dans le domaine de l'économie.

Régulation et réglementation

Un État moderne ne peut certainement plus prétendre s'imposer comme l'agent de la modernisation de la société, ainsi qu'avait cru pouvoir le décider en toute candeur l'État des technocrates à la française. Doit-il pour autant se contenter d'assurer les tâches de souveraineté classiques : justice, police, défense ? Les néo-libéraux s'attachent à démontrer que ce serait là l'arrangement idéal, quand ils ne cherchent pas à prouver, par goût du paradoxe, que même ces tâches de souveraineté pourraient elles aussi être plus efficacement remplies par des entrepreneurs privés.

L'observation des réalités économiques et sociales prévalant dans les pays développés met en évidence le caractère parfaitement artificiel de ces débats théoriques. Rien de plus facile que de démontrer la supériorité des mécanismes d'ajustement automatique du marché dans les activités humaines les plus diverses. Malheureusement, cette supériorité ne se manifeste que dans l'absolu du pur raisonnement. Le problème ne peut se poser ainsi dans la pratique, car ce qui compte alors, ce ne sont pas les mécanismes de fonctionnement entrant en jeu une fois un marché concret effectivement établi, mais les moyens de son établissement, de son maintien et de son développement au gré des circonstances toujours nouvelles. Le marché, en effet, n'est pas un état de nature que viendraient troubler çà et là des interventions extérieures abusives, c'est un construit humain très délicat qui, pour émerger, s'affirmer et se développer, demande d'énormes efforts collectifs. Il n'est pas de grand marché abstrait correspondant à la vision, utile mais non réaliste, des théoriciens de l'économie classique, mais des marchés concrets, très nombreux, très divers, très complexes dans leurs interrelations. A côté des mécanismes automatiques qui les fondent, ces marchés comportent toujours d'autres régulations, assurées par des règles écrites ou non écrites, certaines édictées par la puissance publique, d'autres coutumières, d'autres même à peine conscientes.

Dire que les mécanismes automatiques sont supérieurs est presque un truisme. Mais s'ils sont supérieurs, cela ne veut pas dire qu'ils soient suffisants. Ils ne sont jamais qu'un mode de régulation parmi d'autres, le plus achevé et le plus efficace, certes, mais qui ne peut exister qu'avec le soutien des autres.

Dans le vocabulaire des sciences sociales, le terme de *régulation* s'est imposé pour désigner l'action des mécanismes correcteurs qui maintiennent un système en existence. A la différence des systèmes physiques qui ne peuvent comporter que des régulations automatiques, les systèmes sociaux sont plus ouverts, beaucoup moins « asservis » : la présence en leur sein de phénomènes de pouvoir et de conscience les rend plus vulnérables, mais, en même temps, plus capables d'adaptation.

Ce terme, en principe très simple, fait néanmoins problème dans la mesure où l'usage américain a voulu qu'il soit également employé pour désigner l'intervention des autorités publiques, notamment fédérales, dans le contrôle de certaines activités économiques. Le grand débat sur la politique américaine de « dérégulation » a ajouté à cette confusion. L'usage scientifique anglo-saxon recoupe néanmoins la pratique française qui veut que ce terme abstrait et général ne se confonde pas avec la *réglementation* étatique. Les Américains ont déréglementé une série d'activités qui n'en ont pas moins conservé des régulations très fortes : celles du marché, bien sûr, mais aussi celles des diverses règles pratiques qui, dans une culture professionnelle spécifique, s'imposent à tous les participants.

Les théoriciens doctrinaires du marché, ainsi aidés par la confusion de vocabulaire des Américains, tendent à confondre réglementation et régulation. Entre le marché automatique abstrait et l'intervention réglementaire de la puissance publique, ils ne conçoivent pas que puissent exister d'autres formes de régulation. Il en a été de même, d'une certaine façon, de leurs adversaires technocrates étatiques, ce qui nous a valu et nous vaut encore de magnifiques dialogues de sourds.

La faille du raisonnement administratif modernisateur à la française apparaît au contraire en toute clarté quand on réfléchit au problème posé par la nécessaire régulation qui soutient les mécanismes du marché et pallie éventuellement leur insuffisance. Les technocrates ne peuvent concevoir de régulation sans régulateur, et le seul régulateur neutre qui puisse exister à leurs yeux est l'État. D'où la nécessité d'une prise en charge de la puissance publique. Tout ce qui était habitudes ou coutumes se trouve ainsi transformé en devoirs et prescriptions. La découverte par l'analyse économique des interdépendances qui font d'un ensemble d'activités comme une « branche industrielle » un véritable système régulé dont la bonne marche commande l'efficacité de chaque partie appelle de leur part une prise en charge immédiate. Ils ont effectivement raison de dire que ces phénomènes ne sont pas « naturels » et peuvent donc être théoriquement améliorés, mais ils ne se rendent pas compte qu'en intervenant pour les corriger ils les rendent à la fois et contradictoirement beaucoup plus rigides et beaucoup plus vulnérables.

Une autre difficulté tout aussi fondamentale apparaît d'emblée : celle qu'introduit la notion d'Intérêt général. La tradition politique française — comme d'ailleurs, mais à un moindre degré, les autres traditions politiques occidentales — veut que les intérêts particuliers cèdent devant l'Intérêt général. Dans la pratique française, la possibilité de définir l'Intérêt général est néanmoins accordée sans grandes restrictions ni contraintes sérieuses à l'administration. Il en découle qu'au nom de l'Intérêt général, les fonctionnaires responsables peuvent à loisir commander aux intérêts particuliers. Cette commande, on le conçoit aisément, sera d'autant plus facile que les pouvoirs publics auront déjà assuré le rôle de régulateur.

La confusion des deux fonctions malheureusement les renforce l'une et l'autre, et elle conduit en outre à une différenciation hiérarchique nocive entre l'organe supérieur de régulation et les praticiens de l'activité considérée ; elle entraîne finalement, la plupart du temps, la perte du sens des réalités chez le régulateur.

La constatation de cette dérive dommageable, qui n'est certes pas seulement française, même si elle s'est trouvée particulièrement accusée chez nous, ne doit pas conduire pour autant à exiger que la puissance publique renonce à exercer tout rôle dans les activités professionnelles. Si les régulations humaines indispensables n'ont pas nécessairement besoin de régulateur, ni surtout de régulation étatique, il est souvent nécessaire que des règles publiques viennent soutenir les régulations existantes ou que la puissance publique leur serve de garant. Il est d'autre part souhaitable que des organes collectifs publics ou privés puissent apporter informations, connaissances et capacités de recherche susceptibles d'aider à développer les marchés, et davantage encore les systèmes humains plus complexes et plus larges sans lesquels ces marchés ne sauraient exister. La puissance publique est souvent la seule à pouvoir faire les investissements nécessaires. Les succès de l'Allemagne prussienne au XIXe siècle, du Japon du Meiji et du Japon du MITI ne s'explique pas autrement.

La nature du problème

Pour bien faire comprendre la nature du problème, je prendrai successivement trois exemples concrets très différents :

Tout d'abord, un exemple simple de marché économique, celui du marché des artichauts et des choux-fleurs du pays de Léon, en Bretagne. Ce marché a été transformé ou plutôt restructuré, au début des années soixante, lors d'une crise profonde dont l'examen permet de mettre en lumière le caractère contingent, « construit », d'un marché économique, et la part de régulation non automatique qu'il comporte.

Depuis toujours, les puissances publiques, en France et ailleurs, cherchent à assainir les marchés agricoles que la variabilité des récoltes et les difficultés de stockage rendent erratiques et vulnérables aux manœuvres d'accaparement. Leur succès est limité. Les conséquences indirectes de leur action aboutissent souvent à toutes sortes d'effets imprévus dommageables : surproduction, gaspillage financier, coût administratif.

Le marché des primeurs de Nord-Bretagne était, jusqu'à la fin des années cinquante, un de ces marchés « impossibles » dominés par les puissants mandataires parisiens. Ceux-ci, protégés par leur quasi-monopole, tenaient les producteurs à leur merci. Du fait du caractère périssable de leur produit, les producteurs étaient dans l'incapacité d'attendre, et les cours pouvaient s'effondrer de façon dramatique pour eux sans que les mandataires en fussent pour autant réellement bénéficiaires. Au début des années soixante, la jeune génération des producteurs, conduite par Alexis Gourvennec et Marcel Léon, se révolte et, après avoir exploré les diverses possibilités de régularisation du marché, décide non pas d'imposer des ventes directes aux consommateurs — proposition qu'avançaient alors leurs alliés gauchistes —, ni de passer par un office public — vision socialiste —, mais de mettre en œuvre des mécanismes différents, s'inspirant de l'expérience hollandaise des *marchés au cadran*. Ayant réussi, grâce à leurs méthodes d'organisation, à constituer un front commun des producteurs, Gourvennec et Léon obligent les intermédiaires à accepter les lois de ce nouveau marché. Contraints et forcés, ceux-ci finissent par s'y plier et, après une assez longue période d'adaptation, y trouvent finalement leur compte.

Que s'est-il passé ? Grâce à la prise de conscience de

leur capacité d'action, grâce aux choix intellectuels et à la stratégie efficace de leurs leaders, les producteurs ont transformé le système humain à l'intérieur duquel ils œuvraient. Ce système est désormais régulé par un mécanisme beaucoup plus sophistiqué de rencontre et d'information entre acheteurs et vendeurs, qui, en imposant la clarté des transactions et leur concentration dans le temps, supprime les possibilités de chantage et de manipulation des intermédiaires. On se rapproche ainsi du marché rationnel idéal.

Mais ce système nouveau n'est pas le moins du monde « naturel », c'est à la fois le fruit d'une construction intellectuelle et d'un travail d'organisation. Pour y parvenir, les producteurs ont imposé aux intermédiaires — mais se sont en même temps imposé à eux-mêmes — d'obéir à la discipline d'un organisme régulateur qu'ils ont créé : la SICAV de Saint-Pol-de-Léon, qui monopolise et centralise toutes les transactions. Celui-ci doit être neutre dans son action, il ne peut avoir ni politique d'emploi ni politique de prix. En revanche, il n'a pu se constituer qu'à partir d'un effort persévérant d'organisation du milieu humain des producteurs, dont le puissant syndicat se dépense en activités de formation et d'animation. Ce syndicat apporte un soutien indispensable au chef de marché et à l'organisme régulateur. Ensemble, ils sont suffisamment forts pour rester souples et tolérer des arrangements secondaires sur la qualité, les délais et les contrats particuliers d'association entre producteurs et mandataires.

Les pouvoirs publics ont dû enfin intervenir à leur tour pour autoriser et légaliser les contraintes exercées par l'autorité disciplinaire du régulateur. On vérifie bien là que le « construit » nécessaire pour assurer un marché rationnel peut avoir besoin d'un soutien de réglementation publique. Mais celle-ci est en revanche impuissante à créer le marché. L'importance des aspects « humains » — non purement économiques et non réglementaires — de ce marché est au demeurant démontrée par les échecs des tentatives d'extension du modèle. Impressionnés par le succès de Gourvennec, les pouvoirs publics ont voulu régulariser d'autres marchés de primeurs en utilisant la même formule de « marché au cadran ». Ils ont échoué dans tous les cas, sauf un. La raison en est simple : pour eux, il s'agissait d'introduire un modèle économique, donc automatique. Ils étaient incapables de percevoir l'importance des régulations sociales qui le soutenaient et que Gourvennec et ses amis, eux, connaissaient d'autant mieux qu'ils avaient dû les organiser.

Les leçons à tirer de cet exemple semblent claires :

> 1) La régulation du marché n'est pas automatique. La complexité des rapports humains entre parties peut donner naissance à des structures de pouvoir qui en faussent l'équilibre. Parvenir à des formules plus neutres, plus abstraites et plus rationnelles requiert beaucoup d'efforts ;
> 2) Une forme plus rationnelle, comme celle obtenue par le « marché au cadran » — une information immédiate non biaisée assurant une égalité entre les offreurs d'une part, entre offreurs et demandeurs d'autre part — ne peut être élaborée et mise en œuvre que grâce à une profonde transformation du système humain qui sous-tend les rapports économiques ;
> 3) Cette transformation a peu de chances de réussir si elle est imposée d'en haut au titre de modèle plus rationnel. Elle n'est efficace que dans la mesure où ce sont les praticiens eux-mêmes qui l'ont développée.

En fait, paradoxalement, intervention et réglementation publiques pourraient être efficaces si les théoriciens libéraux avaient raison, autrement dit si l'économie et la société fonctionnaient comme dans les manuels où sont décrits leurs grands mécanismes abstraits. Or il n'existe pas de marché universel, seulement quantité de marchés enchevêtrés où la complexité des éléments de négociation entre les acteurs crée des structures de pouvoir et des mécanismes de régulation inaccessibles à toute intervention technocratique. Les marchés de primeurs sont des cas extrêmes, quoique non marginaux, qui permettent, en dramatisant les situations, d'en mettre au jour les éléments clés.

L'universalité de ces phénomènes a été récemment soulignée par les très remarquables analyses des historiens du développement économique américain du XIXe siècle. On admire généralement ce développement sans se douter de la somme d'efforts qui durent être accomplis pour constituer graduellement le grand marché continental qui fit son succès. Les meilleurs auteurs américains d'aujourd'hui, comme Alfred P. Chandler Jr., mettent en évidence qu'il s'agit bien là d'un « construit », non d'une donnée géographique ou même culturelle [1].

Si ce grand marché put se créer, ce fut grâce à l'effort constant des pouvoirs publics qui surent développer un système de communications et imposer en même temps des normes juridiques contraignantes. Mais ces conditions réglementaires, pour nécessaires qu'elles aient été, n'étaient pas suffisantes. Elles ne firent que soutenir et renforcer la lente constitution des réseaux humains d'intermédiaires qui réalisèrent ce marché. Ces réseaux ont joué en fait un rôle économique plus décisif que les créateurs de grandes entreprises qui s'en servirent [2]. Les régulations coutumières des relations commerciales ont ici précédé et guidé tout à la fois l'essor économique et la législation.

Je voudrais à présent prendre comme exemple — *a contrario*, pourrait-on dire — le cas particulièrement douloureux en France de l'intervention de l'État dans le

1. Alfred P. Chandler Jr., *The Visible Hand : The Managerial Revolution in American Business*, Belknap Press, Harvard, 1978.

2. Alfred P. Chandler Jr., *ibid.* Oliver Williamson en a donné une formulation rationnelle très éclairante, mais encore trop abstraite, avec la théorie des coûts de transaction. (Oliver Williamson, *Markets and Hierarchies*, Free Press, New York, 1975.)

domaine bien connu de la machine-outil. Le raisonnement des technocrates est simple : le secteur de la machine-outil est un secteur important dans lequel la France a perdu beaucoup de terrain. Non seulement elle doit importer beaucoup, mais cette infériorité la rend dépendante de l'étranger en d'autres secteurs. Dans le jargon technocratique, il s'agit là d'un élément de grande faiblesse dans notre dispositif industriel. Il faut donc agir. Et l'on agit : tous les dix ans au moins, un nouveau plan « machine-outil » est élaboré et mis en œuvre — restructuration, investissements, facilités de crédit, etc.

Il ne s'agit pas ici d'une réglementation, mais d'une intervention directe de la puissance publique qui s'impose non seulement comme régulateur, mais comme banquier et maître d'œuvre industriel. Sur le papier, tous les éléments sont réunis pour réussir. Mais, chaque fois et de la même façon, le nouveau plan échoue. Le coût en est considérable et le secteur de la machine-outil semble se dégrader chaque fois un peu plus.

Comment expliquer cette répétition des mêmes mécanismes menant à l'échec ? Tout simplement par le fait que les technocrates responsables n'ont jamais réfléchi aux régulations non économiques du système social que constitue le secteur de la machine-outil. Une analyse rapide montre que si ce secteur périclite, c'est, pour une large part, parce que les ingénieurs français ne s'intéressent plus à la mécanique. Ce n'est pas qu'ils soient culturellement peu portés sur cette spécialité : par le passé, ils s'y montrèrent particulièrement actifs. Et il n'y a vraiment aucune raison pour qu'ils se révèlent moins inventifs en ce domaine qu'Allemands ou Italiens. Mais le système des écoles françaises d'ingénieurs s'est unifié et transformé de telle façon que la mécanique y est devenue une voie secondaire, qu'il n'y a plus de chances d'y obtenir du prestige et d'y préparer une belle carrière. Nous sommes là dans un cercle vicieux : peu de nouvelles recrues agressives, donc peu de renouvellement — mauvais résultats — peu d'attrait économique ou financier — nouvel affaiblissement du tissu humain, qui devient de moins en moins « porteur ». Les montages économiques et financiers sont incapables d'y rien changer.

Si l'on avait voulu agir efficacement, on se serait gardé d'intervenir directement sur le marché, et l'on se serait d'abord attaché à développer une connaissance suffisamment sérieuse des régulations du système humain qui en conditionne le fonctionnement. A partir de cette connaissance, des possibilités d'action nouvelles seraient probablement apparues : restaurer le prestige de la mécanique dans les écoles d'ingénieurs, relancer les sociétés savantes, développer un marché international des compétences. L'État n'est en principe que partiellement responsable de ce type d'actions, mais il a là des moyens d'influence beaucoup plus efficaces, parce que mieux acceptés, et moins coûteux que ses interventions financières et réglementaires habituelles.

Mon troisième exemple nous éloignera encore davantage de la réflexion sur la réglementation et l'intervention directe en matière économique. Mais son importance est pourtant capitale en matière de compétitivité et d'emploi. C'est celui du secteur de la formation professionnelle.

Depuis toujours, la formation professionnelle est la parente pauvre de l'enseignement français. Depuis toujours, les responsables s'inquiètent, les ministres discourent, de nouveaux plans coûteux sont mis en œuvre. Sans succès. L'évolution de l'économie mondiale nous contraint soudain à prendre conscience du caractère critique de notre faiblesse. Là encore, nous essayons de parer au plus pressé en intervenant en catastrophe. Et nous traitons l'enseignement professionnel comme s'il s'agissait d'un fournisseur de services dans un ensemble rationnel d'échanges de type économique. Nous ne tenons pas compte de sa place dans le système d'enseignement primaire et secondaire. Nous croyons d'autre part que ce système étatisé et bureaucratisé obéit aux directives des gouvernants, alors qu'en fait il se gouverne à travers des régulations profondes, extrêmement fortes, qui échappent à l'intervention des politiques et des technocrates.

Le système éducatif français était autrefois bâti autour de l'enseignement secondaire classique qui constituait son fleuron. Contrepartie de son excellence : il était devenu le pôle hiérarchique de l'ensemble et maintenait tous les autres secteurs dans une situation d'infériorité. Le système a évolué, il s'est dégradé, mais les régulations qui comptent — celles qui déterminent les carrières, les hiérarchies et le prestige — restent inchangées. Placé à l'intérieur de ce système, l'enseignement professionnel ne pouvait réussir, dans la mesure où il ne pouvait en être que le parent pauvre. Sauf exception — il en existe heureusement de brillantes —, il est fait pour les laissés-pour-compte des voies plus prestigieuses.

L'Allemagne n'avait pas une tradition hiérarchique moins forte que la France, mais elle s'est gardée de donner à l'enseignement public le monopole de l'enseignement professionnel. Elle a laissé les entreprises développer leurs propres écoles et exercer ainsi une influence beaucoup plus profonde sur le marché du travail. Le résultat en est cette force extraordinaire de l'industrie allemande qui repose sur la très grande qualification d'une main-d'œuvre bien formée et bien rémunérée.

Le choix français pose exemplairement le problème de la politique publique. Pourquoi avons-nous choisi la voie la plus coûteuse et la moins efficace ? Ce qui a dominé, semble-t-il, c'est l'existence de logiques administratives et de logiques politiques segmentaires séparées. Le problème n'a pas été embrassé dans ses aspects pratiques concrets, mais dans ses aspects fonctionnels théoriques : politique d'éducation, politique syndicale, politique d'emploi. En chacun de ces domaines, la rationalité dominante a prévalu. S'agissant d'éducation, c'est la rationalité corporative et bureaucratique du système qui s'applique : la formation professionnelle doit relever de l'Éducation nationale, parce que le service public est le seul, dans l'esprit de ses dirigeants technocrates ou syndicalistes, à pouvoir assurer la compétence, le respect des principes d'égalité et de neutralité, enfin la qualité de l'éducation dont il est le gardien légitime exclusif. S'agissant de problèmes d'entreprise, c'est la logique des rapports patrons/ouvriers qui domine : les écoles d'entreprise sont une forme de paternalisme qui contrevient au principe d'égalité ; les entreprises, d'autre part, ne sauraient avoir dans la société un poids qui en ferait de nouvelles féodalités. En matière d'emploi, enfin, l'apprentissage est contrôlé en fonction d'une rationalité générale qui a conduit à l'application indiscriminée du salaire minimal garanti.

La force de ces logiques apparaît d'autant plus grande qu'elle transcende les idéologies partisanes ; la loi fondatrice de l'enseignement professionnel, la loi Astier, fut votée en 1919 par une Chambre largement dominée par la droite.

En se refusant à considérer le problème dans son ensemble et, empiriquement, en négligeant de réfléchir aux régulations qui ne relèvent ni des mécanismes du marché ni de la décision étatique, on a abouti aux résultats paradoxaux actuels : en voulant assurer la qualité de l'enseignement professionnel, on a empêché son essor ; en voulant protéger les travailleurs contre les patrons, on a abouti à terme à ce que les travailleurs français soient moins qualifiés et sensiblement moins payés que les travailleurs allemands ; en voulant assurer l'égalité et la protection des faibles, on se retrouve avec un chômage des jeunes beaucoup plus important qu'outre-Rhin.

La conscience de l'existence de systèmes humains beaucoup plus larges et plus complexes que le marché économique simple, que l'institution éducative universelle ou que la lutte des classes généralisée, nous aurait épargné toutes ces erreurs. C'est flagrant dans tous les domaines d'action de l'État, que ce soit dans le plus immédiat, celui de l'économie, mais aussi bien dans celui de la santé, de l'assistance sociale, voire de la culture où l'échec du modèle « Maisons de la culture » procède de la même erreur de logique.

Si l'on veut réussir la modernisation de notre société, ou plutôt son adaptation au monde en gestation, il est essentiel que nous réussissions pour commencer à transformer radicalement ces logiques. L'État modeste que nous devons créer n'est pas un État de laisser-faire, c'est un État qui agit non pour imposer les vues *a priori* de ses technocrates par la commande ou la réglementation, mais pour aider à la transformation des régulations profondes des systèmes humains réels. Cette action n'est pas moins importante, moins noble ni moins difficile, bien au contraire ; mais elle n'exige plus la même situation de pouvoir et de supériorité.

Peut-on libérer l'économie ?

Les néo-libéraux poursuivent un rêve impossible de libération de l'économie censée être assurée par un retrait total de l'État. Ce rêve séduit naturellement à un moment où les échecs successifs de nos politiques économiques ont fini par susciter un certain rejet du dirigisme, qui semble voué à l'impuissance dans le monde turbulent de la concurrence internationale. Peu d'entre eux, toutefois, croient réellement à cette vision utopique qui leur sert d'arme polémique et de levier idéologique pour entraîner la société dans la bonne direction.

Cette attitude des néo-libéraux serait acceptable si elle était fondée sur une perception réaliste de l'évolution actuelle du monde développé. Ce qui les condamne à mes yeux, c'est un manque total de recul qui les conduit à raisonner dans l'absolu d'une société intemporelle et qui les empêche de comprendre à la fois les raisons et les limites de leurs succès temporaires. Si l'on assiste actuellement à une telle réaction antidirigiste dans tous les pays occidentaux et même au Japon, c'est que les problèmes que pose le rôle de l'État dans l'économie sont désormais de nature radicalement différente de ceux qu'il posait il y a seulement vingt ans. Cela ne veut pas dire pour autant que l'État peut et doit se retirer de l'économie.

L'évolution économique et sociale des sociétés développées se trouve pour assez longtemps dominée par trois grandes tendances dont l'impact est en train de bouleverser tous nos principes de gestion collective :

1) Le graduel déclin du modèle dominant, production de masse-consommation de masse, la montée des activités de service et la pénétration de plus en plus forte de la philosophie du service dans toutes les activités économiques rendent caducs les modes d'organisation préférés de la technocratie, qu'elle soit publique ou privée ;
2) La mondialisation de l'économie, qui se manifeste désormais par un développement parallèle, complexe et contradictoire de la concurrence et dc la coopération, oblige à réviser les modes d'intervention directs des États-nations ;
3) L'importance de la haute technologie et de la science, non pas comme domaines nouveaux de production mais comme ferments et vecteurs d'innovation, impose de prêter davantage attention aux régulations complexes et délicates de ces activités et de relativiser les automatismes trop simples des marchés industriels classiques.

L'impact de ces grandes tendances va devenir de plus en plus évident. Les sociétés qui sauront s'y adapter et en tirer parti prospéreront, les autres déclineront. Cette adaptation est particulièrement difficile, car elle requiert des solutions en apparence contradictoires et qui ne peuvent se concilier que dans une autre philosophie du management public[1].

1. Pour une analyse de ces tendances et de leurs conséquences pour les entreprises, voir Michel Crozier : *L'Entreprise à l'écoute*, InterÉditions, 1989.

D'un côté, nous avons besoin de plus en plus de services collectifs, et de plus en plus de règles pour maintenir en état et développer des activités de plus en plus complexes, concurrentielles et interdépendantes. Mais, de l'autre, tout ce qui ressortit au modèle traditionnel de gestion publique est mis en question par l'évolution. Celle-ci commande désormais plus de collectif, mais un collectif plus spécialisé, plus souple, plus adaptatif, dont l'objectif prioritaire n'est plus la protection et la régularisation, mais le développement de l'activité individuelle et de l'innovation. Or les activités publiques dominées par les philosophies traditionnelles du service public n'admettent que la gestion technocratique égalitaire. Cette conception, comme j'ai tenté de le montrer, s'adaptait assez bien à la société industrielle de masse classique. Elle devient paralysante pour la société postindustrielle.

Les limites de la gestion publique directe

Vouloir supprimer toute gestion publique directe est une attitude de principe qui empêche de bien comprendre la réalité. Pour l'heure, la gestion publique ne saurait être condamnée en soi. Ce sont les conditions de son exercice qui deviennent différentes et beaucoup plus restreintes. Mais il ne fait aucun doute que l'économie de commande — c'est-à-dire l'intégration de toutes les activités économiques dans un ensemble public commandé directement par les représentants de la collectivité — est, quant à elle, nécessairement condamnée. Non seulement elle n'est pas viable à terme ni dans sa totalité, mais elle se trouve toujours en infériorité vis-à-vis de l'économie de marché [1]. Il n'en découle pas forcément, cependant, que la gestion directe d'une activité partielle quelconque se révèle à tout coup désastreuse. L'Histoire nous montre que dans cer-

1. La faillite des économies des pays de l'Est vient d'en offrir une démonstration caricaturale.

taines conditions, de telles expériences ont pu se développer avec succès pendant un temps assez long, et qu'elles ont même pu apporter une contribution positive à court terme.

Il n'y a pas là contradiction. La commande directe d'une activité permet d'accomplir rapidement des missions simples qui s'imposent clairement, pourvu que leurs objectifs ne soient pas entachés d'ambiguïté et que leur exécution puisse s'effectuer de manière rationnelle, technocratique. Il en fut ainsi en France, par exemple, de la rationalisation de la production d'électricité et de gaz après la nationalisation, suivie du lancement et de la mise en œuvre des grands programmes d'investissement hydroélectriques, puis nucléaires. Il en a été de même, dans une plus faible mesure, de l'extraordinaire programme de rattrapage des Télécommunications. On peut d'autre part attribuer les succès relatifs des groupes industriels nationalisés en 1982 à la clarté de leurs objectifs — admis en fait par tous, quoique non avoués officiellement — de compression d'effectifs et de rationalisation.

Mais les conditions de tels succès sont désormais très différentes de ce qu'elles pouvaient être il y a quarante ou cinquante ans. On peut dire qu'elles tiennent essentiellement à la pertinence des méthodes de calcul technocratiques pour l'activité en question, d'une part ; à la disposition des hommes à tolérer l'ordre hiérarchique qui permet leur bonne exécution, d'autre part. Or, sur ces deux points, les tendances dominantes sont en train d'infléchir notablement ces conditions. Les activités « technocratisables » restent certes importantes, mais leur part dans l'ensemble plafonne ou diminue. Nous avons toujours besoin de construire et d'entretenir des autoroutes, des chemins de fer, des ports, et l'accélération du progrès nous entraîne dans de nouvelles grandes aventures techniques (TGV, tunnel sous la Manche, satellites de communications). Mais la clé du développement à long terme d'une économie réside aujourd'hui bien davantage dans la réponse aux besoins collectifs qu'on pourrait appeler

« immatériels », par opposition aux infrastructures matérielles : éducation générale, éducation professionnelle, recherche-développement et diffusion des connaissances, systèmes de financement, systèmes de règlement des conflits. Or, non seulement ces activités collectives ne relèvent pas des domaines où la technocratie peut se révéler efficace, mais elles envahissent graduellement les activités classiques où celle-ci régnait sans partage. Partout augmente ainsi la part de la gestion qualitative par rapport à l'engagement quantitatif simple de l'investissement. Ce n'est pas tout d'effectuer de grands travaux, encore faut-il trouver des clients à des infrastructures devenues beaucoup plus sophistiquées et plus compétitives [1]. Ce qui veut dire souplesse, adaptabilité, et surtout connaissance qualitative de l'usager et de son rapport à l'offreur collectif. Négligeable tant que les besoins sont clairs et les réponses essentiellement quantitatives, le facteur humain prend de plus en plus d'importance quand la relation au client devient centrale. L'organisation publique doit alors changer de philosophie.

Est-ce possible ? Dans quelles conditions et jusqu'à quel point ? Comment tracer la meilleure frontière temporaire entre les avantages d'une gestion rationalisatrice, efficace dans le court terme, et les risques de dérive bureaucratique inévitables dans le long terme si l'opposition devient trop grande entre la logique administrative, incapable d'évoluer, et les besoins d'un service complexe ? Autant de questions pragmatiques qui demandent, pour être résolues, une connaissance de plus en plus précise de l'évolution réelle du contexte et de l'environnement. De toute façon, la logique administrative est d'ores et déjà condamnée pour tout ce qui concerne les services immatériels, et le problème, pour ces activités désormais dominantes, c'est de développer de nouvelles formes de gestion appropriées à leur complexité.

1. Le problème apparaît crucial dans le domaine le plus complexe de tous, celui des communications.

Sous ce jour, dans un pays comme la France, les privatisations apparaissent comme nécessaires dans la mesure où elles constituent un préalable au développement de nouveaux modes de gestion. Dans le système étatique et gouvernemental, les grandes entreprises nationalisées représentent un poids particulièrement redoutable, qui rend plus difficile toute évolution. Elles offrent l'image exemplaire du modèle technocratique à imiter. Non seulement elles contiennent en germe, pour elles-mêmes, toutes les dérives qu'entraîne un tel modèle : bureaucratisation des directions, corporatisation syndicale, politisation du rapport à l'État ; mais, surtout, elles tendent à perpétuer pour l'ensemble des fonctionnaires et pour les élites des grandes écoles un modèle de réussite et d'efficacité périmé, qui retarde l'indispensable mutation.

Notons en passant que le mode de gestion technocratique des banques et des assurances, nécessairement calqué sur celui des grandes entreprises publiques, était déjà en fait depuis longtemps obsolète, et que c'est seulement le mode de réglementation générale de ces professions et l'absence de concurrence internationale qui en masquaient les effets, au prix d'un appauvrissement de l'ensemble de la collectivité.

L'intervention active de l'État dans l'économie doit être complètement repensée

Les illusions de la planification ont heureusement disparu. Mais celles d'une politique industrielle pourtant introuvable persistent. Les déclarations de principe ne semblent pas peser lourd dans une pratique à court terme devenue très difficile. Rien là que de naturel si on veut bien penser que le colbertisme n'est pas une doctrine qu'on peut accepter ou rejeter pour des raisons intellectuelles, mais un système complexe au sein duquel la société entière avait appris à vivre.

Face aux obstacles à tout changement, nombre de néolibéraux rêvent de ruptures. Mais si l'Histoire et l'expérience récente montrent que les interventions constantes et répétées d'un État colbertien ont affaibli les réflexes compétitifs de l'économie française et abouti à faire payer certains succès, spectaculaires dans le court terme, d'un affaiblissement relatif de l'économie sur le long terme, maints exemples étrangers montrent en revanche que des interventions publiques d'une autre nature, mieux guidées, ont apporté des contributions importantes, parfois même décisives, au développement des économies les plus modernes. Tel fut naguère le cas du Japon, de l'Allemagne et même des États-Unis. C'est le cas actuellement de la Corée du Sud, de Taiwan et de Singapour. La mondialisation de l'économie et de l'innovation technologique accélérée pose d'autre part des problèmes extrêmement pressants, impossibles à éluder.

Une nouvelle problématique, un nouveau mode de raisonnement doivent donc être élaborés, qui nous permettent de décider du bien-fondé d'une intervention de l'État, de ses modalités et surtout, plus profondément, de sa logique.

Pour rester concret, je partirai d'un paradoxe qui me paraît caractériser l'intervention de l'État français dans l'économie : nous disposons au gouvernement, dans les administrations et dans les entreprises publiques, d'un réservoir de talents tout à fait considérable ; nos hauts fonctionnaires sont bien formés, compétents, animés d'un zèle incontestable pour l'Intérêt général ; ils ne se moquent pas de l'économie, bien au contraire. Or que font-ils ? Qu'apportent-ils aux praticiens qui, sur le terrain, doivent diriger des entreprises soumises à la concurrence et aux pressions du changement permanent ? Des plans, des projets, des conseils qui sont en fait sinon des ordres, du moins des pressions — pour ne pas dire des chantages — qui interfèrent avec les responsabilités des praticiens. Comment peut-on penser qu'un technocrate, si brillant soit-il, puisse diriger le « corps de bataille industriel », pour employer une métaphore à la mode particulièrement représentative d'un état d'esprit archaïque? Diriger un corps de bataille veut dire commander. N'est-il pas absurde que l'homme des idées générales puisse commander sur le terrain à des praticiens qui ont depuis longtemps l'expérience des contraintes qui y règnent ? On me dira que j'exagère : mais de quoi parlent à longueur de temps les membres de notre *establishment* techno-politico-bureaucratique ? De restructurations, d'alliances internationales, d'investissement, de politique de produits, tous problèmes généraux abstraits qui permettent les plus belles discussions théoriques, mais qui se traduisent sur le terrain par des décisions pour lesquelles ils sont tout à fait incompétents.

Or, dans le même temps, on peut faire cet autre constat déplorable : l'État n'apporte absolument pas aux entreprises l'aide intellectuelle indispensable dont elles ont besoin dans le monde en mutation auquel elles sont confrontées. La connaissance des marchés extérieurs spécialisés et complexes est chez nous dérisoire. L'amateurisme le plus total règne dans les statistiques du commerce extérieur. La connaissance du qualitatif a été étouffée par les visions quantitatives de l'INSEE et de la Direction de la prévision. Sur tous les problèmes qui les assaillent, les entreprises ne disposent d'aucun travail de valeur permettant de comprendre par exemple des questions aussi cruciales que les possibilités de transformation des rapports de sous-traitance, l'évolution des marchés des compétences techniques et des qualifications dans le cadre national et international. Ces problèmes dépendent de régulations dont nos technocrates ignorent l'importance, et parfois même jusqu'à l'existence. On s'est enthousiasmé depuis vingt ans pour la « route 128 », puis pour la *Silicon Valley*, comme à présent pour les technopoles, mais nous ne disposons encore d'aucun instrument efficace de « veille technologique » capable d'avertir et d'aiguillonner en permanence nos entreprises, nous n'avons ni inventé ni même étudié sérieusement les conditions nécessaires au fonctionnement d'un système de recherche stimulant pour les entreprises.

Il serait simple, à l'évidence, de supprimer d'un trait de plume toutes les subventions directes ou indirectes aux entreprises, et d'alléger d'autant les charges qui pèsent sur elles. Mais ce gigantesque *trade-off* ne saurait réussir sans changement de l'état d'esprit de nos dirigeants administratifs et sans que soit apportée aux entreprises une aide d'une autre nature. L'État n'est plus capable — s'il l'a jamais été — de s'occuper du redéploiement industriel. Il est temps qu'il donne priorité à son propre redéploiement intellectuel, qui peut seul permettre le développement d'un autre type d'interventions, capable de se substituer aux interventions technocratiques dont nous n'arrivons pas à nous débarrasser.

Une nouvelle philosophie de la réglementation

La mission de réglementation dévolue aux autorités publiques ne souffre pas de contestation dans son principe : sans une réglementation minimale, pas de respect possible des contrats, la confiance sur laquelle repose l'activité économique disparaît. La concurrence ne peut se développer que si des règles la limitent et la protègent. Certes, ces règles peuvent être coutumières, comme d'ailleurs les conditions qui assurent le respect des contrats. Mais, depuis longtemps, dans tous les pays, l'insuffisance du système coutumier a conduit au développement d'un corpus réglementaire considérable qui concerne aussi bien la sécurité et l'équilibre des contrats que les conditions de la concurrence, les conditions d'entrée sur le marché du travail, la protection de l'environnement, l'interdiction d'activités insalubres, nuisibles ou moralement répréhensibles.

Le débat ne porte donc pas sur la nécessité d'une réglementation, mais sur le type d'autorités chargées de l'élaborer, sur le type de celles chargées de la faire appliquer, d'une part, sur ses limites et ses abus, d'autre part. L'opposition entre un pays de tradition libérale comme les États-Unis et un pays de tradition administrative comme la France, est bien connue. Le pouvoir exceptionnel de l'État administratif à la française provient de ce qu'il domine le législatif dans l'élaboration et le judiciaire dans l'application. La possibilité qu'il s'est ainsi réservée de demeurer juge et partie constitue un des obstacles à l'avènement d'un État modeste. Mais ce n'est pas le seul cas de figure. La prééminence du législatif et du judiciaire dans un pays comme les États-Unis n'empêche pas la prolifération des règles, au contraire. La comparaison est éclairante, car elle permet de mieux comprendre les causes d'une situation qui génère un malaise et des réactions de rejet semblables dans des pays par ailleurs très différents.

La première et la plus générale de ces causes est la croissance spectaculaire de la complexité des transactions entre participants au jeu économique et social. Les chaînes d'interdépendance et les innombrables conséquences secondaires de toute activité qui en découle rendent impossible le maintien des règles simples de responsabilité et de protection des personnes et des biens. Le passage à la société de services accélère ce développement dans la mesure où les marchés de services sont eux aussi plus complexes et où les rapports humains qu'ils impliquent sont beaucoup moins limités que les rapports achat-vente du modèle industriel traditionnel.

Mais une seconde raison, plus contingente, s'est ajoutée à la pression de la complexité. C'est la demande d'intervention visant à assurer l'égalité d'accès au jeu économique et social d'abord, l'égalité des conditions des participants ensuite. La réglementation a alors pour principale mission de rétablir entre les personnes une égalité suffisante que le libre jeu du marché détruirait au point que la viabilité de la société en serait affectée. Les interventions directes d'une réglementation active limitant la liberté de contracter, dictant des conditions particulières pour l'embauche, le licenciement, les promotions, l'utilisation de la taxation pour assurer une plus grande égalité de revenus, ont entraîné le développement d'un droit fiscal, d'un droit social, d'un droit des affaires, dont les complications et les contradictions ne laissent pas d'effarer les spécialistes eux-mêmes.

Comment répondre à ces problèmes ? Il serait absurde de croire qu'on puisse les abandonner à la loi du marché. La complexité réglementaire n'est pas une création administrative, c'est la réponse des autorités à l'explosion de la complexité des interactions humaines. On raisonne comme si la seule façon de la maîtriser consistait à lui opposer une complexité encore plus grande de règles. Or, la réflexion moderne sur les systèmes humains et sociaux commence à faire émerger l'idée paradoxale que la seule réponse efficace est en fait celle de la simplicité. Ce qui implique un effort beaucoup plus considérable de connaissance et d'expérimentation.

On peut d'abord observer que les réglementations les plus efficaces sont celles qui s'appuient sur les régulations déjà existantes du système humain en cause. Elles n'ont pour seul objet que de les garantir et de les renforcer. Une meilleure connaissance de ces habitudes, coutumes et régulations conduirait à limiter sensiblement la réglementation nécessaire et à édicter des règles plus simples.

On peut d'autre part essayer de repenser les méthodes d'application. Il est curieux de constater que le concept de dissuasion, si fortement contesté en matière pénale, reste au contraire le concept clé en matière de réglementation civile. Ce qui confère à celle-ci un caractère punitif d'autant plus dommageable que les principes de la punition sont mal acceptés. Nous transformons les rapports collectivité-individus en un grand jeu de gendarmes et voleurs où la multiplicité des règles et des contrôles est tempérée par la mollesse de l'application [1].

1. Je ne veux pas soutenir ici que la dissuasion doit être abandonnée aussi bien au civil qu'au pénal. Son efficacité et ses limites doivent simplement être repensées.

Ne serait-il pas plus sage d'essayer d'abord de mieux comprendre la rationalité des comportements qu'on suppose dommageables, de chercher à influer sur les conditions qui les génèrent, d'une part, et de mieux délimiter et sanctionner la faute, d'autre part ?

Les moyens visant à assurer la protection de l'environnement, mais aussi bien ceux qui permettraient d'atteindre à une plus grande égalité entre les citoyens paraissent de prime abord extrêmement frustes et simplistes. C'est leur inadéquation qui les rend si compliqués et si pesants. Comment devons-nous donc agir ? Prescrire, punir, enlever à l'un, donner à l'autre, sont autant d'interventions souvent aussi barbares qu'inefficaces. A terme, la seule solution valable consistera à développer des régulations qui assurent automatiquement le minimum acceptable et à influer sur l'esprit public pour que changent les critères d'évaluation de ce qui est tolérable.

Toutes ces orientations ont quelques points communs : elles impliquent d'abord un effort de connaissance des pratiques à réformer ou à améliorer [1], elles font confiance aux capacités des personnes et des acteurs à s'autoréguler pourvu qu'on leur en laisse la liberté et qu'on leur apporte les soutiens, voire éventuellement la force contraignante d'une réglementation ; elles supposent qu'on s'appuie sur

1. Une thèse récente d'un ancien haut fonctionnaire du ministère de l'Industrie met bien en évidence la faiblesse caricaturale du raisonnement actuel de l'Administration. Découvrant tout d'un coup — la mode joue son rôle — l'importance des problèmes de qualité, la Direction générale de l'Industrie décide d'engager un programme considérable d'aide aux PME-PMI qui leur permette d'améliorer la qualité de leurs produits et de leurs services. Des fonctionnaires, des experts et des consultants sont mobilisés, des formules sophistiquées d'aide sont élaborées et mises en œuvre pendant deux ans, sans que jamais on se soit préoccupé de connaître quels étaient les problèmes des petites et moyennes entreprises françaises sur le terrain et pourquoi elles ne manifestaient guère d'intérêt pour ce qui leur était proposé. Quand le programme a été abandonné, aucune évaluation n'a été effectuée et il semble qu'on n'ait tiré aucune leçon de cet échec. Voir Michel Matheu, *L'État et les PMI : Pourquoi mener une politique incitative ?*, thèse d'État, 1989.

la bonne volonté des usagers, des administrés, des praticiens, dont on va chercher ainsi à développer l'engagement et la responsabilité. Toutes impliquent donc un profond changement d'état d'esprit. Dans notre monde nouveau de complexité et de liberté, la puissance publique ne peut être efficace et vraiment servir l'intérêt général que si elle parvient à susciter une collaboration beaucoup plus importante des citoyens.

6

L'État et les régulations du social

La séparation entre l'économique et le social est dépassée. Mais, pour que le social puisse devenir plus rationnel, il faut que ses régulations soient elles aussi mieux comprises.

Les pesanteurs des systèmes de protection sociale n'apparaissent écrasantes que parce qu'ils ont été accaparés par des ensembles professionnels qui se régulent corporativement, face à un État bureaucratique qui les protège et les stérilise.

Il n'y aura autorégulation du social que si l'enseigné, le malade, l'assisté redeviennent vraiment des clients au service desquels on travaille et non plus des administrés dépendants de systèmes corporatifs qui les infantilisent.

Si nous voulons y parvenir, il faut que l'État accepte préalablement de subir la loi commune qui interdit à la même autorité d'être juge et partie, ce qui implique qu'il ne monopolise plus l'Intérêt général.

L'évolution culturelle récente montre à quel point les citoyens sont favorables à la soumission de l'exécutif aux limites qui lui sont marquées par le Conseil constitutionnel, et à son désengagement en faveur de commissions ou de hauts comités, mieux à même de susciter la confiance indispensable à de bonnes régulations.

C'est dans cette voie, portée par le mouvement socioculturel, que l'on peut avoir des chances de rétablir non seulement la rationalité financière, mais le véritable sens humain du social.

La fin de la séparation de l'économique et du social

Dans sa dernière phase tout au moins, le système de la société industrielle était caractérisé par une profonde séparation entre l'économique et le social. L'économique était conçu comme le domaine du rationnel absolu, totalement appréhendable par la quantification, tandis que le social restait du domaine de l'émotionnel et des valeurs. C'est dans la pensée social-démocrate que cette séparation a été poussée au maximum, notamment dans le modèle suédois qui en a donné une vision particulièrement tranchée. On admettait que la compétitivité de l'industrie suédoise pouvait et devait même être assurée selon les principes de rationalité prévalant dans la compétition internationale où ses grandes entreprises figuraient au premier rang. En revanche, les principes assurant la répartition du produit ainsi obtenu devaient être des principes d'ordre politique et social, sans rapport avec la réflexion économique, sauf dans le cadre d'une vision philosophique de synthèse : le but de l'économie est d'assurer le plus grand produit national brut, la distribution égalitaire de ce produit garantissant la paix sociale qui permettra à son tour de maintenir l'efficacité de l'économie.

De façon générale, tous les grands pays occidentaux ont vécu dans les années soixante, et jusque dans les années soixante-dix, sur cette distinction-opposition entre l'économique — domaine du rationnel pur, tout proche du technique — et le social — domaine de la justice distributive, donc des choix de valeurs. Certes, la discussion s'était portée depuis longtemps sur les relations complexes entre ces deux ordres de réflexion. Mais si le débat intellectuel était nourri aussi bien sur le besoin de participation « sociale » dans la production que sur les conséquences de la bonne gestion sociale sur la rationalité économique, la pratique, notamment en France, continuait de reposer sur une séparation étanche entre les deux ordres. L'ingénieur français classique veut bien admettre qu'il travaille pour l'ordre, philosophiquement plus élevé, du social, mais, dans son domaine de rationalité, il entend bien rester le maître absolu. Selon le raisonnement éprouvé du *one best way,* il demande qu'on lui fixe l'objectif, il se chargera de trouver à lui seul le meilleur moyen de l'atteindre — ce qui veut dire que tous les moyens, y compris les moyens humains, seront subordonnés à ses choix pratiques, car c'est lui qui incarne la rationalité.

L'irruption de la concurrence japonaise a fait éclater ce trop parfait modèle de rationalité au moment même où le passage à la société postindustrielle, dominée par les services et la haute technologie, commençait déjà à le mettre en question. Dans cette société, en effet, le facteur humain reprend l'avantage, les hommes sont de moins en moins interchangeables. Pour rester compétitives, les entreprises doivent mobiliser les ressources humaines à l'intérieur de l'organisation et réintroduire le souci des rapports humains complexes à l'extérieur de celle-ci, aussi bien avec les clients qu'avec les fournisseurs et sous-traitants. Le social ne se limite plus au distributif, mais devient un élément essentiel de l'ensemble des facteurs de production. Il s'agit toutefois d'un autre social, non plus collectif et catégoriel, mais de plus en plus individualisé. Le quantitatif, plus encore qu'en tout autre domaine, y cède la place au qualitatif. Au même moment, d'ailleurs, le social « ancienne manière » tendait déjà de son côté à épuiser l'économique. Sa prolifération menaçait l'équilibre du rationnel. Les dérives qu'il entraînait faisaient craindre qu'il ne vînt rapidement à absorber le produit national brut tout entier dans l'irrésistible mécanique du *toujours plus* des dépenses de santé, d'assistance et d'éducation [1].

C'est la conjonction de ces tendances qui me paraît avoir entraîné l'épuisement de la pensée social-démocrate

1. Pour reprendre l'expression devenue célèbre de François de Closets.

que nous constatons un peu partout. Paradoxalement, c'est au moment même où la gestion du social devient un problème central de la société que la pensée traditionnelle du social est mise en question.

Dans un premier temps, cette crise profonde du social a entraîné l'envahissement des activités traditionnelles qui étaient les siennes par les principes de la rationalité économique. Paradoxalement encore, c'est au moment où ces principes sont mis en question dans leur domaine d'élection, la production et les échanges marchands, qu'on en découvre l'impérieuse nécessité dans un social à propos duquel on refusait jusqu'alors — et parfois spectaculairement — de compter[1] !

Ce mouvement vers le rationnel, que nous constatons en particulier en matière de santé, mais qui aurait autant sa place en éducation et pour toute l'assistance sociale, est assurément indispensable, mais il est tout à fait insuffisant et risque de devenir très vite contre-productif, car la part du relationnel et du qualitatif dans ces activités est beaucoup plus importante encore qu'en matière économique. Il est donc à peu près impossible de les gouverner uniquement à partir de ces modèles de quantification dont les limites sont déjà apparues pour des activités moins complexes.

Pour que ces domaines envahis par la confusion recouvrent de leur sens, il est donc indispensable de recourir à une réflexion du même ordre que celle que j'ai esquissée au chapitre précédent sur les régulations qui peuvent suppléer les automatismes du marché économique. Libéraux et technocrates voudraient introduire des mécanismes de marché afin de limiter les dépenses inflationnistes du social. Mais, dans des systèmes sociaux dominés par des régulations de nature très différente, de tels mécanismes ne peuvent jouer que très partiellement. Si l'on veut retrouver à la fois des limites économiques et des

1. Selon la formule malheureuse du premier des ministres des Affaires sociales de François Mitterrand, Nicole Questiaux.

équilibres humains satisfaisants, ce sont ces régulations qu'il convient d'essayer de corriger et de transformer.

Les solutions vers lesquelles on peut tenter de s'orienter ne seraient pas dès lors des solutions de marché, mais des modèles d'autorégulation des activités sociales grâce auxquels les demandes qualitatives des individus pourraient se substituer partiellement aux revendications catégorielles et diminuer la pression inflationniste de ces revendications. Nous ne pourrons retrouver la maîtrise du social que si nous parvenons à mobiliser les ressources humaines qu'il stérilise tout autant — et probablement davantage — que l'économique.

Les pesanteurs des systèmes de protection sociale

Pour réussir à rénover une entreprise, unc institution ou un ensemble d'activités quelconque, il est nécessaire de mobiliser au moins partiellement les ressources humaines latentes dont ils disposent. Curieusement, cette mobilisation paraît beaucoup plus difficile à réaliser dans les systèmes de protection sociale dont les membres sont pourtant plus sensibles aux valeurs humaines que ne peuvent l'être les employés des secteurs dominés par les contraintes techniques et économiques.

Le paradoxe s'explique par le fait que depuis cinquante ans, nos institutions de protection sociale se sont développées en s'écartant de plus en plus du principe de réalité qui gouverne toute activité humaine : la reconnaissance des limites et des contraintes d'un univers fini.

En France, nous sommes presque exclusivement sensibles à l'explosion des coûts qui rend le poids de l'ensemble de protection sociale de plus en plus insupportable, et nos responsables cherchent désespérément à réformer ce système par des mesures de contrôle et de réorganisation qu'ils ne peuvent bien sûr imposer que d'en haut, de façon autoritaire. Or leurs réformes ne sont jamais que des palliatifs, car elles butent sur l'impossibilité de faire intérioriser par les opérationnels eux-mêmes — professionnels et clients — des limites et des contraintes qui n'apparaissent qu'au niveau global.

Le problème est beaucoup plus large. On ne peut le bien poser qu'en reconnaissant que les coûts globaux sont générés par la mauvaise organisation, autrement dit par l'expérience de régulations humaines échappant au principe de réalité.

Je prendrai pour exemple le système suédois qui constitue le modèle le plus réussi de protection « social-démocrate ». Actuellement, 40 % de la population active est employée en Suède dans ce qu'on appelle maintenant le secteur des soins : éducation, formation, santé, assistance. La prise de conscience de ce phénomène s'est réalisée à partir des regroupements de négociations collectives qui privilégient les intérêts catégoriels des personnels assurant ces activités et qui tendent par conséquent à les regrouper et à les unifier.

Le poids de cet ensemble est devenu aujourd'hui énorme, il pèse autant ou davantage que l'économie marchande tout entière (ne sont pas comptés dans ce pourcentage, en effet, les services publics proprement dits). Ses membres sont évidemment fort différents, mais ils ont en commun d'être des professionnels ou des aspirants-professionnels qui se gouvernent grâce à des règles déontologiques qui leur sont propres, non par la sanction de leurs résultats tels qu'appréciés par leurs clients. Ils sont au service du public en général, sans être dépendants de leurs clients particuliers. Cette énormité d'un système nécessairement opaque, l'isolement de ses membres, leur indépendance vis-à-vis des clients, la difficulté d'apprécier les résultats de leur action, entraînent toute une série de conséquences qui dépassent de loin le problème de la croissance des coûts.

Et d'abord, une coupure dommageable avec le public. Ces professions s'autogouvernent de façon corporative. D'où leur tendance à la sophistication, voire à l'ésotérisme, et une propension à définir le bien du client en fonction de normes abstraites qui conviennent aux habitudes et aux théories de la profession.

En second lieu, un renversement de la relation habituelle prestateur-prestataire de services. Dans la relation générale, c'est le client qui commande. Dans le système des soins, le client est dépendant du professionnel qui lui apporte son assistance. L'autoritarisme des professions, partout apparent dans l'enseignement, s'est généralisé en Suède aux services sociaux les plus divers, qui tendent à intervenir de plus en plus dans la vie quotidienne pour contrôler le respect des normes qu'ils établissent. La fréquence encore faible des abus constatés (enfants enlevés à leurs parents pour des raisons peu convaincantes de non-conformisme) ne doit pas faire oublier les réactions moins rares de rejet et d'aliénation d'une partie du public.

Ces tendances permettent de comprendre pourquoi il est impossible de mobiliser les ressources que représentent dans le système les clients. Un client dépendant, confronté à un monde qui établit ses normes en dehors de son expérience, sera facilement aliéné. Sa seule façon de s'affirmer activement consistera à jouer le jeu du système, autrement dit à utiliser ses droits au maximum et à demander toujours plus. Rejeté du côté de la consommation, il ne participera pas à l'accomplissement du service et on ne pourra compter sur lui pour prendre part à sa gestion.

Dans tous ces services, le client devrait être en fait un coproducteur : l'étudiant s'éduque, le malade se soigne tout autant qu'ils sont respectivement éduqué et soigné par le professeur ou le médecin. Mais le système de valorisation d'un social sans contraintes, débarrassé du souci économique, aboutit en fait à une hypertrophie de la relation de consommateur, dont on fera grief à la société marchande.

Puisqu'il n'existe pas, pour cette consommation sociale, d'équivalent acceptable de l'autorégulation du marché, puisqu'on ne saurait admettre d'autre part que des décisions soient prises qui s'imposent hiérarchiquement aux individus, on aura tout naturellement recours au raisonnement catégoriel qui hiérarchise et catégorise de façon impersonnelle. D'où ce rejet du bénéficiaire qui est en même temps un assujetti et qui va se comporter à la fois comme un contribuable cherchant à échapper à la taxation, et comme un ayant-droit cherchant à tirer le parti maximal de ses droits catégoriels.

Ce système ne peut trouver son équilibre. Il est condamné à la folie des revendications du *toujours plus*. Il n'est pas privé de régulations, mais ce sont les régulations corporatives, elles aussi fortement catégorielles, des ensembles de spécialistes qui vont avoir tendance à développer leurs talents et leurs revenus indépendamment du résultat de leur action.

La Suède n'est exemplaire que dans la mesure où les effets bureaucratiques de la masse et de l'uniformité catégorielle y sont plus visibles. Tous ces phénomènes existent de façon plus ou moins accusée selon les activités et les pays dans l'ensemble du monde occidental.

On ne pourra renverser cette tendance que par la réintroduction du client-bénéficiaire-assujetti dans la régulation de ces systèmes. Elle seule permettra le contrôle des dérives financières et une autre répartition des charges. Elle semblerait impossible si elle ne pouvait s'appuyer aujourd'hui sur une évolution sociale et culturelle qui se porte irrésistiblement vers l'affirmation des valeurs individuelles. La condition d'assisté est infantilisante, elle sera de moins en moins acceptée. La revendication d'autonomie, si perceptible dans le public, devrait être le levier grâce auquel il sera possible de décorporatiser ces ensembles.

Vers l'autorégulation du social

Poser le problème en termes très généraux est dès à présent possible. Envisager de le résoudre dans la pratique de ces grands systèmes paraît en revanche hors de portée.

Pour le moment nous ne pouvons songer qu'à commencer à investir pour créer peu à peu les conditions de cette reconquête du sens de la réalité. Dans ce premier effort, les pouvoirs publics sont tenus de jouer un rôle essentiel, car ce sont eux qui assurent la légitimité et assument la responsabilité du maintien de ce système corporatif.

Je présenterai ici quelques brèves remarques sur les problèmes qu'un tel investissement poserait dans les trois principaux secteurs du social : éducation, santé, assistance.

La situation paraît relativement plus claire dans le domaine de l'éducation. Ce n'est pas dire pour autant qu'il soit plus facile d'y agir. L'éducation a dérivé dans la voie bureaucratique corporative jusqu'à imposer dans notre culture l'idée que l'enseignant est le supérieur et l'enseigné le subordonné ; que la corporation des enseignants constitue une sorte de mentor de la République ; qu'elle peut se prévaloir — de par son savoir — du droit de former la génération future selon l'idée qu'elle professe de ce qui est bien ou mal. Le déclin de ce mode de pensée dominant est en train de s'amorcer, rendant possible le rétablissement de la relation fondamentale de tout enseignement, celle d'une relation de service dans laquelle l'enseigné est un client. Malheureusement, ce client n'est en général guère capable de juger de la qualité de l'aide qui lui est apportée, car la mesure des résultats en ce domaine est toujours contestable. Même si elle est souhaitable, une réinsertion directe du client n'est donc pas possible. L'école ne saurait être gouvernée par des assemblées d'élèves ou même de parents. Le rééquilibrage auquel on peut penser devrait donc s'appuyer sur un ensemble de communautés plus larges : non seulement enfants et parents, mais aussi communautés professionnelles qui offrent des débouchés, et communautés locales. Il devrait aussi et surtout comporter un investissement en recherche et formation, offrant aux professionnels un éclairage constant sur les résultats de leur travail. Changer le système par intervention autoritaire ou en plaçant l'école sous la coupe de représentants des parents ou de la communauté politique locale semble tout aussi inacceptable. Nous avons besoin de médiations forçant les parties à échanger. Autrefois, ces médiations étaient d'une certaine manière assurées dans l'école de village ; le maître jouait un rôle essentiel au sein de la communauté, mais en même temps, il était obligé de tenir compte de ses vœux et de ses réactions. Ces médiations existaient à un autre degré dans les petits systèmes que constituaient les lycées bourgeois et que constituent encore aujourd'hui les grandes écoles spécialisées et particularisées. L'universalisation du système égalitaire a presque partout brisé ces modèles d'échange impossibles à rétablir. L'investissement en recherche et en formation décentralisées pourrait seul permettre d'offrir un substitut suffisamment stimulant. Nous devons explorer les conditions qui permettraient, grâce à la connaissance, de faire apparaître des comparaisons et de renouveler ainsi la quête de qualité.

Je reviendrai, au chapitre suivant, sur la signification, pour la constitution d'un État modeste, de cet investissement dans la qualité qui devrait devenir notre préoccupation première dans la conquête de la modernité.

Le système de santé, quant à lui, est encore dominé en théorie par le client, mais c'est un client peu responsable, assuré qu'il est de ne pas avoir à supporter le coût de ses demandes. La régulation de l'ensemble est en fait assurée depuis longtemps, comme en matière d'éducation, par les coutumes internes aux professions médicales. Dans le passé, le corporatisme élitiste présentait au moins l'avantage, comme celui des grandes écoles, de limiter les coûts d'une part, de maintenir d'autre part, avec le client, un rapport humain porteur de sens. Ces régulations tendent à perdre de leur force, du fait de la spécialisation et de la scientificité croissantes de la médecine, du fait aussi de l'universalisation du système égalitaire de protection sociale et de la part prise dans le fonctionnement de l'ensemble par un système hospitalier de plus en plus coûteux.

Toutes sortes de tentatives ont été lancées çà et là pour recréer des régulations humaines dans un cadre et à un niveau plus locaux et plus humains : cliniques coopératives, organisations locales de santé *(Health Maintenance Organizations)*, tandis que la rationalisation des activités hospitalières était poursuivie de façon spectaculaire par de très grandes organisations capitalistes de gestion aux États-Unis, par les voies administratives du budget global en France. Les transformations opérées de façon technocratique ont beau avoir été souvent spectaculaires, elles n'ont pas toujours été convaincantes, dans la mesure où elles se sont généralement accompagnées d'une nouvelle perte de sens pour le patient, et, finalement, au second degré, pour les médecins eux-mêmes. Les HMO américaines avaient suscité beaucoup d'enthousiasme parmi les pionniers d'une forme plus coopérative de médecine, plus à l'écoute des problèmes de l'homme « global ». Les résultats obtenus au bout d'une dizaine d'années ne sont pas à la hauteur de ces attentes. Aucun domaine ne justifierait mieux un très important et persévérant investissement dans des analyses de systèmes permettant de découvrir de nouveaux éléments de régulation et de renforcer ceux qui existent toujours et que les réformateurs négligent.

Les travaux d'ordre statistique ou purement économique sont certes nombreux, mais leur contribution réelle est, de ce point de vue, généralement de peu d'intérêt. Des recherches portant sur les différents systèmes de soins actuellement en vigueur, sur leurs contraintes, leurs dérives et leurs capacités d'adaptation et de transformation seraient pourtant décisives pour sortir des cercles vicieux dans lesquels nous nous débattons aussi bien pour ce qui concerne l'aliénation des patients que la dérive des coûts. Derrière l'uniformité théorique actuelle d'un modèle égalitaire, on a en effet tôt fait de découvrir des variations extraordinaires dont l'examen permet de relativiser à la fois les critiques et les ambitions des réformateurs.

Au lieu d'essayer de contrôler les médecins en leur imposant des structures contraignantes et en les soumettant à des formules même indirectes de contrôle de gestion, ne serait-il pas plus efficace, à terme, de les associer à un effort de recherche véritablement ouvert dont ils pourraient avoir au moins en grande partie la responsabilité et qui en ferait des partenaires actifs du changement ? Ne serait-il pas sage d'associer également à ces programmes de recherche les professions infirmières et même les malades, afin d'organiser sur des bases plus larges un dialogue actuellement difficile, sinon impossible ?

Le troisième domaine sectoriel, celui de l'assistance aux très nombreuses personnes victimes de la misère ou handicapées, est généralement ignoré. Il a pourtant pris une énorme importance aussi bien par les ressources financières qu'il mobilise que par son poids humain, social et même politique. Ce domaine est celui d'un immense système d'assistance sociale qui se régule de façon autonome et encore plus corporative. Ses membres développent une idéologie propre, qui s'éloigne en fait de plus en plus du mouvement social réel. Eux aussi sont dominés par le raisonnement catégoriel, mais, chez eux, les catégories se fractionnent encore davantage, s'il est possible. Les besoins du client sont normés et parcellisés en tranches correspondant aux spécialités bureaucratiques des professionnels. On en arrive à des dysfonctions proprement caricaturales.

En quelques années, la France a rattrapé les États-Unis pour ce qui est des complications bureaucratiques de l'assistance et du contrôle de l'assistance. La ronde des assistantes sociales peut se succéder chez les mères d'enfants inadaptés avec la même bonne conscience absurde que dans *West Side Story*, tandis que les pères se voient interdits de paternité pour sauvegarder un droit aux allocations pour parent célibataire.

Dans ce domaine comme dans tous les autres, la reconquête du sens par le développement de la connaissance est déterminante. L'antagonisme entre le besoin de protection collective des enfants inadaptés, des handicapés, des faibles et des pauvres, et la nécessaire affirmation individuelle de tous ceux qui sont victimes d'infériorités, ne peut être résolu que par une meilleure connaissance des institutions actuelles et des institutions alternatives possibles.

Tout le monde est bien persuadé que l'objectif premier des systèmes d'assistance devrait être le développement, chez les personnes ayant besoin d'aide, d'apprentissages grâce auxquels elles puissent devenir de plus en plus responsables. Or le fonctionnement même des systèmes actuels tend inéluctablement à les rendre de plus en plus dépendantes, à justement les placer dans l'impossibilité d'apprendre à devenir responsables.

Pourquoi ces systèmes sont-ils soumis à cette dérive ? Il est beaucoup plus aisé de critiquer leurs membres, dont on accusera trop facilement les orientations partisanes, que de comprendre les réalités auxquelles ils sont confrontés et réagissent peut-être mal, mais, de leur point de vue, rationnellement.

Sur tous ces problèmes délicats qui mettent en jeu nos valeurs les plus profondes, il est important de prendre maintenant du recul. Le débat idéologique doit être dépassé.

La vision égalitaire, social-démocrate, de la prise en charge par la collectivité était et reste respectable. Elle nous a apporté beaucoup. Mais elle a trop dérivé de la demande qualitative d'un sort plus humain à une réponse quantitative catégorielle orientée vers un modèle de *toujours plus*. Ses acquis doivent être conservés, mais désormais limités, afin que la demande individuelle supplémentaire puisse se reporter sur le qualitatif qui peut seul permettre la promotion de la personne. Créer des systèmes plus ouverts, suscitant une participation plus forte, un apport plus grand des clients, bénéficiaires ou victimes, est indispensable. Même si nous y mettons du temps, il est urgent que nous nous engagions dans cette voie. Au lieu de décider technocratiquement des meilleures formules, l'État modeste aura pour tâche d'aider les parties à les élaborer, à les expérimenter et à les mettre en œuvre.

En finir avec la confusion des rôles

Un principe d'organisation juridique évident s'impose, au moins depuis l'Empire romain, à tous les citoyens des pays libres : nul ne saurait être juge et partie.

Seul le Prince réussissait à y échapper, parce qu'il incarnait cette essence supérieure qui fait la société. L'État français prolonge indûment ce privilège en maintenant contre les assauts du temps sa conception exorbitante de l'Intérêt général. C'est d'elle qu'il tire son arrogance. C'est elle qui entretient la mégalomanie des politiques qui cherchent à s'arroger la responsabilité de sa conduite.

Des mécanismes d'autorégulation efficaces ne pourront vraiment s'établir que si l'État et toutes les institutions qu'il crée, protège et inspire, acceptent enfin de se plier, comme tous les citoyens, à ce principe d'organisation qui fonde les sociétés libres.

Cumuler les fonctions de réglementation et d'opération était possible dans un monde plus simple, quand les domaines d'action de l'État étaient limités. Ce n'est plus possible dans nos sociétés extrêmement complexes où la part du collectif est devenue inévitable ou nécessaire à tous les échelons. Plus la société moderne devient complexe, plus il importe, pour préserver la confiance et la capacité de coopération d'individus plus libres, de disposer d'autorités neutres, chargées de maintenir les règles du jeu, de les adapter et d'en créer de nouvelles. Les sociétés anciennes pouvaient se contenter d'un petit nombre de règles drastiques qu'une même autorité pouvait à la fois édicter et faire appliquer. Les sociétés modernes ont de plus en plus besoin de spécialiser les rôles. L'État français n'est pas neutre aux yeux des citoyens. S'il est volontiers suspecté, c'est parce qu'il cumule les fonctions de réglementation et d'opération. Ce qui passait autrefois pour un progrès suffisant — avoir créé une fonction publique honnête, un État vraiment neutre, parce que indépendant — n'est plus recevable dans un monde qui a profondément changé et où les citoyens sont devenus beaucoup plus exigeants.

Le prétexte vertueux et généralement sincère de l'Intérêt général n'est plus accepté ni par les parties directement concernées ni par la majorité des citoyens. En théorie, nous continuons encore à sacraliser l'État et à révérer les hauts fonctionnaires qui en sont les gardiens, mais nous supportons de moins en moins leur rôle dans la pratique. Ces réactions sont particulièrement marquées pour tout ce qui touche l'éducation, la santé, la protection sociale. Il est de plus en plus clair que cet État tout-puissant, devenu à la fois le premier et le dernier recours, est incapable de faire accepter ses décisions dans la mesure où ses arbitrages ne sont pas considérés comme neutres.

Si la social-démocratie des pays du nord de l'Europe a pour le moment relativement mieux résisté que notre État-providence à cette montée de critiques contradictoires, c'est qu'elle n'était pas aussi étroitement associée à un État tout-puissant et monolithique, et qu'elle acceptait plus facilement l'existence d'autorités régulatrices indépendantes. Les nostalgiques de la social-démocratie évoquent ces réussites pour nous proposer des formules moins hiérarchiques d'État social, appuyées par exemple sur les syndicats ouvriers. C'est oublier que les syndicats à la française, colonisés par l'État et vivant en symbiose avec lui, ont intériorisé ses pires travers. Le modèle de cogestion auquel l'État est parvenu avec eux en matière d'éducation, par exemple, et plus partiellement en matière de sécurité sociale, est un modèle épuisé qui ne se maintient que comme organe de soutien et écran de protection pour l'affirmation étatique de l'Intérêt général. C'est aussi refuser de reconnaître que la social-démocratie classique des pays nord-européens est elle-même à bout de souffle, car elle ne peut échapper elle non plus à l'irresponsabilité, à la confusion et à la perte de sens auxquelles mène nécessairement, au-delà d'une certaine limite, la poursuite indéfinie de l'égalitarisme catégoriel.

Il n'est plus temps de rêver aux miracles des formules magiques telles que la cogestion ou la nationalisation non étatique. L'esprit public français est mûr pour un désengagement de l'État, pourvu que le caractère neutre du service collectif soit sauvegardé.

Peut-être, à cet égard, n'a-t-on pas pris assez conscience des changements considérables qui se sont accomplis, notamment au cours de la dernière décennie. C'est particulièrement net en matière télévisuelle et en matière constitutionnelle, mais le mouvement est général.

Le succès des commissions régulatrices et du Conseil constitutionnel devrait être sérieusement médité par les hommes politiques : non que ces institutions fonctionnent sans problèmes et demeurent facilement au-dessus de tout soupçon ou de toute critique, mais parce que la réaction favorable du public à l'indépendance et à la liberté de jugement du Conseil ou de ces commissions a été d'emblée quasi unanime.

La création d'un Conseil constitutionnel, capable d'imposer des limites à la souveraineté d'un gouvernement qui peut dominer les assemblées mais doit compter avec certains principes du droit, fut un premier pas décisif. Graduellement, ses pouvoirs se sont étendus. La faveur dont jouit l'actuel Conseil montre à quel point les Français ont déjà profondément évolué sur ce point. Nous ne sommes là qu'au tout début d'un changement aussi profond qu'indispensable. Dans un pays moderne, extrêmement complexe, où la demande de liberté et d'affirmation personnelle des citoyens se manifeste avec force, la conjonction politique temporairement dominante ne devrait pas, pensent-ils, avoir le droit de décider de l'avenir de façon irréversible, et pas davantage le complexe techno-bureaucratique qui a la responsabilité d'exécuter ses décisions. On peut imaginer que, dans un proche avenir, des sujets de contentieux aussi pénibles que celui du découpage électoral échapperont à l'Assemblée et au ministre de l'Intérieur et que des commissions de magistrats procéderont au redécoupage périodique exigé par les changements démographiques. Le choix du mode de scrutin lui-même pourrait être retiré à des majorités qui n'apparaissent pas, aux yeux des citoyens, comme représentant l'Intérêt général, mais comme l'expression d'intérêts partisans qui ne sauraient être à la fois juge et partie.

Si je cite ces problèmes fondamentaux de droit constitutionnel que je n'ai pas le loisir de traiter ici, c'est parce que les réactions significatives des Français en faveur de régulations autonomes qui ne soient plus assurées par l'État exécutif souverain — ce pouvoir qui « ne se divise pas » — sont tout à fait révélatrices des tendances profondes de la société, beaucoup plus en accord avec l'évolution du monde que ne peuvent l'être aujourd'hui les pratiques et l'idéologie politiques et administratives.

L'évolution est encore plus marquée en matière audiovisuelle. Il n'est, pour s'en rendre compte, que de relire les arguments employés aussi bien par l'État giscardien que par l'État socialiste pour défendre leur situation prépondérante dans un domaine qui nous paraît pourtant relativement simple, celui des radios. L'État réglementeur, accordant des fréquences, l'État opérateur-technicien, pouvant utiliser des arguments techniques pour limiter leur nombre, l'État monopoleur, défendant son système public, et l'État financier, utilisant tous les moyens pour maintenir son contrôle sur les périphériques, ont été constamment — et, si j'ose dire, joyeusement — confondus par les gouvernants. Avec le recul du temps, leur stratégie de retardement commence à apparaître comme un des plus extraordinaires témoignages d'archaïsme de notre pays.

En matière télévisuelle, il est vrai, les Français soupçonneux — après tout, on les comprend — sont encore loin d'accorder toute confiance à la Commission nationale de la communication et des libertés[1]. Une telle confiance serait pourtant indispensable pour que se développent graduellement des régulations plus acceptables, débarrassant l'État et le système politique de cette responsabilité absurde — avoir à assurer la neutralité de l'information — qui les paralyse plutôt qu'elle ne les sert. Il reste que, sans vraiment nous en rendre compte, nous avons déjà franchi un grand pas : les fonctions de réglementation, les fonctions techniques et les fonctions opérationnelles sont en passe d'être effectivement séparées.

Peut-on penser utiliser des moyens semblables en matière d'éducation, de santé, de protection sociale ? Si différents que soient les problèmes, il me semble qu'il est possible de découvrir pour chacun d'eux l'intérêt de mécanismes de distanciation semblables.

Si l'on veut continuer à pouvoir gouverner des ensembles humains aussi complexes et sensibles aux pressions que ceux-là, il faut éviter que les gouvernants, à travers l'État qu'ils incarnent, soient responsables, donc vulnérables aux accidents de l'exécution. Tous les pays modernes, par des voies différentes, cherchent à trouver des solutions à ces difficultés. La solution la plus drastique a été imposée en Suède : les ministères ont été réduits à des cellules de préparation, de recherche et d'évaluation de la législation et de la réglementation. Les tâches d'exécution, elles, ont été confiées à des agences autonomes dont le siège a même été établi, dans certains cas, loin de Stockholm. Cette séparation entre l'État réglementeur et l'État exécutant est fondée sur l'idée que le système administratif a trop d'intérêts en jeu pour être un juge impartial à la fois dans la réglementation et dans l'application. En opérant cette séparation, on développe la confiance aussi bien dans le processus réglementaire que dans le système d'exécution. On rend possible la collabo-

1. La suite des événements a montré à quel point ma formulation était un euphémisme. Les mêmes problèmes se posent à nouveau, bien qu'à un degré moindre peut-être — espérons-le — avec le CSA.

ration entre les citoyens qui reçoivent les services et les administrations qui les fournissent.

A cette évolution possible, on objecte que pour élaborer une bonne réglementation, il faut avoir le contact direct avec le terrain. C'est tout à fait exact, mais le contact hiérarchique n'est pas pour autant le meilleur instrument de connaissance, il tend à fausser totalement les perspectives. Dans les systèmes complexes, d'autres voies de connaissance sont possibles qui doivent désormais recevoir priorité.

De tels raisonnements pourraient par exemple permettre de réaliser la transformation si attendue et si indispensable de ce système stérilisé par le corporatisme et la bureaucratie qu'est devenue l'Éducation nationale. Ce ministère parfaitement monstrueux est tout à fait incapable de gérer raisonnablement son million de fonctionnaires. Nécessairement et absurdement responsable de tous les détails, il ne peut ni innover, ni guider, ni animer. Un nouveau découpage des rôles et des fonctions est indispensable pour pouvoir seulement commencer à réfléchir à d'autres moyens de gouvernement, reposant sur des régulations plus humaines.

Il en est de même pour des systèmes comme la Caisse nationale et les organismes cogérés de la Sécurité sociale, l'Assistance publique de Paris, la Direction des hôpitaux, le système des DDASS[1], gouvernés par des bureaucraties tout aussi importantes qu'elles sont théoriquement toutes-puissantes, et dont on ne sait si elles réglementent, coordonnent, supervisent ou exécutent une politique.

Mais que va devenir, si l'on s'engage dans cette voie, le souci de l'Intérêt général ? En posant cette question, je pense plus particulièrement aux réactions de tous ces fonctionnaires sincèrement dévoués au bien public qu'ils servent avec conscience, sinon toujours avec passion, et dont je respecte infiniment le dévouement.

1. Directions départementales de l'action sanitaire et sociale.

Je suis plus profondément d'accord avec eux qu'ils ne le croient, à la fois sur la nécessité de maintenir dans une société le sens de l'Intérêt général et sur l'importance qu'il y aurait à ne pas sacrifier le capital de pratiques et de sentiments accumulés en France autour du service de l'État.

Mais cette reconnaissance du passé et de ses mérites ne doit pas nous conduire à vouloir maintenir, dans un avenir totalement différent, des formes de service désormais inadaptées. La fidélité à la tradition me semble exiger au contraire que nous renouvelions ces formes qui, dans le contexte actuel, tournent à la caricature.

L'Intérêt général ne peut plus être désormais dégagé de la même manière par des castes de fonctionnaires coupées du commun des mortels. Regardons l'évolution des entreprises : les patrons, champions traditionnels de l'autorité, sont en train de découvrir qu'on peut de moins en moins gouverner par le biais des règles et des ordres hiérarchiques. Les subordonnés ne supportent plus les ordres, tout le monde étouffe sous l'amoncellement de règles qui n'obtiennent la conformité aux objectifs qu'au prix de la suppression de toute initiative. C'est en mettant à profit l'évolution des mœurs et de la culture qu'on en vient à libérer les potentialités des employés pour mieux réaliser l'intérêt commun. Est-ce que cela implique un effacement de la direction ? Absolument pas. Cela exige de travailler encore davantage, mais autrement.

C'est à travailler autrement qu'il faut convier aussi nos hauts fonctionnaires et nos politiques. Ils devront abandonner leur arrogance de détenteurs virtuels de la vérité pour jouer le rôle de pourvoyeurs de connaissances et d'information, de faciliteurs de contacts et de coopération. Il faut enfin — et peut-être d'abord — qu'ils investissent largement dans les domaines essentiels dont dépend l'avenir de notre société : la qualité des institutions de recherche et de formation qu'ils gèrent, la méthode intellectuelle qu'ils emploient, une transformation de leurs modes d'organisation et de gestion qui leur permettra de se mettre enfin à l'écoute et au service de ces citoyens qui constituent par eux-mêmes la composante première de l'Intérêt général [1].

1. Ces idées, qui paraissaient encore parfaitement utopiques, commencent petit à petit à faire leur chemin. Des expériences de recherche et de formation ont été menées avec un plein succès dans des organisations hospitalières. La direction des hôpitaux a accepté, par exemple, de faire travailler des groupes de responsables hospitaliers sur ces nouvelles approches.

7

Le problème de la qualité

Le règne de la logique de la quantité est terminé. Pour une société moderne, le plus important est désormais l'investissement dans la qualité. Le rôle de l'État sera décisif en ce domaine, à la fois parce qu'il contrôle la majeure partie des moyens culturels nécessaires au développement de la qualité, et parce qu'il est lui-même un immense conglomérat de services qui ne peuvent réussir que s'ils donnent priorité à la qualité.

De la part de l'État, la qualité exige d'abord un investissement dans la transformation des élites, c'est-à-dire dans la revigoration des universités et des grandes écoles.

L'affaissement de la recherche française, parallèle à celui de l'enseignement supérieur, demande un effort d'une aussi grande ampleur. Il doit consister avant tout dans l'ouverture d'un système bureaucratique qui étouffe.

Il est plus difficile de transformer les structures de l'enseignement primaire et secondaire. On ne changera pas l'école contre les enseignants. Les réflexes de défense de l'ancien système bureaucratique et syndical ont été réveillés par les erreurs des néo-libéraux. Il est essentiel qu'un investissement en recherche et en formation largement décentralisé puisse renouveler les perspectives des enseignants avant qu'on ne cherche à stabiliser de nouvelles formes « expérimentales » d'organisation scolaire.

La nature du problème

Il n'est pas de problème plus important pour une société développée, pas d'investissement plus décisif que ceux de la qualité. Un pays comme la France n'a pas d'autre chance dans l'avenir. Que ce soit dans la compétition économique, dans le développement social ou dans la richesse culturelle, c'est sur ce point que tout va se jouer.

Le terme que j'emploie est vague à dessein. Mais il ne s'agit pas dans mon esprit d'une formule rhétorique. La résurgence du concept de qualité dans le débat public n'est pas seulement une affaire de mode. Elle est le signe d'un retournement de conjoncture dont l'importance n'est encore ni appréciée ni reconnue, mais qui apparaîtra avec le temps comme un des tournants majeurs de notre civilisation.

Nous avons vécu pendant deux siècles dans une logique économique et sociale de plus en plus dominée par la quantité : c'était la logique de la société industrielle. Cette logique avait eu beaucoup de mal à s'imposer, en particulier dans un pays comme la France. Mais elle parvint graduellement à éroder, pervertir et restructurer toutes les institutions traditionnelles de l'Occident. Ce ne fut pas par hasard ; la logique de la quantité avait alors deux vertus décisives : elle permettait enfin de rompre les cercles vicieux dans lesquels se débattaient les sociétés européennes gouvernées par la loi de Malthus ; elle constituait en second lieu une force irrésistible pour la démocratisation de la société. L'ère de l'expansion indéfinie s'ouvrait à partir du moment où, grâce à la production en série, on pouvait baisser les prix et trouver toujours de nouveaux consommateurs, mais c'était aussi, à terme, la fin des barrières sociales. Une fois le *take-off* accompli, la production de masse appelait la consommation de masse, l'accroissement rapide du niveau de vie de l'ensemble de la population, et, à terme, l'accès des plus démunis au standard de vie urbain.

Le règne de cette logique est révolu. Non que nous devions revenir à la logique du modèle préindustriel, mais parce que ce n'est plus la logique de la quantité qui entraîne désormais le développement. Au cours des cent dernières années au moins, la clé du développement a été l'organisation de la production de masse : parvenir à la quantité permettait, dans chaque domaine, d'effectuer la percée grâce à laquelle l'industrialisation allait s'accomplir. Certes, c'est la technologie guidée, nourrie par la science, qui, en dernière analyse, constitua le moteur du changement. Mais le temps de latence entre la découverte scientifique et son utilisation restait considérable. Et ce qui faisait la différence et valait le succès, c'était la capacité à penser cette utilisation en termes de quantité. L'invention de Ford n'est pas le moteur à explosion, c'est la chaîne de production.

La société française a longtemps résisté à la pénétration de ce modèle. Elle s'en accommodait certes, et l'utilisa même à fond dans certaines activités comme l'automobile où, dès le début des années 20, quelqu'un comme André Citroën entraîna toute l'industrie avec son modèle de petite voiture produite pour la consommation de masse. Mais, dans son ensemble, elle résistait, et ce n'est que dans les trente ou quarante dernières années qu'elle s'y est lancée à fond. C'est juste à ce moment où les technocrates français s'étaient mis à croire que la quantité finit par générer naturellement la qualité — dont il n'y avait donc pas lieu de s'occuper — que les termes du problème changèrent radicalement.

Le déclin du modèle industriel est en germe dès l'arrivée de l'automation. Mais c'est la mutation accélérée vers les services, la révolution de l'informatique, puis des communications, enfin la montée d'un développement autonome de la haute technologie, qui vont, sans qu'on s'en rende bien compte, infléchir suffisamment les données du problème pour qu'on puisse oser parler maintenant d'un basculement. Comme toujours, et plus encore peut-être aujourd'hui, les lignes de force s'entrecroisent. Beaucoup de ce qui a été appris dans le modèle industriel, notamment en matière de gestion, demeure. Mais l'accent a déjà changé, et on peut prévoir que la distance s'élargira de plus en plus. Certes, les services aussi doivent rationaliser et voir grand. Toutefois, la clé de leur succès n'est pas dans cette rationalisation, mais dans la qualité du modèle de service offert. Si cette qualité est atteinte, la quantité suivra. Si la « frontière » du *Hi-Tech* est si importante, ce n'est pas parce qu'elle va produire par elle-même les grands nombres, c'est parce que ses modèles vont permettre le renouvellement des productions de masse. Or cette « frontière » est peuplée d'inventeurs et d'entrepreneurs d'une autre nature que les hommes de l'organisation du modèle industriel. Ils ne pensent pas d'abord quantité. Non qu'ils s'en désintéressent : mais la quantité viendra *après*, naturellement, pourvu que les solutions scientifiques et techniques répondent au problème humain.

C'est par la qualité qu'on peut réussir dans le *Hi-Tech* et dans les services. C'est par la qualité qu'on peut dominer la complexité. C'est par la qualité qu'on peut retrouver ou maintenir du sens au sein de relations complexes. Il ne s'agit pas là d'un retour à la qualité du modèle préindustriel : la qualité ancienne était liée à un système stable, à la fois cloisonné et hiérarchique, elle était mesurée par la rareté et rehaussée par l'exclusivité, elle était le produit d'une culture du raffinement par l'exclusion. La civilisation de la quantité n'a pas fait disparaître entièrement ce modèle, qui subsistait comme un contrepoint indispensable. Le mouvement actuel ne s'appuie absolument pas sur cette tradition, même s'il peut partiellement se ressourcer auprès d'elle. La qualité que nous recherchons aujourd'hui est la qualité pour tous, qui ne repose plus sur l'idée d'exclusivité et de barrière, mais sur l'excellence du service, laquelle se mesurera au propre succès du client dans l'usage qu'il en fera. La qualité comme moteur de la société postindustrielle, c'est aussi bien la recherche de l'excellence du produit technique que le développement d'une relation plus productive avec le client. Les percées ne se feront ni sur la compréhension des économies d'échelle ni sur la vente avantageuse d'un produit exclusif que son prix met à l'abri d'un usage vulgaire, mais autour des extraordinaires possibilités de mutations technologiques ouvertes par la science et autour des capacités infinies d'apprentissage des êtres humains.

Qualité, soin, attention, compréhension sont, dans les deux cas, plus importants pour la rentabilité à terme que les formules sophistiquées de contrôle de gestion. Ce qui implique un changement dans les rapports humains et un changement dans l'échelle des valeurs. Tout ce qui est collaboration, relation de symbiose, intégration doit être revalorisé par rapport à la contribution individuelle étroitement mesurée. Ce qui implique aussi une autre vision de la justice sociale : tout ce qui est acquis du grand mouvement vers plus d'égalité demeurera, mais le moteur du changement social ne peut désormais plus être la revendication d'égalité — c'est la demande d'engagement, de participation, de *reliance* et de sens. L'égalité, notion quantitative, n'a plus de signification ni de portée réelle à partir d'un certain seuil. Indispensable en deçà de ce seuil, elle devient contre-productive au-delà, et c'est la revendication de qualité humaine qui va la relancer.

Si l'avenir appartient à ceux qui sauront tirer parti de cette conjoncture nouvelle qui va désormais dominer nos sociétés, il est bien évident que les priorités d'investissement doivent aller à toutes les activités, à tous les moyens qui permettront et faciliteront le développement de la qualité.

Mais que peut vouloir dire investissement dans la qualité ? L'investissement a été tellement perçu comme un phénomène matériel que l'idée qu'il puisse s'exercer sur de l'immatériel paraît contre nature. Or c'est avant tout de cela qu'il s'agit : investissement dans la formation des hommes, dans l'organisation des rapports humains, dans le renouvellement des institutions ; investissement aussi dans la recherche, c'est évident, mais pas dans les machines ou les programmes, qui représentent le court terme, plutôt dans les hommes de science qui sont l'espoir du long terme [1].

Donner priorité à l'investissement dans la qualité est beaucoup plus difficile qu'il n'y paraît. Cela requiert un énorme effort financier, certes, mais aussi et surtout une transformation des modes de pensée, des habitudes mentales, des échelles de valeurs.

Dans un pays comme la France, cette orientation ne saurait être prise sans que l'État joue un rôle décisif. D'abord parce qu'il contrôle directement ou indirectement la majorité des services qui constituent notre plus gros investissement de société en ces domaines : recherche, éducation, santé, services sociaux. Ensuite parce qu'avec ses deux millions et demi de fonctionnaires il constitue lui-même la plus importante organisation de services directement susceptibles d'une révolution de la qualité. Enfin parce que son poids bloquant, dans l'ensemble économique et culturel français, est tel que sa transformation est indispensable.

L'État modeste doit investir dans la qualité aussi bien que dans les nouvelles régulations de la société. L'une ne va pas sans les autres. La qualité du service apporté contribue au développement de régulations plus efficaces. Cette qualité du service ne peut se développer sans un investissement dans la qualité humaine des fonctionnaires.

Immense ambition qui ne va pas sans risques, car l'État à la française aurait naturellement tendance à décréter la qualité comme il décrétait le taux de croissance, et le bien en général [2]. La qualité moderne exige au contraire la modestie. La réussite ne pourra donc être acquise

1. Certaines grandes entreprises le constatent dès maintenant : leurs investissements immatériels correctement calculés apparaissent déjà aussi importants du point de vue financier que leurs investissements matériels.

2. Voir Michel Matheu, *op. cit.*

qu'au prix d'une profonde reconversion intellectuelle[1].

Si, pour la quantité, ce sont les chiffres qui comptent, pour la qualité, ce sont les hommes et l'usage qu'ils font de leur liberté. L'investissement dans la qualité est donc d'abord un investissement dans la liberté des hommes, autrement dit dans les moyens culturels qui leur permettront d'en tirer parti : éducation, recherche, formation, développement culturel. Dans cette perspective, la première réflexion doit porter sur l'enseignement supérieur et la recherche, car la nouvelle conjoncture les désigne comme les domaines clés de l'investissement : non qu'ils soient nécessairement plus importants en eux-mêmes, mais parce que la réussite des investissements dans ces secteurs conditionne les possibilités de réussite dans les autres.

Vers un élitisme ouvert

La qualité, ce sont les hommes. Mais les hommes sont différents et inégaux dans leurs capacités de développement. Investir dans la qualité, c'est donc investir dans les différences entre les hommes, et c'est ainsi se rendre coupable de ce qui apparaît comme un crime à beaucoup de Français, pas seulement à gauche : l'élitisme. Depuis vingt ans au moins, notre société recule, horrifiée, devant toute accusation de cet ordre qu'une gauche politique a accréditée par ignorance et démagogie.

Si cette accusation porte, c'est qu'elle n'est pas absurde. Les Français se plaignent à juste titre de souffrir d'un système de castes par trop étroit, sinon oppressant. Mais il ne s'ensuit pas que les élites doivent être supprimées ou même rabaissées. Il n'est pas de société sans élites et le

1. Les analyses que j'ai menées par la suite dans le monde des entreprises sont tout à fait convaincantes à cet égard. Les patrons qui réussissent dans ce domaine sont modestes. Voir *L'Entreprise à l'écoute*, *op. cit.*, p. 121.

développement d'une société plus libre, plus efficace et plus démocratique dépend de leur qualité. Investir dans des élites étroites est conservateur, réactionnaire même ; mais investir dans la qualité des élites de demain en sorte qu'elles deviennent plus ouvertes et jouent mieux le rôle de découverte, d'entraînement, de développement qu'elles seules peuvent assumer, est indispensable non seulement à la réussite économique d'une société, mais à son développement social.

Pour un pays comme la France, l'investissement dans la qualité est d'abord un investissement dans la transformation de ses élites. Ce n'est pas en les restreignant, en les punissant, en les contrecarrant, qu'on ouvrira l'avenir, au contraire. Plus on les punit, plus on les restreint, plus on a de chances qu'elles réagissent en se fermant, qu'elles utilisent la situation qui leur est faite pour se créer des rentes et des monopoles. L'égalitarisme stupide de notre système bureaucratique a été paradoxalement la raison première du maintien et même du renforcement de ce système de castes archaïque dont nous nous plaignons.

Nous devons reconnaître le besoin d'élites, investir dans leur développement justement pour faire éclater ce système qui nous empêche de tirer parti de tout notre potentiel.

Mais pourquoi commencer par l'enseignement supérieur ? Tout simplement parce que c'est lui — grandes écoles, universités — qui constitue désormais le creuset où se forment nos élites. La majorité des réformateurs et des spécialistes de l'éducation croient encore que, les modèles profonds qui commandent le comportement se fixant très tôt, il faudrait, pour changer l'éducation, commencer par le commencement, autrement dit par le primaire. La vision de ces militants, dont j'admire au demeurant la générosité, me semble fondée sur une idée fausse, à la limite absurde, qui doit être réfutée parce qu'elle joue un rôle considérable dans notre système d'éducation : à savoir l'idée du pédagogue tout-puissant qui modèlerait la personnalité de ses élèves, qui serait responsable de la fabrication de l'homme de l'an 2000 ou 2050, etc. Les enseignants jouent certes un grand rôle, mais ils doivent être rappelés à la réalité, c'est-à-dire à la modestie. Si importante qu'elle soit, leur part n'est pas nécessairement première, elle est surtout indirecte. Ils ne fabriquent pas les citoyens de l'avenir à la commande des programmes, ni même, comme le croient souvent leurs critiques de droite, en fonction de leur idéologie. Ils jouent leur rôle dans une évolution sociale qu'ils ne contrôlent pas, et ce rôle est déterminé par les valeurs intériorisées au cours de l'éducation qu'ils ont eux-mêmes reçue. Ce qui nous ramène à l'enseignement supérieur, aux qualités et aux valeurs qu'il transmet.

On ne changera pas l'enseignement français de base tant qu'on n'aura pas créé avec et pour les enseignants des foyers actifs de renouvellement de leurs capacités et de leurs valeurs. Ces foyers ne peuvent trouver leur place ailleurs que dans les universités. Pour paraphraser le proverbe chinois, si le poisson pourrit par la tête, c'est par la tête qu'il pourra se régénérer.

Généralisons. L'enseignement supérieur est désormais la clé du système social français, comme l'enseignement secondaire classique était la clé de la société bourgeoise de 1900 telle que l'analysa magistralement le logicien Goblot[1]. C'est là, en effet, que va se nouer notre système d'élites, sur lequel se modèle instinctivement toute la société, même si — et peut-être surtout si — elle le combat.

Que l'on veuille réformer ce système pour ouvrir la société, la démocratiser, ou que l'on veuille investir dans la qualité pour répondre au défi du monde moderne (ce qui en fait revient à peu près au même), il convient d'abord de reconnaître cette réalité et de forcer la société à la reconnaître : l'enseignement supérieur est fait pour former des élites. Si l'on ne veut plus d'élites, il faut

1. Edmond Goblot, *La Barrière et le Niveau, étude sociologique de la bourgeoisie française moderne,* Paris, Alcan, 1925.

supprimer l'enseignement supérieur. Lui interdire d'être élitiste, c'est vouloir l'empêcher de jouer son rôle.

Le débat doit porter sur les meilleurs moyens de lui permettre de dépasser l'actuel système de castes et de former des élites plus ouvertes, plus orientées vers le développement .

Théoriquement on peut penser que laisser entrer tout le monde, en garantissant la plus parfaite gratuité, est le meilleur moyen d'assurer le renouvellement démocratique des élites. Ce qui veut dire que la tâche de sélection et d'orientation devrait incomber aux établissements universitaires eux-mêmes. Mais sera-t-elle mieux remplie à l'intérieur qu'à l'extérieur ? Pas nécessairement. A certaines conditions, peut-être. Mais cela demanderait un investissement énorme dont nous resterons assez longtemps incapables. Surtout, cela va à l'encontre des régulations réelles des systèmes humains que constituent universités ou grandes écoles. Contrairement au raisonnement dominant selon lequel les bons professeurs font les bons étudiants, la recherche empirique montre que ce sont les bons étudiants qui font les bons professeurs. Un milieu étudiant mal sélectionné aura un effet étouffant sur chacun de ses membres, en particulier sur ceux qui sont culturellement défavorisés. La qualité diminuera et la sélection, jouant alors un rôle disproportionné, accentuera l'effet hiérarchique cloisonnant qui est un des éléments du système de castes.

A l'avenir, peut-être arriverons-nous à des modes d'entrée plus « démocratiques », mais, en l'état actuel de nos capacités institutionnelles, nous devons absolument nous orienter vers des établissements sélectionnant leurs étudiants, non pas pour obtenir une hiérarchie sélective, mais pour assurer la meilleure qualité de la formation. Notre système actuel remplit tant bien que mal, après tout, cette tâche de sélection que nous critiquons si fort. Ce qu'il ne parvient pas à remplir, c'est le rôle beaucoup plus essentiel de développement de la qualité. Au cours des vingt ou trente années décisives que nous venons de vivre, la gauche intellectuelle et la gauche politique ont eu en ce domaine une responsabilité considérable. En se laissant aller à une démagogie anti-élitiste qui a obscurci le débat, elles ont contribué à maintenir et à renforcer le système de castes rétrograde qui est le nôtre.

Essayons en quelques lignes de dresser un état des lieux. Ce qui frappe tout observateur étranger qui essaie de se faire une vue d'ensemble, c'est l'atonie de notre système d'enseignement supérieur. Le corps enseignant est découragé, atteint de lassitude chronique. Nulle part on ne trouve la moindre effervescence créatrice collective. Il existe beaucoup de personnalités brillantes, mais aucune institution rayonnante. Pour un pays qui bénéficie d'une des meilleures traditions scientifiques et intellectuelles et dont la jeunesse paraît tout aussi pleine de talents que celle d'autres pays, le contraste est désolant. Il est peu de secteurs où le gâchis soit aussi désastreux.

Comment est-ce possible ? Regardons de plus près le fonctionnement de notre enseignement supérieur. Il existe en fait deux systèmes profondément séparés, non concurrents mais en symbiose : celui des universités, celui des grandes écoles. Entre les deux, la hiérarchie est nette. Les universités acceptent le tout-venant, les grandes écoles sélectionnent les meilleurs. Mais, paradoxe, les meilleurs professeurs enseignent généralement dans les universités qui offrent les meilleures possibilités de carrière et dont les caciques contrôlent l'entrée dans la profession.

Le système universitaire est fondé sur l'universalisme le plus égalitaire. Toutes les institutions sont théoriquement égales, tenues d'offrir à tous le même service public gratuit, sans distinction d'origine, de sexe, de religion, ou même, à la limite, de compétence. Elles sont gérées bureaucratiquement par les services ministériels dont les critères de choix sont naturellement quantitatifs ; leurs modèles d'allocation de ressources sont fondés sur des ratios étonnamment frustes ; il leur est impossible de tenir compte des besoins d'innovation, d'expérimentation ou même de développement. Les institutions universitaires n'ont d'autonomie que formelle. On pourrait presque dire qu'elles n'existent pratiquement pas en tant qu'entités capables d'élaborer une politique et de l'exécuter, voire de prendre simplement une décision. Seules comptent les règles générales contraignantes édictées par le ministère, et la logique autogestionnaire routinière et malthusienne de chaque groupe d'enseignants. De nombreuses exceptions existent et l'anarchisme ambiant tempère quelque peu les contraintes, permettant à toutes sortes de gens de mener, un temps, de petites expériences en toute liberté. Mais la pression d'ensemble est extraordinairement forte, et elle a pour conséquence un modèle institutionnel où l'enseignant est amené à investir le moins possible dans une institution qui ne peut rien lui apporter. La titularisation des assistants à partir de 1968 a d'autre part enlevé aux professeurs de rang magistral toute possibilité de direction effective du travail étudiant. On conçoit que la pente la plus naturelle va consister, pour chacun, à tirer le parti maximal de sa liberté et de la protection autogestionnaire pour poursuivre ses affaires à l'extérieur.

Les grandes écoles ont une existence beaucoup plus affirmée. Mais elles sont fragmentées, prisonnières d'un ordre hiérarchique coutumier immuable, et, de ce fait, tout aussi non concurrentielles que les universités. Chacune est cantonnée dans un marché relativement étroit et elles fonctionnent largement ensemble comme un cartel assurant le maintien des débouchés et l'ordre de sélection. Aussi la création institutionnelle paraît-elle presque aussi difficile dans ce milieu que dans celui des universités. Si beaucoup plus d'efforts de renouvellement y sont accomplis, leur objet est davantage de préserver le rang et le prestige que d'entreprendre et d'innover.

Le constat généralement opéré sur la sclérose des méthodes, le retard des contenus et la relative indigence de la recherche ne tient donc pas du tout au manque de compétence ou de qualité des enseignants ou des étudiants, mais à la logique d'un système qui pousse les opérateurs à ne voir dans leur poste qu'une sorte de charge d'Ancien Régime qu'ils exploitent comme une rente de situation.

Dans une telle conjoncture, vouloir ordonner la modernisation des contenus et des méthodes est absurde, vouloir changer les hommes n'a pas de sens. C'est le système qu'il faut transformer. Pour qu'il réponde aux défis du monde d'aujourd'hui, c'est même à un renversement total de sa logique qu'il faut appeler.

Nous ne devons avoir qu'un seul but : la qualité, l'excellence que nous devons viser à la fois parce que c'est la seule façon de valoriser notre plus rare et plus importante ressource — l'intelligence — et parce que c'est le seul moyen de débloquer nos élites. L'expérience montre que dans des systèmes sociaux complexes comme les nôtres, seule la création d'institutions autonomes vivantes peut assurer la liberté et la responsabilité suffisantes aux innovateurs potentiels susceptibles d'y parvenir.

Aucun programme technocratique, aucune formule *a priori* ne peut réussir. Les réussites dans la qualité sont des réussites humaines qui exigent des équipes et des patrons en charge d'organisations concurrentielles fortes, capables de prendre les risques de l'innovation. Pour être efficaces, une université, un établissement d'enseignement supérieur doivent exister en tant qu'organisations vivantes et libres. S'ils ne sont que les pièces détachées d'un grand ensemble bureaucratique, ils se scléroseront rapidement, quelle que soit par ailleurs la qualité de leurs membres.

Une organisation vivante, cela veut dire des équipes, et non des agglomérats de rencontre ; un milieu orienté, animé, poursuivant des objectifs. Ce qui implique aussi des choix, de l'arbitraire, donc des patrons. La société française redécouvre les entreprises et, avec elles, finalement, les entrepreneurs. Il lui faut découvrir que l'entreprise universitaire, par bien des côtés encore plus difficile à animer qu'une autre, a autant besoin de patrons que l'entreprise privée.

L'idée fait frémir encore tout intellectuel de gauche, sans pour autant sourire au conservateur universitaire, surtout intéressé par un retour au gouvernement magistral, aussi autogestionnairement routinier avant 1968 qu'il l'est maintenant, même s'il était alors plus simple et moins coûteux. Pourtant, aucune innovation, aucune création institutionnelle n'a jamais été réalisée sans le risque de l'arbitraire humain. Nous ne renouvellerons pas autrement notre système d'enseignement supérieur. Seule façon de tempérer cet arbitraire que l'on peut et doit organiser : le souci du client à travers l'organisation de la concurrence. Ces nouvelles institutions vivantes et libres doivent être en concurrence sur l'engagement de leur personnel, sur les entrées de leurs étudiants, sur les débouchés auxquels elles préparent, sur les travaux de recherche et de conseil qui constituent leur contribution novatrice au profit du reste de la société et leur lien avec elle. A terme, elles doivent être également libres pour le contenu de leurs enseignements, leurs méthodes et leurs examens.

Cet arbitraire qui pourrait leur être consenti ne manque pas d'effrayer. Mais n'est-il pas absurde que les décisions sur tous ces points soient abandonnées, comme c'est le cas, à des bureaucrates qui, quelles que soient leurs qualités, ne peuvent qu'être incompétents ? Une décision est-elle en soi meilleure parce qu'elle est universelle, égalitaire et contraignante ? Sommes-nous encore au temps de Bossuet, quand la preuve de la vérité résidait dans son caractère universel ?

Mais quittons le domaine du souhaitable. Un tel objectif est-il seulement raisonnable ? Est-il concevable d'essayer d'y atteindre ? Sa réussite exigerait un tel renversement que, dans l'esprit français, il ne pourrait qu'être l'aboutissement de mesures contraignantes, donc contradictoires avec l'esprit du changement espéré. Je reviendrai là-dessus au prochain chapitre. Pour l'heure, je voudrais insister sur quelques éléments simples de développement.

Aucune réforme d'ensemble ne sera possible sans que l'esprit public ait profondément changé. Les possibilités culturelles d'un tel changement existent, mais, compte tenu de la résistance du système, elles ne sont pas mobilisables. La seule voie ouverte est donc la voie expérimentale de la création institutionnelle. La création de trois ou quatre universités nouvelles libres serait suffisante pour bouleverser les règles du jeu. Il est évident qu'une telle création est contraire à toutes les règles, surtout aux traditions du milieu, et qu'elle constitue un exemple d'arbitraire qui ne manquerait pas de choquer. Mais il faut aussitôt ajouter que c'est une voie bien française que d'ignorer les contraintes. La création d'une université nouvelle expérimentale à Compiègne, en 1975, est un précédent qui a parfaitement démontré la viabilité de la formule, puisqu'elle a conduit à une exceptionnelle réussite. Si son impact s'est peu fait sentir sur le système dans son ensemble, c'est que la masse critique engagée était trop faible pour être autre chose qu'une exception temporairement tolérée.

A quelles conditions des créations institutionnelles nouvelles peuvent-elles réussir ? Il faut que dans un laps de temps assez bref, trois ou quatre institutions nouvelles soient lancées pour que l'effet de rupture qu'entraîne la concurrence soit suffisamment fort pour déranger le fonctionnement de tous les autres établissements d'enseignement supérieur : fuite des meilleurs étudiants des universités, concurrence portée aux grandes écoles, pouvoir d'attraction sur les enseignants. Il faut d'autre part qu'une entière liberté soit laissée aux patrons choisis pour constituer leurs équipes administratives et leurs équipes d'enseignants, gérer leur budget et signer des contrats. Il faut enfin qu'enseignants et étudiants soient sélectionnés en vue du but d'excellence à atteindre, et qu'à travers cette sélection se créent des marchés de compétences progressivement capables de se réguler eux-mêmes.

Quelle garantie pourront avoir les enseignants recrutés sur contrat ? La garantie des contrats privés pour ceux venant du privé ; la garantie d'un possible retour au régime statutaire commun pour ceux — la majorité — venant des universités anciennes.

Qu'en serait-il du financement de telles institutions ? Il est évident que seul l'État, dans un premier temps, peut apporter le financement minimal indispensable. Mais il s'agit d'un investissement national prioritaire, qui peut d'ailleurs être partiellement allégé : d'abord par une possible participation du privé, grâce à des subventions et à des contrats de recherche et développement [1], ensuite par une bien meilleure gestion des budgets, enfin par une participation des étudiants, clients oubliés mais pourtant intéressés au premier chef [2].

Si de telles institutions réussissent, on pourra prévoir la constitution d'autres entités expérimentales à partir de la consolidation de deux ou trois grandes écoles dans un ou plusieurs ensembles de taille suffisante pour être vraiment compétitifs, et l'extension progressive, aux universités qui le souhaiteraient, du régime des universités libres.

Le problème n'est pas celui d'une loi générale instituant un régime parfait, c'est d'abord celui du mouvement, puis de la constitution d'un marché institutionnel se régulant à terme de manière de plus en plus autonome [3].

Le devoir de connaissance

Si on pouvait faire abstraction des problèmes que posent les moyens et les hommes, le seul investissement décisif

1. Ne trouvant pas de partenaires en France, de grandes entreprises françaises en sont arrivées à signer des contrats de recherche avec des universités américaines...

2. La réaction passionnelle des lycéens et étudiants à l'éventuelle instauration d'une liberté en matière de droits d'inscription est naturellement le signe d'une difficulté considérable. Mais je ne la crois pas fondamentale si le cadre de discussion et les règles du jeu viennent à changer. Peut-être faut-il d'abord prouver la valeur de ce qui est offert, et préparer soigneusement les arrangements facilitant l'octroi de bourses et de prêts.

3. Les efforts considérables menés par le ministre Lionel Jospin et son conseiller Claude Allègre ne portent malheureusement pas sur ce point que je persiste à croire fondamental.

d'une société pour son avenir serait sans conteste l'investissement dans la connaissance. Car notre capital de civilisation, cette somme de savoir-faire, de compétences, de pratiques et de valeurs partagées est fondé sur l'utilisation de plusieurs siècles de connaissances. Le changement radical de la marche du monde a accéléré ce processus et l'a rendu de plus en plus conscient. Et c'est consciemment que nous devons désormais choisir d'investir une part de nos revenus dans la recherche de connaissances nouvelles aux retombées de plus en plus rapides.

On pourrait aborder tous ces problèmes d'investissement dans la qualité à partir de cette idée force : la primauté de la connaissance. Mais, dans la conjoncture actuelle, le système de la recherche dépend du système d'enseignement supérieur, et pour en comprendre les difficultés, mieux vaut commencer, comme je l'ai fait, par analyser le système d'ensemble. En pratique, c'est par l'investissement dans la qualité des hommes, c'est-à-dire en changeant le régime des élites, que l'effort de renouvellement a le plus de chances de réussir. A condition toutefois de ne pas oublier que c'est par le développement du devoir de connaissance que l'enseignement supérieur pourra dépasser sa tendance naturelle à se figer en système de castes. La connaissance constitue sa « frontière » d'innovation.

La société française a choisi une solution institutionnelle bizarre pour assurer son investissement en connaissances : seule en Occident à faire ce choix, qui a été celui de l'Union soviétique et de tous ses pays satellites, elle a radicalement séparé les institutions de recherche des institutions d'enseignement supérieur. Cette solution présente d'énormes inconvénients, car d'une part elle appauvrit considérablement l'enseignement supérieur, qu'elle prive d'une partie de son potentiel d'innovation, d'autre part, elle tend à enfermer les chercheurs dans un ghetto et, de ce fait, à les rendre plus facilement victimes des scléroses corporatives qui affectent inéluctablement les milieux fermés.

Les réactions dogmatiques d'une partie de la droite française, qui souhaite à tout prix supprimer le CNRS ou au moins le démanteler, ne sont pas pour autant justifiées, car elles font fi de l'essentiel, c'est-à-dire de la situation institutionnelle. Il serait absurde de répartir les laboratoires de recherche dans les universités tant que celles-ci restent des non-entités soumises aux pressions contradictoires de toutes les corporations établies, et incapables d'assumer la moindre décision. Des universités expérimentales libres pourraient offrir de nouveaux supports essentiels pour la recherche, et leur orientation dans cette voie devrait être un des vecteurs — sinon le vecteur principal — de leur développement. Encore faudrait-il qu'elles existent vraiment et qu'elles disposent des moyens d'attirer les chercheurs. En attendant, les problèmes institutionnels de la recherche doivent être traités en tant que tels, sans attendre la solution miracle, mais en gardant en tête cette idée qu'une politique d'ensemble devra être menée pour conférer à la recherche un rôle central dans les universités.

Quels sont les problèmes actuels de la recherche française ? L'état des lieux est aussi consternant qu'en ce qui concerne les universités. Un corps de chercheurs vieillissant, de plus en plus fonctionnarisé, très peu de patrons, c'est-à-dire peu ou pas d'animateurs, des laboratoires et des groupes de recherche sans la moindre vie active, un système de décision partagé entre une bureaucratie bien intentionnée, mais extrêmement lourde, et un corporatisme syndical à courte vue. La décision de titulariser tous les chercheurs dans la fonction publique n'a fait qu'entériner un état de fait, mais elle a posé un obstacle juridique supplémentaire à tout changement. La logique profonde du système est celle de l'ancienneté pour les personnels, celle de la quantité pour les ressources. Les carrières se font de plus en plus officiellement à l'ancienneté. Le leadership, l'innovation, voire le mérite révolutionnaire sont reconnus à l'ancienneté ! Les pouvoirs publics, quant à eux, se contentent de surveiller les ratios. Le débat parlementaire tourne autour du pourcentage du PNB alloué à l'enveloppe « recherche ». Un bon gouvernement est celui qui augmente ce pourcentage, et le seul objectif concevable à long terme consisterait, pour les plus ardents avocats de la recherche, à passer de 2,1 % à 3 % du PNB dans les dix prochaines années.

Il est urgent et essentiel de dénoncer cette extraordinaire escroquerie. On ne fait pas de la bonne recherche à l'ancienneté, et pas davantage à coups de millions de francs lourds, même si l'expérience et l'argent sont indispensables. On fait de la bonne recherche avec de bons chercheurs et avec de bonnes institutions qui leur offrent le climat et le soutien sans lesquels ils étouffent.

La recherche française a bénéficié d'un climat plutôt favorable au cours des années d'expansion. Mais le recrutement des personnels a malheureusement été alors mal géré, sans souci des carrières et des institutions, et quand l'expansion s'est arrêtée, le vieillissement a été rapide. Il semble qu'il y ait là comme une fatalité insurmontable : tous les systèmes monopolistiques fondés sur l'impulsion technocratique du sommet ont beau marquer des points sur la lancée des premiers programmes, tous dégénèrent avec le temps en fiefs corporatifs de moins en moins efficaces. Dans le cas de la recherche française, deux ruptures successives ont provoqué le déclin rapide du CNRS : la première est celle de 1968 qui, en détruisant le système effectivement critiquable du mandarinat universitaire, a rendu de plus en plus malaisée la direction active des laboratoires de recherche ; la seconde découle de la décision, prise en 1975, d'intégrer tous les personnels dits hors statut dans le corps des chercheurs : consolidant la mainmise des organisations syndicales sur les personnels, cette décision a eu pour conséquence immédiate l'interdiction de nouveaux engagements de personnel sur contrat et l'arrêt quasi total de recrutement des jeunes chercheurs, accélérant ainsi le vieillissement et les processus de sclérose.

Peut-on revenir en arrière ? Certainement pas si l'on

entend par là qu'il serait possible d'effacer le passé. Mais une relance de la machine est concevable si l'on veut bien oublier un temps tous les problèmes de structures et de statuts pour s'attaquer aux régulations clés du système.

Premier élément de changement indispensable : organiser l'entrée régulière des jeunes dans le système. La pression des jeunes constitue en effet l'élément de perturbation indispensable qui, à défaut d'une concurrence reconnue et organisée, impossible à imposer rapidement, change les règles du jeu. Comme les postes disponibles n'existent pas et ne peuvent être facilement débloqués dans la situation de pénurie financière qui est la nôtre, la seule solution possible consiste à verser une partie des sommes considérables gaspillées dans les programmes ministériels, pour financer des bourses de doctorat à l'intention des jeunes, et à exiger que les laboratoires qui auraient la charge de les gérer forment effectivement ces jeunes à la recherche et soient jugés sur leurs résultats.

Un second élément de redressement pourrait consister dans l'organisation de la mobilité des chercheurs. L'idée de carrières de recherche à vie — la fonctionnarisation du métier de chercheur — est une idée absurde qu'aucun grand pays n'a faite sienne (sauf bien sûr les pays socialistes). Mais, ni légalement ni moralement, il n'est possible de licencier les chercheurs actuels. Il est parfaitement possible, en revanche, d'organiser leur mobilité vers l'enseignement supérieur en imposant une permutation régulière des emplois : tout chercheur étant tenu d'effectuer deux ans d'enseignement dans une université ou une grande école tous les dix ans, et tout professeur d'enseignement supérieur ayant droit à une ou deux années sabbatiques à condition que ce soit pour un objectif de recherche, éventuellement dans le cadre d'un laboratoire. Bien administré, avec l'intention de trouver des débouchés au-delà de ces permutations, un tel système peut en quelques années, si l'on y associe des firmes privées, changer pour le moins l'état d'esprit du milieu des chercheurs et rendre acceptables, par la suite, des mesures de dégagement des cadres comme, après tout, l'armée a été capable de le faire à plusieurs reprises. Pour les nouvelles générations, en tout cas, il serait essentiel que l'emploi de chercheur à vie soit supprimé. Après les bourses de doctorat — beaucoup mieux financées que les allocations de recherche actuelles[1] —, les jeunes chercheurs pourraient se voir offrir deux contrats successifs de cinq années à l'issue desquels ils pourraient postuler un poste d'enseignement ou une direction de laboratoire.

Un troisième élément de reconquête de la qualité dans la recherche française serait la constitution d'équipes, de groupes ou de laboratoires de recherche réellement autonomes, actifs, capables de prendre des risques. Des chercheurs individuels peuvent apporter beaucoup, et il n'est pas question de supprimer cette voie de développement. Mais la recherche moderne se fait pour l'essentiel en équipe, ou l'équipe constitue en tout cas le milieu de formation, de soutien et de stimulation indispensable pour le chercheur individuel. Pour que ces unités de base existent, il faut leur consentir des responsabilités réelles, fortes : formation des jeunes, gestion de leurs budgets et de leurs contrats, et, dans certaines limites, gestion de leur personnel. La liste de ces fonctions peut étonner, tant elle paraît aller de soi. N'importe quel responsable privé ou même public pense qu'un responsable de recherche exerce ces pouvoirs. Or, en pratique, il ne dispose actuellement d'aucun. Une réforme simple, qui ne demanderait aucune novation juridique difficile, consisterait à effectuer des coupes sombres dans l'administration du CNRS et à donner aux laboratoires, sur le terrain, les moyens de gérer eux-mêmes tous leurs problèmes. Cette réforme permettrait de rendre aux responsables opérationnels leurs capacités d'action et d'innovation.

La débureaucratisation du CNRS et de tous les autres

1. Lionel Jospin et Claude Allègre ont fait un premier pas important dans cette voie en revalorisant considérablement les allocations de recherche en 1989.

grands organismes de recherche devrait s'accompagner de la suppression du ministère de la Recherche en tant qu'administration autonome disposant de tous les services et budgets permettant de gérer directement des programmes. Bureaucrates blanchis sous le harnais et brillants technocrates de passage sont également incapables de programmer le développement de la recherche. Leur rôle ne peut être qu'un rôle de service et de soutien. Sous les apparences du bon ordre budgétaire, le pire gaspillage s'installe. A l'heure où les entreprises découvrent enfin les vertus de la décentralisation, qui permet à l'unité opérationnelle de base d'être en prise sur la réalité technique et sur le client dont elle est effectivement proche, il est inconcevable de prétendre diriger une activité aussi sensible et complexe que la recherche à partir des vues d'ensemble de fonctionnaires nécessairement incompétents, qui vont rationaliser leurs caprices à partir de mythes aussi fumeux que celui de la « demande sociale ».

Cette liberté donnée tout à coup aux chercheurs, et plus particulièrement aux patrons de recherche, peut effrayer des esprits habitués aux lenteurs et aux hypocrisies bureaucratiques. Mais pense-t-on qu'un fonctionnaire a moins de chances de se tromper dans ses choix qu'un praticien ? Un praticien, il est vrai, va être partial, il aura tendance à ne voir que son centre d'intérêt. Mais n'est-ce pas ce qu'on lui demande : de parier et de risquer ? Comment le contrôler, direz-vous ? Problème difficile, car, en ce domaine, les résultats ne sont pas d'emblée évidents et les marchés des compétences peu fiables. On peut y parvenir tout de même, si l'on veut bien dépasser l'Hexagone et tenir compte des communautés scientifiques internationales. La novation dont nous avons besoin consisterait à accorder la prépondérance aux membres de ces communautés dans des instances de jugement capables de préserver des errements d'un système corporatif.

Le devoir de connaissance, essentiel pour toute société moderne, constitue pour la nôtre une obligation à laquelle elle doit sacrifier beaucoup, sous peine de perdre son rang dans le monde — ce qui peut laisser indifférent —, sous peine aussi de perdre son rayonnement de société vivante, ce qui affecterait directement chacun de nous.

L'apprentissage des choix

Des élites plus ouvertes, orientées vers la qualité, stimulées par le devoir de connaissance, peuvent pleinement assumer les fonctions d'animation qu'exige le développement d'une société active et vivante. Mais la qualité ne s'arrête pas aux élites. S'il convient de s'attaquer d'abord à elles, c'est que, conservatrices, elles risquent de jouer un rôle bloquant et de freiner l'adaptation de la société. Mais aucune élite, en revanche, ne peut maintenir son action innovatrice si elle n'est portée par le soutien de la société, si elle ne reçoit aucune réponse à ses tentatives, si n'existent pas dans la société elle-même des ferments de développement.

Ces ferments existent bel et bien dans la société française. Nous pouvons avoir confiance dans les capacités d'un ensemble social resté beaucoup plus vivant que ne le croient gouvernants et bureaucrates. Un problème central n'en demeure pas moins : si la culture évolue dans un sens positif, le système d'éducation, lui, reste archaïque et constitue un ensemble paralysant. Nous touchons là une autre responsabilité de l'État à la française, qui doit être abordée en préalable dans la mesure où elle est une pierre de touche du passage à l'État modeste.

L'éducation française ne va pas bien. Notre système d'enseignement est attaqué de toutes parts. Les enseignants n'ont plus le moral, on a l'impression que le système s'affaisse. Cette situation risque même de s'aggraver si on ne se résout pas à engager un immense effort de redressement. Je voudrais toutefois essayer de dédramatiser un peu le débat. Tous les pays occidentaux développés connaissent les mêmes problèmes en matière d'enseignement. Comparativement, le système français ne va pas plus mal que les autres. S'il se porte moins bien que l'anglais ou l'allemand, il va probablement mieux que le système suédois ou le système américain. La situation, de ce point de vue, n'est pas aussi dramatique que celle de l'enseignement supérieur ou de la recherche où nous sommes vraiment en train de perdre pied et qui constitue une urgence absolue pour notre survie.

En fait, si l'enseignement français paraît aller si mal ou plus mal que d'autres, c'est surtout à cause de l'extrême disproportion entre ses prétentions et la médiocrité de ses résultats. L'enseignement français vit encore sur la prétention de l'enseignement secondaire classique à détenir les clés de la culture de l'honnête homme. Son souci d'excellence était digne d'admiration, et servit d'armature morale à la société bourgeoise que nous avons connue jusqu'à la Seconde Guerre mondiale. Cette société, qui avait des vertus qu'on a voulu trop vite oublier, a été submergée par le déclin des barrières sociales et par la démocratisation des mœurs. L'enseignement n'en continue pas moins à former en vue d'une sélection qui n'a de sens que dans une perspective de catégories sociales traditionnelles que ses membres rejettent d'ailleurs. Ses leaders se sont en outre arrogé naïvement le droit de décider du bien et du mal en matière d'évolution sociale, et rêvent de programmer, avec la formation, l'éthique de l'homme de demain.

Je caricature pour me faire mieux comprendre. Mais il y a quelque chose d'aberrant à croire que les enseignants détiennent les clés de l'avenir de notre société, alors que leur vision du monde, par la force des choses, est fortement marquée par les caractéristiques de leur propre mutation sociale et de leur culture petite-bourgeoise traditionnelle. L'idéologie politique de gauche, si importante chez eux, leur a donné un moyen facile mais dangereux de surmonter cette contradiction. Heureusement, son impact est désormais en voie d'épuisement. Mais le problème demeure. Pour contribuer à le résoudre, il me semble essentiel de ramener la contribution de l'enseignement à sa juste mesure. Elle est encore considérable et le restera, mais elle a perdu de son importance par rapport à l'énorme pression culturelle qui s'exerce à travers l'explosion des communications et par rapport au développement fantastique des connaissances. L'ambition de l'école ne peut plus être de fournir le bagage culturel qui faisait du certificat d'études primaires le ticket d'entrée dans la citoyenneté productive, et du baccalauréat le certificat d'admission dans la culture bourgeoise. Elle peut encore moins devenir la création de l'homme du XXIe siècle. Beaucoup plus modestement, elle devrait consister à donner aux futurs adultes, exposés à un bombardement de communications incessant et tenus de tirer parti des conséquences des connaissances nouvelles accumulées, les moyens de se repérer, de continuer à apprendre, et surtout de faire eux-mêmes leurs propres choix.

Dans cette perspective à la fois plus modeste et beaucoup plus difficile à concrétiser qu'il n'y paraît, les problèmes essentiels sont notamment ceux de la déhiérarchisation des modèles de connaissance et de l'apprentissage des choix. Notre système est surintégré. Tout y a sa place et doit y être à sa place, ce qui a pour conséquences que tout ce qui ne peut y être introduit se voit dénier toute valeur culturelle, que les programmes surabondants ne correspondent en rien aux capacités d'apprentissage des enfants, enfin que le seul ordre capable de s'imposer dans ce chaos est l'ordre hiérarchique des connaissances tel qu'il est sanctionné par les coefficients d'examen. Reconnaître la pluralité des formes d'excellence est indispensable pour libérer de ce carcan enseignants et enseignés. Mais cette conversion psychologique, dont la nécessité commence à être perçue [1], implique à la fois une transformation profonde du système d'enseignement (fonctionnement des écoles et des examens) et le développement d'une pédagogie nouvelle autour de l'apprentissage des

1. Le rapport du Collège de France entrevoit ce problème, mais reste encore d'une grande timidité. (« Propositions pour l'enseignement de l'avenir », *Collège de France*, 1985.)

choix personnels par les élèves eux-mêmes. Si la sélection n'est plus la mission fondamentale de l'enseignement, si la peur de l'examen ne peut plus constituer la seule force de dissuasion capable de faire travailler les enfants, un autre système doit être graduellement élaboré et mis en place, qui assure le maintien de la qualité ancienne et la promotion d'une nouvelle excellence.

De tels objectifs me semblent encore hors de portée, car en ce domaine il nous faut vivre avec un système existant dont l'énormité — 800 000 enseignants —, le poids bureaucratico-syndical et la culture sont tels qu'il ne pourra changer de cap qu'au prix d'efforts considérables, avec beaucoup de temps. Mais s'il est impossible d'agir directement, il est urgent de préparer d'ores et déjà l'action.

Quelques éléments de diagnostic sont ici indispensables. Quatre points principaux me semblent à retenir pour réfléchir à une possible stratégie :

> 1) Les enseignants sont prisonniers d'un univers catégoriel caricatural qui les cantonne, pour tout ce qui dépasse leurs responsabilités individuelles à l'intérieur de leurs classes, dans la défense des privilèges corporatifs de chacune de leurs catégories et les fixe dans un comportement infantile vis-à-vis de la bureaucratie centrale ;
>
> 2) Le système dominant les rend incapables de coopérer entre eux. L'institution intégratrice que devrait être l'école, la petite entreprise d'enseignement à taille humaine, est impuissante à jouer son rôle. Écrasée entre la bureaucratie de la rue de Grenelle, les inspections par matière et les tout-puissants syndicats, elle n'est qu'un lieu de travail où l'on a ses habitudes ;
>
> 3) Depuis au moins cinquante ans, cet ensemble extrêmement intégré — le plus étroitement intégré de tout l'univers occidental — est géré, à travers une sorte de condominium informel, par l'administration centrale et la Fédération syndicale de l'Éducation

nationale (la FEN). Ce qui signifie qu'aucun changement ne peut avoir lieu qui pourrait troubler le difficile équilibre entre les corps et les catégories. Les mêmes principes d'équilibre et de défense du *statu quo* valent aussi bien — la transposition s'est faite depuis longtemps — pour les contenus de l'enseignement. La logique des programmes, officiellement toujours qualifiés de démentiels, ne doit pas être cherchée ailleurs ;

4) Ce système intégré, hiérarchisé, est aussi monopolistique, dans la mesure où il est à peu près impénétrable à toute autorité, voire à toute intervention extérieure, y compris des parents d'élèves. Sa structuration nationale et l'absence de toute autorité intermédiaire lui sont particulièrement utiles pour repousser toute intrusion.

Si le système gardait la vigueur dont il pouvait se prévaloir il y a vingt ou trente ans, toute ambition de transformation profonde devrait être écartée. Mais il est désormais en voie d'affaissement. La victoire de l'école libre en 1984 a témoigné de la faiblesse d'une corporation que l'on jugeait encore toute-puissante dans son domaine et qui disposait en outre de l'appui total de la majorité politique. Non seulement l'esprit public dominant allait en fait contre elle, mais, malgré l'apparente solidité de son dossier juridique, elle n'est pas parvenue à mobiliser ses propres adhérents. On aurait tort de s'illusionner sur les conséquences politiques de cet extraordinaire épisode de nos luttes sociales. La société qui a plébiscité l'école libre contre la FEN ne préfère pas les écoles catholiques aux laïques. Ce que veulent les parents d'élèves mobilisés, c'est la liberté de choix, contre le carcan hiérarchique qui enserre leurs enfants. Leur réaction est une réaction saine et naturelle, sur laquelle on peut et doit s'appuyer et à laquelle les enseignants eux-mêmes peuvent être progressivement gagnés si le système est mis en recherche et en ouverture. Ce n'est certainement pas en essayant d'imposer de nouveaux statuts comme celui de maître-directeur qu'on y parviendra. Attaqué dans ses retranchements, le système peut encore se mobiliser et profiter du soutien de l'opinion qui va à tous ceux qui se révoltent contre l'autorité.

Nous ne savons plus comment enseigner, encore moins comment faire fonctionner nos écoles. Au lieu de vouloir à toute force serrer les boulons pour restaurer la logique traditionnelle, remettre les enseignants au pas de droite ou de gauche, le moment n'est-il pas venu de les engager dans un immense effort de recherche-formation auquel l'épuisement des logiques anciennes les rend désormais tout à fait ouverts ? N'est-ce pas le seul moyen de les désinfantiliser par rapport à ce monstre bureaucratique qui n'existe que dans leur imagination ? C'est par un tel effort que l'enseignement trouvera son nouveau souffle. Mais il y faudra beaucoup de patience et beaucoup de respect.

On ne peut réformer les écoles et le système d'enseignement contre les enseignants. Pour réussir l'indispensable conversion, il faut trouver le moyen d'intéresser, de stimuler et finalement de mobiliser une masse critique suffisante d'entre eux, capable d'entraîner leurs collègues.

Comment organiser une école dont l'objectif premier n'est plus la sélection, mais l'acquisition des connaissances de base et des mécanismes de raisonnement grâce auxquels les apprentis adultes pourront opérer des choix raisonnables, mais surtout apprendre par l'expérience à faire des choix pour eux-mêmes ? Nombre de modèles sont à l'œuvre en d'autres pays, assortis d'échecs et de succès. Nous sommes en retard, mais cela nous vaut l'avantage de pouvoir tirer la leçon des possibilités, des limites et surtout des conditions de la pédagogie du choix.

Cette pédagogie n'est qu'un aspect du problème. Le système d'organisation de l'école est au moins aussi important, et d'abord la coopération entre enseignants. Comment passer de l'enseignant solitaire, maître après Dieu dans sa classe, à l'enseignant membre d'un groupe ayant des objectifs et acceptant éventuellement la direction d'un responsable ? Changement difficile, mais pas du tout impossible. Après tout, d'autres secteurs de la société en ont réalisé de cette nature, qui étaient réputés tout aussi impossibles. La réflexion sur les contenus peut être relancée dans ce climat de coopération, surtout si l'on accepte des objectifs plus limités, mais qui devront être impérativement atteints. De même, une ouverture mesurée à l'environnement ne peut réussir que grâce à une coopération soigneusement organisée.

Aucun de ces objectifs ne saurait être poursuivi et le grand effort de formation-recherche ne saurait être engagé si un effort de débureaucratisation n'est pas d'abord et parallèlement mené de façon persévérante au ministère lui-même. La folie des commissions et groupes de travail corporatifs doit cesser, de même que le gouvernement par circulaires ; l'énorme bureaucratie rectorale doit être démantelée. Mais j'anticipe ici sur la stratégie et les méthodes de transformation des administrations centrales...

Une nouvelle philosophie

On l'aura remarqué : toutes ces propositions procèdent d'un même esprit, leur logique est semblable et peut conduire à les organiser dans un même discours philosophique. Ceux qui ne peuvent comprendre un raisonnement sans le rattacher à une idéologie y auront reconnu les signes d'une idéologie libérale, et certains ont dû s'offusquer de ses connotations politiques.

Je voudrais essayer de m'expliquer un peu sur ce point. Cette philosophie n'est pas nécessairement partisane. Nous partageons tous les valeurs de liberté, de qualité humaine, d'excellence. Il fut un temps où les socialistes français s'engagèrent en majorité dans une voie différente. Ils le firent de bonne foi, sans se rendre compte que leur action allait dans la pratique à l'encontre de cette philosophie : toujours plus de réglementation, une vision technocratique et primitive de l'égalité leur firent perdre rapidement le crédit que leurs élans enthousiastes en faveur du changement leur avaient gagné. Mais ils n'ont pas été insensibles à l'expérience des faits et ont reconnu l'importance de l'entreprise, le besoin de qualité et de choix individuel. Je ne leur ferai pas grief de leur découverte tardive ; leurs adversaires ont eux aussi commis leur contingent d'erreurs. Encore faut-il tirer les conséquences de ce changement général de perspective. Cette philosophie de la liberté, de la confiance dans les capacités des hommes et des groupes à prendre eux-mêmes les décisions qui les concernent est si largement partagée qu'elle peut servir de support logique aux actions de redressement.

Nous sommes tous individualistes. Nous avons divergé sur les moyens d'assurer la protection de l'individu. Mais, devant les changements fondamentaux auxquels nous devons faire face, la vision social-démocrate quantitative paraît tout aussi dépassée et inadéquate que la vision paternaliste libérale qu'elle avait remplacée.

La vision nouvelle de liberté sur laquelle les Français sont en train de s'accorder est une vision raisonnable qui répudie l'hystérie anti-autoritaire de la fin des années soixante-dix. Elle implique moins de contrôle social et culturel, moins de barrières sociales, ce qui constitue l'acquis du mouvement libertaire de gauche ; elle implique aussi moins de barrières éducationnelles et bureaucratiques, ce qui peut passer pour la contribution d'un certain mouvement libéral. Malgré les différences d'accent, nous restons dans la même philosophie. Celle-ci peut désormais se concrétiser dans le combat pour l'État modeste, un État qui ne se désintéresse pas des problèmes de la société, mais qui entend contribuer à les traiter en se mettant au service de ceux qui sont le mieux placés pour savoir le faire : les citoyens dans leurs responsabilités pratiques.

Stratégies

8

Une autre méthode intellectuelle

Une stratégie de modernisation de la société française doit d'abord porter sur le développement de ces ressources indispensables que constituent pour elle ses fonctionnaires. Ce qui paraît d'emblée le plus décisif, c'est de parvenir à changer le mode de raisonnement des élites administratives. Celles-ci commencent à se sentir en état d'infériorité dans le mouvement culturel. Vis-à-vis des modes étrangères dominantes, leurs façons de penser apparaissent de plus en plus comme archaïques. C'est par la vertu de modèles intellectuels plus modernes et plus efficaces qu'on saura les attirer et les motiver en vue d'un autre changement. Dans cette perspective, la création de cellules de préparation aux décisions dans toutes les grandes instances où celles-ci se prennent, et la formation d'une masse critique de jeunes hauts fonctionnaires de valeur aux techniques et aux pratiques de pointe en matière d'analyse de système peuvent contribuer à amorcer le mouvement.

L'État modeste commencera à entrer dans les faits quand l'analyse des faits — en particulier des faits humains, sociaux — jouira d'un plus grand prestige que le travail des cabinets ministériels.

Nécessité d'une stratégie

Un mouvement de réforme ne peut se développer qu'à partir de la vision d'un autre avenir et de l'affirmation de quelques orientations fortes. L'approche pragmatique que je défends ne signifie en aucune manière l'abandon de tels efforts « idéalistes ». Ce à quoi elle s'oppose, c'est à la traduction directe de cette vision et de ces orientations en programme de mesures justifiées par la seule référence aux principes qu'elles sont supposées mettre en œuvre. Ce qu'elle propose en contrepartie, c'est l'élaboration d'une stratégie, un choix de priorités en fonction d'une réflexion raisonnable sur les ressources, les contraintes et les objectifs.

L'approche du changement à partir d'une vision incarnée dans un programme est inéluctablement vouée à l'échec : malgré ou à cause de son idéalisme, elle débouche naturellement sur une méthode punitive de mise en œuvre de la réforme. Le problème est celui de la transformation d'un système complexe ; pour réussir, il s'agit de trouver d'autres leviers que la crainte ou même la vertu.

La première réflexion à mener doit porter sur les ressources. L'approche punitive part d'un raisonnement sur les contraintes. C'est un raisonnement rousseauiste, simpliste : l'homme est bon, il suffit de supprimer les contraintes qu'impose la société pour lui permettre de trouver tout seul les moyens de se régler. Malgré leurs plus violentes oppositions, marxistes et libéraux restent également marqués par cette philosophie (qu'ils ont empruntée aux philosophes du XVIIIᵉ siècle). Ni les uns ni les autres ne respectent la société telle qu'elle est. Ils ne veulent pas comprendre que c'est dans cette société seulement qu'ils pourraient trouver des ressources pour progresser, que le succès d'une réforme est le fruit d'un ensemble d'apprentissages, que c'est cette capacité d'apprentissage de l'homme qui rend le changement à la fois possible et acceptable, qu'autrement il n'est que tumulte, chaos, désagrégation.

La réflexion sur les ressources porte donc sur les vertus de ce qui existe déjà et sur les moyens d'en tirer parti. Elle ne présuppose pas la bonté originelle de l'homme, mais sa capacité d'apprendre et de se développer.

Reprenons la discussion sur les trois pôles d'un raisonnement stratégique : objectifs — ressources — contraintes. Le raisonnement punitif privilégie la relation objectifs-contraintes. Les révolutionnaires veulent faire sauter tous les obstacles tout de suite, alors que les réformistes se contentent d'une démarche prudente et progressive, mais les uns comme les autres n'attachent qu'une importance réduite aux ressources. Le raisonnement stratégique renverse ces données du problème : ce sont les ressources qui seront déterminantes, et non pas les objectifs. C'est en fonction de ces ressources qu'il faut sinon déterminer, du moins ajuster les objectifs. Quant au raisonnement sur les contraintes, il ne doit pas être séparé du raisonnement sur les ressources, car ce qui est ressource est souvent contrainte, tout comme ce qui nous paraissait contrainte peut inversement devenir ressource. La qualification et le tonus d'un personnel orienté vers le contrôle formaliste est une ressource décisive pour maintenir la rigueur indispensable à la sécurité des transactions, mais ces qualités deviennent contraintes pour une réforme visant à déréglementer des secteurs d'activité écrasés par la prolifération des contrôles. Le problème n'est pas de punir les contrôleurs abusifs, mais d'utiliser autrement leurs qualités. Ce qui paraît là à première vue absurde et utopique, devient parfaitement raisonnable quand on examine de près leur comportement. L'analyse de ce que l'on considère comme des contraintes permet de découvrir en même temps une possible ressource. L'extrême particularisme des diverses catégories de fonctionnaires, jalouses de leurs privilèges et prérogatives respectifs, par exemple, peut se révéler une ressource si l'on décide de revaloriser les métiers qui y correspondent en vue d'assurer une gestion plus dynamique. La transformation des contraintes en ressources pour le changement peut ainsi devenir un des éléments essentiels d'une stratégie de réforme.

Reprenons notre problème français. Nous voulons ouvrir notre société, la rendre capable de développer une dynamique économique, politique et culturelle qui permette à ses membres d'épanouir leurs potentialités dans un monde différent du cadre traditionnel de la société industrielle. De l'analyse de notre système de décision, nous tirons la conclusion que, pour réussir, nous devons viser essentiellement à transformer l'État mégalomane que nous avons créé en un État modeste, beaucoup plus intelligent, cherchant à se mettre au service de la société, non à la commander, dont la fonction serait avant tout d'aider tous les systèmes sociaux qui la composent à trouver de meilleures régulations, et à prendre la tête d'une croisade pour investir dans la qualité.

Apparaît alors la contradiction fondamentale qui nous force au raisonnement stratégique : on ne peut changer la société sans changer le rôle de l'État, sans changer le rôle des fonctionnaires. Or ceux-ci, comme tout corps constitué, sont hostiles à tout changement.

Attaquer de front les fonctionnaires qui ne veulent pas comprendre les besoins de la nouvelle modernité, leur ordonner de changer, les punir s'ils ne changent pas ne donnerait aucun résultat pratique et serait politiquement désastreux. J'ai déjà rappelé l'erreur fatale des Constituants de 1791 qui crurent pouvoir imposer sans risques leurs vues rationnelles à un clergé d'Ancien Régime complètement discrédité. En bouleversant certaines des régulations essentielles d'une société plus complexe que ne le laissaient croire leurs visions rousseauistes, ils ressuscitèrent le moribond et provoquèrent une guerre de religions qui dura près de deux siècles. Était-il possible d'agir autrement ? Je le crois, mais, puisqu'il est vain de refaire l'Histoire, rappelons-nous le comportement des socialistes français et celui des libéraux québécois sur la question scolaire. En 1960, les Québécois ont réussi, avec leur « révolution tranquille », une opération de sécularisation de la société qui paraissait beaucoup plus difficile à mener que toutes les entreprises similaires de la gauche française. S'ils ont réussi, c'est qu'ils avaient compris toute l'importance de la ressource humaine que constituaient le clergé catholique, les institutions scolaires religieuses et leurs traditions pourtant vilipendées. Ils s'appuyèrent sur elles au lieu de les agresser.

Une réflexion stratégique sur la modernisation de la société française doit d'abord porter sur les ressources indispensables que constituent pour elle les fonctionnaires. Au lieu de les rendre responsables des méfaits du système, nos réformateurs devraient réfléchir sur ce qu'ils pourraient apporter à l'effort de renouvellement.

Les ressources essentielles pour la réforme de l'État sont en effet d'abord les ressources humaines. Dans aucune autre activité de la société française, les ressources ne sont aussi négligées, sous-utilisées, gâchées même. Ce qui revient à dire qu'en mettant l'accent sur le développement et l'utilisation de ces ressources, on pourrait obtenir des résultats tout à fait inattendus. Ce devrait et pourrait être le principal levier de la modernisation de l'État.

Ces ressources, il est vrai, n'apparaissent que comme des ressources potentielles, bloquées qu'elles sont dans le système tel qu'il fonctionne. Toute cette intelligence, ce zèle, ces capacités des fonctionnaires ne servent qu'à faire tourner la machine, autrement dit, dans beaucoup de cas, qu'à renforcer la logique qui la rend si étouffante pour la société et pour eux-mêmes.

Pour qu'elles puissent être utilisées de façon positive, il faut un autre levier. On le trouvera généralement dans les difficultés et la crise même que connaissent les fonctionnaires dans l'exercice de leur métier, du fait de la transformation rapide de la société et des tensions que suscite leur indispensable adaptation. En de telles circonstances, les hommes de la base sont demandeurs et la logique dominante peut être mise en question.

Prenons d'abord un exemple général un peu abstrait : la crise qui résulte un peu partout de la contradiction entre la demande pressante de plus d'intervention étatique et l'absence de moyens pour y répondre, ou plutôt même la dégradation de ces moyens. Elle sécrète une surabondance de réglementations, arme des faibles, et une incapacité à les appliquer, de mauvaises relations avec un public à la fois excédé et soupçonneux. Croit-on que les fonctionnaires opérationnels chargés de la mise en œuvre soient heureux de cet état de choses ? Eux aussi souffrent de la détérioration du système. Ils s'évertuent à chercher et à trouver des solutions d'adaptation que les réglementations successives rendront caduques. Leur compétence, leur sens du service, leur intérêt pour le client s'épuisent dans ce cycle stérile. Ces qualités ne pourraient-elles être mises au service d'une refonte du système ? Ne sont-elles pas justement indispensables pour y parvenir ? Quelle est la contrainte qui les bloque ? Comment améliorer le rapport entre les responsables qui édictent la réglementation et les opérationnels qui auront à l'appliquer ?

Pourvu que l'on raisonne ainsi, l'objectif d'une réforme va changer, ou du moins ses priorités. La question est alors de savoir comment élaborer un système de commande qui puisse utiliser les difficultés de terrain ressenties par les seuls opérationnels pour guider les bureaux qui réglementent et les législateurs qui les placent dans une telle situation.

Mais les fonctionnaires n'ont pas seulement l'imagination adaptative de l'homme qui doit en permanence trouver une solution à des situations complexes, ils font montre également d'une grande curiosité intellectuelle qui tient à leur mode de sélection, à leur relatif divorce d'avec l'action et à la tradition « libérale » — au sens de profession *libérale* — qui a été la leur. On croit trop souvent que comprendre n'aide pas beaucoup à agir. Quand les contraintes empêchent d'agir, il est vrai que la compréhension peut n'être qu'un moyen de compensation. Mais si des opportunités sont offertes, ce qui n'était qu'un jeu stérile devient moyen d'action. Les administrateurs, les fonctionnaires qui exercent des responsabilités opérationnelles pourraient être tout à fait sensibles à l'idée qu'on peut découvrir d'autres moyens d'action que ceux, habituels, de contrainte réglementaire et de contrôle. Leur curiosité intellectuelle peut ici devenir le levier dont se servira le réformateur pour leur faire comprendre les problèmes qu'il se pose et les inciter à inventer eux-mêmes d'autres solutions.

Je reprendrai ces questions plus loin en essayant de préciser les éléments d'une véritable stratégie. Ce que je voudrais faire comprendre à ce stade de la réflexion, c'est, d'une part, qu'il existe beaucoup de ressources potentielles ; c'est, d'autre part, que beaucoup de contraintes qui paraissent insurmontables peuvent être transformées en ressources, à condition — et c'est là le problème fondamental que nous allons aborder — que les objectifs changent. Au lieu d'imposer une modernité *a priori,* on va tenter de promouvoir les meilleurs apprentissages de modernité possibles à l'intention d'hommes et de femmes dont on a besoin et dont on respecte l'expérience et la sincérité.

Une autre réflexion s'impose néanmoins ici, portant sur l'utilisation du mouvement culturel. Notre société, je l'ai déjà noté, est portée par une évolution des mentalités qui nous conduit à plus de simplicité dans les relations, à moins de hiérarchie, à moins de formalisme. Les fonctionnaires en sont profondément imprégnés eux aussi, mais cette pression qu'ils subissent ne les conduit pas naturellement aux bons choix ni aux bons apprentissages. La ligne de moindre résistance est plutôt celle du laxisme individuel et de la contrainte impersonnelle bureaucratique.

Comment créer d'autres modèles de comportement permettant d'utiliser et de développer des qualités plus humaines comme l'affirmation personnelle et l'ouverture au monde ? L'élaboration de méthodes intellectuelles différentes me semble constituer le levier capable de donner de nouvelles possibilités d'apprentissage, donc de changement.

Changer le mode de raisonnement des élites administratives

Les élites jouent partout un rôle essentiel dans le changement des sociétés humaines. Non qu'elles soient par définition les apôtres du changement, mais parce qu'elles détiennent les clés d'une possible ouverture. Gardiennes des principes et des méthodes, modèles de comportement pour les institutions qu'elles dirigent, elles peuvent donner ou refuser la légitimité indispensable au succès d'une nouvelle approche.

Dans un système comme celui de la fonction publique, leur rôle est beaucoup plus important encore du fait qu'ils ont colonisé au moins partiellement le monde de la politique et celui des affaires. Certes, ce sont les leaders officiels, hommes politiques ou hommes d'affaires qui prennent les décisions, mais celles-ci sont préparées, élaborées et appliquées par les élites administratives. De ce fait, la réussite d'un changement dépend du climat que ces élites créent autour des idées nouvelles. Il faut enfin souligner que leurs membres sont souvent les seuls agents libres dans un système bloqué, les seuls auxquels on puisse s'adresser pour introduire des innovations.

Les élites sont le plus généralement conservatrices. Qui pourrait s'en étonner ? Non seulement elles bénéficient matériellement du système, mais le pouvoir et l'influence qu'elles exercent dépendent de son maintien, et la société elle-même leur a donné mission de le conserver et de le transmettre. Pourtant, l'Histoire le montre bien, c'est par elles que les petits changements se réalisent, et à travers elles que les grands changements se préparent et s'accomplissent.

Cette ambivalence est mal comprise. Les critiques de l'ordre établi et les novateurs en général ont besoin d'ennemis et de boucs émissaires bien visibles. Ils attribuent volontiers la responsabilité des mécanismes injustes ou inefficaces qu'ils souhaitent éliminer aux élites qui dirigent le système qui les produit. D'où la force du raisonnement révolutionnaire selon lequel le changement ne peut s'effectuer que par l'élimination des élites qui incarnent l'ancien système. Cette approche guerrière séduit toujours, parce qu'elle a le mérite de la simplicité. Mais elle échoue dans les faits, car elle requiert une méthode punitive qui supprime les ressources en même temps que les contraintes.

Malgré les apparences, l'approche réformiste dominante est souvent semblable. Telle a été celle des socialistes au pouvoir à partir de 1981, au moins pendant la première partie de leur mandat, et telle a été la principale raison de leur échec. En dressant contre eux les élites des différentes activités qu'ils voulaient réformer, parce que c'était en elles, selon eux, que s'incarnait le mal à éliminer, ils solidifièrent dans la résistance les systèmes humains visés et compromirent ainsi les idées peut-être intéressantes qu'ils apportaient, que ce soit en agriculture, en médecine, dans l'Université ou la fonction publique.

Leur action dans la fonction publique fut limitée, mais riche d'enseignements pour notre réflexion. Ils recherchaient la démocratisation, l'ouverture d'un monde trop fermé, et bénéficiaient, sur cette orientation, de l'adhésion d'une majorité de Français, bien au-delà des suffrages qu'ils avaient reçus. Mais, au lieu de réfléchir à la façon de changer les comportements, ils n'eurent rien de plus urgent à faire que de vouloir réduire les privilèges des élites, démocratiser les recrutements et renouveler les hommes. L'arrivée de nouvelles couches de fonctionnaires moyens, de journalistes et de syndicalistes n'eut guère d'effets durables, car ces nouveaux venus dépendaient des élites en place pour les méthodes, la capacité d'action et même le raisonnement. Une fois épuisées les vertus de l'élan idéologique, ils s'alignèrent sur les élites anciennes, et, la dureté des temps aidant, ils durent s'effacer devant leur compétence. Quant à la démocratisation du recrutement qui devait résulter de l'ouverture de voies d'entrée nouvelles à l'ENA, elle n'entraîna, pour le temps qu'elle a duré, que des changements mineurs, sans rapport avec les polémiques passionnées qu'elle suscita, les nouveaux venus cherchant surtout à assimiler le plus vite possible les comportements du milieu prestigieux au sein duquel ils avaient la chance d'être admis.

L'action des libéraux du gouvernement Chirac s'est

révélée tout aussi inefficace. Elle visait à changer l'administration et l'État par des actions de commandos lancées par les ministres et leur entourage. Mais les membres des commandos étaient peu nombreux, mal préparés et vite récupérés par le système. De toute façon, des commandos ne sont jamais capables d'occuper un territoire. Le souvenir de leur passage s'efface vite, et l'administration demeure.

Ces exemples témoignent de la difficulté du problème, mais surtout de la dramatique insuffisance de la réflexion des hommes politiques. Le problème n'est pas de s'attaquer aux élites, de rogner leurs privilèges ou de restreindre leur rôle, mais de les faire bouger, de transformer le mode de raisonnement qui est le leur, dont elles sont à même de percevoir l'inadaptation et que les meilleurs cherchent d'ailleurs à renouveler. L'Histoire montre que de tels changements ne sont pas impossibles, que les créations institutionnelles du passé, quand elles ont réussi, ont eu cet effet. Très récemment, pour un milieu très limité mais non dénué d'importance, celui des écoles de gestion, nous avons été témoins en France d'un changement profond et rapide, conséquence d'une stratégie on ne peut plus simple : la Fondation nationale pour l'enseignement de la gestion, créée par le gouvernement Chaban-Delmas, avait pour mission d'acclimater en France un enseignement de la gestion comparable à ce qui se dispensait de meilleur à l'étranger ; malgré des erreurs et un manque de continuité, l'envoi aux États-Unis de très nombreux boursiers, l'organisation et le suivi de leur formation, le placement des anciens et le développement de la recherche ont contribué à créer un véritable mouvement qui a transformé de fond en comble le mode de raisonnement de ce milieu et a eu un impact considérable aussi bien sur les étudiants que sur le monde des affaires [1].

1. Le succès n'a pas eu, naturellement, que des conséquences favorables. Ce milieu, dont on n'avait pas pensé à assurer le renouvellement, tend à devenir conservateur.

Les élites de la fonction publique française constituent à l'évidence un milieu sans commune mesure avec celui de la gestion, dispersé, isolé et sans grande tradition. Si je cite cet exemple, ce n'est pas pour qu'on l'imite, c'est parce qu'il nous montre qu'une bonne stratégie permet d'obtenir des résultats rapides : elle crée un mouvement grâce auquel la bonne monnaie va chasser la mauvaise.

En dépit des apparences, les élites administratives françaises actuelles sont beaucoup moins assurées dans leur conservatisme qu'une analyse simpliste en termes de pouvoir tendrait à le faire croire. Elles ne sont assurément pas ouvertes aux idées nouvelles en tant que groupe. Mais on peut dire qu'individuellement, nombre de leurs membres peuvent y être vulnérables.

Un groupe, une caste, des corps, même qualifiés de « grands corps », ne peuvent en effet s'isoler du monde extérieur. Au bout d'un certain délai, l'accélération du rythme du changement entraîne la disparition des barrières de protection. L'internationalisation des pratiques et des théories en matière de gestion met de plus en plus en question les isolats intellectuels qui tenaient lieu d'abris. La pression du mouvement culturel qui oriente la société française vers toujours moins de formalisme, de distance et d'autorité institutionnelle leur fait perdre crédibilité et confiance en leurs droits. Les élites administratives continuent de régner, mais un peu par défaut. La grande pensée de la modernisation, qui leur avait permis d'incarner et de monopoliser l'Intérêt général, a perdu de son pouvoir d'attraction. Tout ce qui offrirait des possibilités de renouvellement — rationalisation des choix, politiques publiques, décentralisation — oblige à des conversions intellectuelles plus profondes, incompatibles avec le modèle intellectuel dominant. L'idéologie socialiste a pu offrir une apparence de solution à une minorité active de novateurs ; son échec a accéléré la prise de conscience d'un malaise.

Les hauts fonctionnaires français se sentent désormais en état d'infériorité intellectuelle à la fois vis-à-vis du monde du management, qui leur paraît user de modes de raisonnement plus efficaces, et vis-à-vis d'un monde international qui a énormément changé et qu'ils découvrent encore beaucoup plus complexe et sophistiqué que la bureaucratie hexagonale. Autant donc les attaques directes contre les privilèges peuvent, dans un premier temps au moins, susciter des réactions de défense et paralyser le changement, autant la novation intellectuelle que pourrait constituer l'introduction de méthodes plus modernes a des chances de créer des vocations et une effervescence nouvelles.

Qu'est-ce qui est en jeu ? Essentiellement la façon de préparer les décisions, le type d'informations que l'on recueille, les comparaisons que l'on effectue, les évaluations auxquelles on procède, et, plus profondément, les modes de raisonnement que l'on emploie. Les élites administratives françaises tiennent leur pouvoir du fait qu'elles exercent un quasi-monopole de l'expertise en matière de décision collective, c'est-à-dire de détermination de l'Intérêt général. Or leurs modes de raisonnement sont de moins en moins pertinents pour les problèmes à résoudre.

Ces modes de raisonnement sont de trois ordres : technique, financier et juridique. Pendant longtemps, la force du système français a tenu à l'équilibre qu'il a su préserver entre ces trois façons d'appréhender la réalité, suffisamment diverses pour forcer à la contradiction, à l'ouverture et au débat, et à donner ainsi au politique une plus grande liberté de choix. Chacun de ces modes de raisonnement souffrait toutefois du même défaut : il obéissait à un même modèle déductif, linéaire, rigide. Ce qui pouvait constituer une force dans un monde plus simple et fragmenté est devenu une faiblesse dans un monde plus complexe et interdépendant.

Prenons le problème du raisonnement technique incarné par les grands corps formés à l'École polytechnique. C'est un raisonnement qui ne peut échapper au modèle du *one best way* : une fois l'objectif fixé, c'est la mission et l'honneur de l'ingénieur de découvrir le meilleur moyen de l'atteindre. Il interdit donc de prendre sérieusement en compte les apports éventuels des différentes parties à la décision. Il conforte le politique national dans sa supériorité théorique, mais en le coupant de toutes racines concrètes, et l'enferme finalement dans les contraintes de la technique. Au fond de son cœur, le technocrate de gauche comme de droite refuse toute participation de non-techniciens. Les citoyens peuvent discuter des objectifs, non des moyens. Or, la réalité de la vie collective, c'est que les citoyens sont beaucoup plus compétents sur les moyens, qui font partie de leur vie de tous les jours, que sur de grands objectifs qu'ils ne peuvent appréhender qu'à travers des choix idéologiques. Le raisonnement technique à la française non seulement isole le politique, mais stérilise le débat et, surtout rend tout à fait impossible la mobilisation des ressources humaines susceptibles de changer les données des problèmes.

Le raisonnement financier paraît au premier abord plus subtil. Il a intégré, semble-t-il, le raisonnement économique moderne. Mais les financiers de l'administration française restent marqués par les traditions anciennes de contrôle de conformité qui constituent encore les principes de fonctionnement de leurs institutions de base, comme la Cour des comptes, voire même, dans une certaine mesure, l'Inspection des Finances. Leur conception de l'investissement est étroite et ils sont à peu près incapables de raisonner sérieusement sur les phénomènes d'apprentissage, de plus en plus centraux dans le développement moderne des services, de la recherche et de la haute technologie.

Le raisonnement juridique est le plus souple et le plus intégrateur, mais lui aussi reste au fond un raisonnement déductif linéaire. Il repose sur des principes abstraits — cohérence, continuité, égalité devant le service — qui incitent au conformisme beaucoup plus qu'à l'innovation. Je ne voudrais pas apparaître comme un iconoclaste : ces principes sont importants et doivent être maintenus, car ils garantissent certains aspects de l'État de droit qui fondent notre vie en société. Mais leur usage exclusif et inconsidéré, sans appréciation des limites ni du contexte, conduit à perdre le contact avec la réalité ou à ne le retrouver qu'au prix d'acrobaties. L'extraordinaire rigidité du système humain que constitue l'administration, qui paralyse toute adaptation de sa part, est due au premier chef à la domination exclusive du raisonnement juridique pour tout ce qui concerne les droits et devoirs des fonctionnaires et les relations des citoyens avec la fonction publique.

Entre ces trois raisonnements, le politique ne peut faire la synthèse. Il ne peut apporter qu'un peu de pragmatisme à court terme, ou bien des rêves idéologiques. Certes, il recueille les échos des réactions des citoyens, mais cette intrusion de la réalité est réfractée à travers le prisme d'un réductionnisme déjà surcodé. En outre, le raisonnement politique, sous l'effet de la télévision et de la pratique des sondages, tend à devenir lui aussi un raisonnement étroit, fondé sur la logique des apparences qui caractérise les relations publiques. Son pouvoir réel de synthèse disparaît. La dérive ne peut que s'accroître avec la complexité des problèmes.

C'est cette crise de complexité, tout autant que la crise économique et financière, qui met le système en question. Avec le gouvernement et pour lui, l'administration est une machine à prendre des décisions. Plus la complexité et l'interdépendance des facteurs en jeu augmentent, plus les expertises et les raisonnements professionnels séparés deviennent sophistiqués, et plus la synthèse et le choix réel deviennent finalement le domaine de l'amateurisme le plus superficiel.

Le problème n'est pas seulement français. J'ai fait allusion, dans un autre ouvrage, à la crise du système de décision américain[1]. La lecture du livre particulièrement courageux du directeur du Budget des cinq premières années de la présidence Reagan, David Stockman, offre

1. *Le Mal américain*, Fayard, 1980.

une confirmation éclatante de l'existence de ce problème, qui devrait faire réfléchir nos néo-libéraux [1]. Il reste que le malheur américain ne fait pas notre bonheur. L'inspiration qu'on pouvait tirer de la croisade reaganienne n'avait guère de sens. Il nous faut chercher notre réponse dans l'élaboration d'un nouveau modèle de préparation et d'évaluation des décisions collectives.

Des cellules de préparation aux décisions

Les crises, est-il besoin de le répéter, sont les grands moments d'opportunité des systèmes humains. C'est dans la mesure où il y a crise des modes de raisonnement dominants que des possibilités de changement peuvent apparaître. Mais l'existence de telles possibilités ne signifie malheureusement pas que les progrès nécessaires s'accompliront. Pour que les opportunités soient saisies, encore faut-il que des novateurs se révèlent à partir d'un bon diagnostic des faiblesses du système et d'une stratégie raisonnable pour en tirer parti.

Le système en question ici est le système de décision politico-administratif français et le milieu humain constitué par les membres des grands corps administratifs et techniques de l'État. Ce milieu compétent, dévoué, mais très fermé et passablement arrogant, a le quasi-monopole de la préparation de nos décisions collectives, de la direction de leur mise en œuvre et de l'évaluation de leurs résultats.

Prendre une décision collective, c'est intervenir au sein d'un système humain ou essayer de le changer. Quelle que soit l'ambition du décideur, il est bien évident que la connaissance la plus précieuse pour effectuer de bons choix est celle des particularités de ce système, de ses limites, de ses capacités à utiliser l'intervention ou à

1. David Stockman, *The Triumph of Politics, Why the Reagan Revolution failed,* Harper and Row, 1985.

accepter le changement. Or les trois raisonnements dominants que j'ai essayé de caractériser, non seulement sont incapables d'apporter une connaissance sérieuse de ces réalités, mais empêchent pratiquement le décideur d'en avoir une appréhension intuitive. Leur technicité partielle et fragmentée tend à les obscurcir d'autant plus qu'elle est toujours plus sophistiquée. Comme l'évaluation des résultats est elle-même extraordinairement insuffisante, la contribution dominante du système de décision réside dans la connaissance des mécanismes internes de l'appareil de mise en œuvre. Sourde et aveugle au monde extérieur, c'est-à-dire à la réalité du service rendu au public, l'administration tend indéfiniment à se perfectionner elle-même dans l'accomplissement de missions divorcées d'avec la pratique...

Caricature ? Certes, mais, en même temps, tendance profonde qui est à la fois la raison et le signe du malaise. Une stratégie de changement doit viser avant tout à en tirer parti, en cherchant à insérer dans les mécanismes de décision la connaissance des systèmes humains réels en question et celle des résultats de l'action administrative dans ces systèmes. J'évoquerai, dans un prochain chapitre, l'apport de nouveaux systèmes d'évaluation. Je voudrais donner ici priorité aux méthodes d'élaboration des décisions.

Si de bonnes évaluations constituent un point d'appui indispensable, la mise en œuvre d'un système d'évaluation efficace concerne un ensemble beaucoup plus vaste que la haute fonction publique, et exige d'abord un changement d'état d'esprit de celle-ci, ou du moins d'une masse critique suffisante de ses membres. Or, pour créer le mouvement nécessaire, il convient d'abord d'entraîner et même de séduire. Seul un nouveau mode de préparation des décisions peut avoir cet effet.

Que la préparation des décisions soit extrêmement mal assurée est aujourd'hui un fait assez profondément ressenti. Si l'administration paraît en général si conservatrice, non pas politiquement mais professionnellement, c'est qu'elle est très mal outillée pour aborder des actions nouvelles. Ce qu'elle fait bien, c'est la répétition d'actions déjà éprouvées, pour lesquelles elle bénéficie d'une longue expérience. Dès qu'il s'agit d'innovations, elle est dépassée. Bien sûr, c'est au politique qu'on s'en remet du soin d'avoir de l'imagination. Mais le politique n'a ni le temps ni la formation nécessaires, et les divers conseillers dont il s'entoure dans les cabinets ministériels, quelle que soit leur compétence technique, ne font qu'un travail d'amateur vis-à-vis du problème clé de toute innovation comme de toute réforme : la compréhension du système humain qui est touché et qui est en même temps acteur de la réforme. Les décisions sont finalement prises avec beaucoup de légèreté, sur des arguments rhétoriques, à la faveur d'incidents de séance au cours des interminables polémiques entre les différentes conceptions et les différents intérêts ayant accès au cercle des décideurs. Ce n'est pas que les participants soient dépourvus de qualités. C'est qu'ils manquent d'éclairage. Ils ne disposent d'aucun fait, sauf les faits comptables, les mesures internes auxquelles procède l'administration et des statistiques faussées par la vision catégorielle dominante. Ils ne peuvent en aucune manière intégrer les données qualitatives, qui sont généralement essentielles. Celles-ci n'interviennent que sous forme d'anecdotes qui peuvent certes emporter la décision, mais de façon totalement irresponsable. Rodés par cette expérience, nos hauts fonctionnaires deviennent, pour survivre des gens brillants mais sachant tout d'avance, donc imperméables à l'épreuve des faits.

Peut-on procéder autrement ? Les sceptiques feront valoir les échecs successifs des efforts tentés aux États-Unis avec le *Planning Programming Budgeting System,* et en France avec la *Rationalisation des choix budgétaires.* Ces méthodes, à la fois trop ambitieuses et conçues de façon étroitement économétrique, ont dû être abandonnées. Mais les expériences qu'elles ont suscitées ont permis de progresser considérablement au cours des quinze dernières années. Autant l'instauration d'un modèle universel de résolution des choix, grâce à une analyse économique des coûts et avantages de chaque action, paraît relever de la pure arrogance technocratique, autant l'introduction de l'analyse de systèmes dans la préparation des décisions s'avère aisée et immédiatement efficace. L'analyse coûts-avantages ne faisait que pousser à l'extrême la rationalité financière. Une analyse de systèmes capable d'utiliser une méthode scientifique pour prendre sérieusement en compte les variables qualitatives décisives constitue la seule contrepartie qui permette de l'équilibrer. Elle est désormais parfaitement possible, à un niveau de sophistication encore faible mais qui suffirait à changer les données de beaucoup de choix collectifs.

Le problème, toutefois, n'est que partiellement conceptuel. L'analyse de systèmes ne peut réussir, dans un ensemble administratif étroitement conditionné par ses contraintes internes, que si elle est poursuivie dans un contexte suffisamment indépendant. Il n'est pas d'autre solution efficace que l'installation, auprès des décideurs, de cellules de préparation des décisions détachées de toute responsabilité de gestion et de politique, et dont les membres soient rompus aux méthodes modernes d'analyse.

L'investissement à effectuer n'est pas négligeable, mais il est bien modeste, comparé à toutes les dépenses de prestige engagées, y compris sur des budgets mineurs comme la recherche et la formation. Pour réussir, il faudrait d'une part créer une institution de formation de très haut niveau, capable de former la centaine ou les deux centaines de spécialistes indispensables pour constituer une masse critique, et, d'autre part, lancer une douzaine de cellules chargées de doubler les principaux cabinets ministériels et de se substituer partiellement à eux.

Nous disposons déjà de deux exemples français de réussite en ce domaine : le CPE [1], créé par Hugues de

1. Le Centre de prospective et d'évaluation, fondé en 1964, s'appelle maintenant Groupe d'études stratégiques et de planification.

l'Étoile au ministère de la Défense, et le CAP[1], créé par Thierry de Montbrial et Jean-Louis Gergorin au ministère des Affaires étrangères. Ces deux institutions légères et peu coûteuses avaient été lancées, sans grande conviction, par les ministres responsables. Elles ont survécu à travers les vicissitudes de leur environnement politique et ont acquis — la seconde surtout — une influence sans commune mesure avec leur poids humain et financier, tout simplement parce qu'elles étaient les seules à pouvoir offrir des analyses professionnelles fondées sur la connaissance des faits, sur une méthodologie plus pertinente, appuyée par un suivi régulier de l'ensemble des données connues et par une commande de travaux extérieurs véritablement compétente.

Une particularité très importante doit néanmoins être prise en compte : une des raisons de leur succès a été la découverte — ou plutôt la redécouverte — de l'importance de la stratégie en matière de défense et de relations extérieures. La difficulté, pour toutes les autres unités administratives, tient à ce que le concept de stratégie leur est beaucoup plus étranger. Elles ont été capables d'admettre tant bien que mal l'idée de planification — plutôt mal, en fait —, mais elles n'en sont pas encore à admettre qu'elles ont des partenaires et des clients qui ne sont pas passifs. Elles n'imaginent pas que ces divers acteurs sont indépendants et qu'il leur faut compter non seulement avec leurs réactions, mais aussi avec leurs calculs. Les entreprises françaises connaissaient les mêmes problèmes : elles se sont converties au raisonnement stratégique au cours de ces quinze dernières années. Les administrations françaises doivent le faire à leur tour le plus rapidement possible. En dépend étroitement le succès du passage à l'État modeste dont nous avons besoin.

D'ici à quelques années, il paraîtra absurde et navrant à

1. Créé en 1973 à la demande de Michel Jobert pour être l'équivalent des centres de prévision à moyen terme existant dans les ministères des Affaires étrangères américain, anglais et allemand.

fois de découvrir que des réformes aussi considérables que la réforme hospitalière, les réformes Savary de l'enseignement secondaire et des universités, la loi Devaquet, le décret Monory sur les maîtres-directeurs, pour ne prendre que les plus spectaculaires des réformes récentes, aient pu être lancées à partir des conclusions, d'ailleurs floues, de groupes de travail et de commissions dont les membres, assez largement partisans, il est vrai, avaient pour principal défaut de travailler en amateurs, sans aucune analyse des faits ni même aucune préparation sérieuse. De tels engagements de l'État ne sont-ils pourtant pas aussi importants que ceux du choix d'un système d'armes ou d'une orientation de notre politique commerciale au Moyen-Orient ?

La pratique actuelle est fondée sur une idée dépassée de la consultation. On croit encore que les organisations syndicales et les organisations professionnelles représentent un milieu et que les écouter suffit à connaître la réalité. Comme, d'autre part, on les sait généralement conservatrices, on ne les écoute qu'à demi, et on fait plutôt appel à leurs minorités, à des personnalités et à des marginaux qui soutiendront les thèses des politiques et hauts fonctionnaires engagés dans la volonté de réforme. Mais ce concert contradictoire ne représente généralement que les intérêts ou les passions de groupes ayant quelque chose à défendre ou à attaquer. Ce jeu de la représentation syndicale et professionnelle est un jeu extraordinairement déformant. Il donne une idée totalement fausse de la réalité. Il ne s'agit pas ici de contester le rôle des syndicats et des organisations professionnelles, mais de le ramener à la mesure de ses réelles possibilités pratiques. Ni les uns ni les autres ne connaissent la réalité des régulations des systèmes humains qu'ils représentent, pas plus que les pratiques ou les modes d'ajustement de leurs mandants, à plus forte raison de ceux — la majorité — qui n'adhèrent pas ou qui adhèrent pour des raisons matérielles, sans participer. Eux-mêmes bénéficieraient sûrement beaucoup du développement de connaissances plus objectives et de la création d'un esprit plus factuel.

Prenons quelques exemples dans la série des ministères et administrations qui verraient leur action renouvelée par l'introduction de telles cellules.

J'ai évoqué le cas de la Santé et celui de l'Éducation à partir de la réforme hospitalière et des réformes scolaires et universitaires. Leurs problèmes vont nous accabler pendant de longues années. N'est-il pas extraordinaire que les ministres et directeurs qui auront à décider ne disposent d'aucun moyen sérieux de préparer leurs décisions ? A l'exception d'un rapport habituellement confié à quelques jeunes et brillants inspecteurs des Finances, ils devront se contenter d'un raisonnement prisonnier des séries statistiques et des documents comptables. Ne serait-il pas fructueux qu'une cellule puisse procéder elle-même à des analyses préalables de l'état des faits, commander et suivre des études et des enquêtes approfondies sur les points clés ? Comment se contenter de la simple connaissance des dépenses et de leur évolution ? La réalité du fonctionnement des hôpitaux, des écoles, des universités est incomparablement plus complexe. Imagine-t-on qu'on puisse décider d'imposer une réforme hospitalière qui aurait bouleversé l'ensemble des rapports humains dans les établissements sans savoir comment fonctionne réellement un service hospitalier ? Pourtant, n'est-ce pas ce que prétendaient faire non seulement l'équipe expéditive de Jack Ralite, mais les directions techniciennes de l'administration centrale et les équipes, beaucoup plus modérées ou timides, des précédents ministres ? Il en a été et il en est toujours de même pour les universités, les collèges et les lycées.

Les défenseurs de l'administration telle qu'elle est auront beau jeu de faire état des surabondantes statistiques et des innombrables rapports d'inspecteurs généraux. En fait, tout cela ne fait que mesurer — mal, d'ailleurs — l'état de conformité de ces institutions au modèle préétabli. La vie réelle en est absente, et nul ne la connaît. L'ensemble de l'Éducation nationale — un million de personnes ! — est par maints aspects complètement ignoré de ceux qui la dirigent et prétendent la réformer. Une confrontation malheureusement isolée entre le ministre Chevènement et deux journalistes[1], auteurs d'une véritable enquête, a pu donner au grand public une preuve de l'excusable mais remarquable ignorance du ministre. Une tentative d'enquête menée à notre propre initiative sur le fonctionnement des collèges nous a permis de constater que personne — absolument personne — au ministère n'avait la moindre idée des extraordinaires disparités de fonctionnement que nous avions pu constater[2].

On me dira que ce n'est pas une cellule légère qui pourra pallier le manque — ou contrebalancer la masse — d'informations de l'appareil bureaucratique. Les deux expériences citées et celles de l'étranger montrent que le travail accompli par un petit groupe de haute qualité a toutes chances de changer la vision que les dirigeants ont de la réalité. Il ne s'agit pas de tout inventer ou réinventer. Beaucoup de travaux existent déjà en France, qui se perdent. Un grand nombre de recherches ont été faites sur les mêmes problèmes à l'étranger, mais sont inconnues ou non exploitées. L'administration, telle qu'elle est, est incapable de commander des études pertinentes ou d'exploiter dans les études existantes ce qui est pertinent pour ses choix. Ce serait le travail de cette cellule que de lui permettre de voir et d'entendre. L'organisation bureaucratique est incapable de se corriger en fonction de ses erreurs, mais c'est d'abord parce qu'elle est aveugle et ne peut donc les constater.

Les divers ministères et les grandes unités administratives auraient tous besoin de cette même assistance, certaines plus que d'autres comme le Travail, l'Environnement, la Sécurité sociale, la Technologie. Considérons au

1. Hervé Hamon et Patrick Rotman, *Tant qu'il y aura des profs*, Éditions du Seuil, 1984.

2. Dominique Paty, *Douze Collèges en France*, La Documentation française, 1982.

passage ce concept des « filières » qui fit florès en 1982 : idée séduisante, mais qui conduisit à beaucoup d'erreurs et a été vite enterrée. N'importe quelle étude sérieuse de faisabilité aurait immédiatement montré que la politique qu'on projetait était inapplicable et, à la limite, absurde. Une analyse de systèmes aurait en revanche fait vraisemblablement apparaître que certaines actions limitées, inspirées de cette nouvelle réflexion, pouvaient dans certains cas se révéler très utiles.

Certains néo-libéraux parisiens vont peut-être débusquer, dans ce redéveloppement et cette concentration des études, une menace de nouvelle extension du monstre étatique. Cette menace existe bel et bien. Mais le risque vaut d'être couru. Car c'est le seul moyen de changer le mode de raisonnement des hauts fonctionnaires, et, à terme, celui de l'État à la française.

C'est en tout cas le seul moyen de réussir l'extraordinaire aventure de la déréglementation, dont nous avons un tel besoin pour développer notre économie[1]. Un tel bouleversement, si indispensable qu'il soit, doit être guidé par une connaissance qualitative aiguë des régulations anciennes qui subsistent derrière l'économie administrée, ainsi que des possibilités d'instauration et d'apprentissage de régulations nouvelles.

L'État modeste ne peut être l'État arrogant d'aujourd'hui qu'on aurait simplement mutilé. C'est un État nouveau, fruit d'une construction difficile. Cette construction ne peut réussir que si elle est inspirée par une pensée pragmatique constamment nourrie, stimulée et vivifiée par un contact avec la réalité que seule la recherche peut désormais apporter. Elle exige en même temps le développement d'une collaboration beaucoup plus profonde avec ce qu'on appelle maintenant la société civile. Les commissions de personnalités indépendantes sont particulièrement utiles à cet égard.

1. L'effarante gabegie révélée à l'occasion du scandale des Caisses d'Épargne américaines montre bien les dommages que peut entraîner une déréglementation mal préparée et mal exécutée.

Du bon usage des commissions

Nous avons beaucoup de mépris en France pour les commissions. Nous croyons aveuglément en la vertu du grand décideur : le monsieur Problème qui tranche, décide, organise, commande et met en œuvre. Les commissions parlent et tergiversent, jamais elles n'aboutissent. La plaisanterie particulièrement mal venue de Georges Clemenceau — quand on veut se débarrasser d'un problème, on crée une commission — nous impressionne encore. Et pourtant, depuis deux siècles au moins, ce grand pays réformateur que fut la Grande-Bretagne a réussi toutes les réformes que nous avons admirées en faisant d'abord travailler des Commissions royales d'enquête.

Les États-Unis travaillent de la même façon avec des Commissions présidentielles ou des Commissions fédérales dotées de gros moyens et bénéficiant d'un grand prestige. Les pays scandinaves, l'Allemagne, le Japon procèdent de la même façon. Nous ne manquons pas nous-mêmes de créer d'innombrables commissions, mais nous ne savons pas les faire travailler. Et, comme elles donnent naturellement de mauvais résultats, elles ont très mauvaise presse. Mais si elles sont si inefficaces, c'est que, sauf exception, nous les organisons en dépit du bon sens.

Il devient essentiel, pour répondre à la complexité des problèmes que pose toute innovation, toute décision de réforme dans des sociétés comme les nôtres, de dépassionner les débats en faisant appel à des personnalités indépendantes capables de collecter une information non bureaucratique, capables de rassembler des éléments de connaissance objectifs et capables enfin d'élaborer un consensus sur les données essentielles d'un problème.

La Commission de la nationalité, présidée par Marceau Long, répondait d'abord à une volonté de diversion d'un pouvoir politique confronté à une crise qu'il ne pouvait maîtriser. On se débarrassait du problème avec la désinvolture recommandée par Clemenceau. Bien dirigée par un président qui a l'intelligence de ces méthodes, elle a accompli un travail tout à fait remarquable qui a permis, pour un temps au moins, de dédramatiser un problème douloureux.

J'ai moi-même participé en 1973 à l'expérience de la Commission des sages pour la réforme de l'éducation secondaire. Bien que les conditions que nous connaissions n'aient pas été les meilleures [1], nous avons réussi à obtenir des moyens suffisants pour faire procéder à une enquête sérieuse avant de consentir à la moindre audition. La discussion que nous avons pu mener à partir de la connaissance des faits que nous avions établie a permis de changer radicalement les termes du débat. Un consensus a pu ainsi se développer tout naturellement entre les divers commissaires qui partaient pourtant de points de vue éloignés.

Pour qu'une commission puisse travailler utilement, il faut que ses membres soient peu nombreux, moins de dix personnes constitue la meilleure formule ; il faut qu'elle soit composée de personnalités de haut niveau dont l'indépendance et le jugement soient reconnus. Elles doivent représenter différentes sensibilités, sans s'identifier toutefois aux intérêts en présence ou aux positions partisanes dominantes. Une bonne commission, d'autre part, doit disposer de temps et de moyens. Elle doit pouvoir se concentrer sur les problèmes avant d'aborder les solutions. Une commission qui n'a pas de moyens dépend de l'administration et des lobbies pour la formation de son jugement. Une commission qui doit se concentrer sur les solutions est prisonnière des techniciens et se comporte tout naturellement de façon technocratique.

Troisième élément important, sinon indispensable : l'accès aux médias et à l'opinion publique. Les commissions doivent être libres de leur communication afin de

1. Elles ne l'étaient pas davantage pour la Commission de la nationalité.

pouvoir exercer une pression sur l'administration, à défaut de quoi leurs conclusions seront le plus souvent placées sous embargo par le pouvoir politique et ignorées des services.

Le champ d'investigation privilégié des commissions réside dans les problèmes de société pour lesquels l'administration classique est infirme et le politique condamné à la démagogie. Dans le monde extraordinairement complexe de nos sociétés postindustrielles, on ne peut vraiment aborder une réforme que quand on a pris le temps de faire mûrir un problème et d'élaborer un minimum de consensus autour de ses principaux éléments.

Les commissions de sages dont les membres ne sont ni fonctionnaires ni politiques sont beaucoup plus capables d'obtenir des résultats que des bureaucrates ou des corps politiques. C'est grâce à leur intervention que la société civile peut réellement apporter la contribution que l'on attend d'elle. Nommer quelques ministres issus de la société civile n'est en fait qu'un gadget. Les commissions, en revanche, offrent le meilleur moyen d'exercer une pression externe sur l'administration, de la stimuler, de la forcer à s'évader des modes de pensée et des techniques dans lesquels elle s'enferme. Dans leur immense majorité, les fonctionnaires souhaitent de tels changements sans pouvoir les engager, tant ils sont prisonniers du pouvoir politique. Les commissions permettent de surmonter ce blocage en ouvrant les problèmes et en légitimant l'innovation.

Le plus bel exemple de réussite récente en ce domaine nous a été donné au Japon par le Premier ministre Yasuhiro Nakasone, qui a confié à une commission de neuf personnalités indépendantes la charge de conduire la réforme très importante de l'administration, qui constituait la première priorité de son gouvernement. Cette commission a travaillé deux années pour réussir à élaborer un consensus sur toutes les données du problème. C'est seulement à partir des résultats qu'elle avait obtenus que des groupes de techniciens ont travaillé sous sa direction à dégager des solutions. La réforme, ou plutôt les réformes qui ont été ensuite votées par le Parlement ont constitué un tournant décisif pour l'administration et la société japonaises. Leurs succès contrastent avec les échecs de tentatives de réformes comparables menées par l'équipe Reagan aux États-Unis ou le gouvernement Mauroy en France [1].

Créer un mouvement

Pourquoi un mode de raisonnement ancien, devenu inadéquat, se maintient-il ? L'analyse conventionnelle dominante incriminera la sclérose des institutions de formation qui continuent à l'enseigner, la rigidité des règles bureaucratiques qui le prescrivent, éventuellement les intérêts de pouvoir des membres de l'élite qui en bénéficient. On attribuera l'émergence d'un mode de raisonnement à la force et à la justesse des concepts nouveaux qu'il introduit, et on ne verra d'autre moyen de le faire triompher que l'imposition de nouvelles règles bureaucratiques en prescrivant l'usage, et une réforme de l'enseignement l'établissant comme doctrine officielle.

Cette vision est très insuffisante et ne peut être d'aucun secours pour une réforme. Ce que montre l'analyse sociologique, c'est que le mode de raisonnement dominant d'un groupe humain est largement façonné par la leçon que ses membres tirent de l'expérience de l'action qu'ils mènent. L'importance de la formation est considérable, mais indirecte. Elle donne des outils intellectuels pour agir, mais peut-être davantage encore pour interpréter l'action. Ce qui va compter finalement, c'est l'expérience du succès ou de l'échec, succès et échec très largement

1. On trouvera des éléments plus précis de cette comparaison dans mon rapport de 1988, Michel Crozier, *Comment réformer l'État ? Trois pays, trois stratégies : Suède, Japon, États-Unis*, La Documentation française, 1988.

influencés par le jeu des carrières. C'est le snobisme du succès qui, en dernière analyse, va constituer le vecteur intellectuel déterminant.

De ce point de vue, on peut dire que le mode de raisonnement de la haute fonction publique française est profondément influencé par la fascination qu'exercent sur ses membres les cabinets ministériels. Ce ne sont pas seulement les chances de carrière qui comptent, c'est l'apprentissage qu'on y fait des « affaires », ce sont les connaissances qu'on y acquiert sur les problèmes et sur les hommes, c'est l'autorité personnelle et le prestige qu'on en retire. Pas de meilleure voie de développement intellectuel pour un jeune fonctionnaire ambitieux. On constate effectivement que ceux qui sont passés par cette voie ont acquis au fil des ans une stature, une maturité, une capacité à s'imposer dont leurs pairs sont privés et que, malgré leur ressentiment et leur envie, ceux-ci leur reconnaissent. Le paradoxe est que cet apprentissage si efficace pour le succès et le rayonnement individuels constitue la pire formation pour le succès de l'action de l'État. Dans la ronde des innovations sans lendemain, sur fond d'éternelle routine, qui caractérise le jeu politico-administratif, l'étroitesse du raisonnement financier, juridique ou technique reste associée à l'amateurisme le plus total. Le brillant intellectuel formé aux affaires peut soutenir n'importe quel choix. Les échecs n'apparaissent jamais, masqués qu'ils sont par la confusion d'un système incapable d'effectuer un apprentissage sérieux.

Si l'on veut changer ces modes de raisonnement dont les protagonistes ne peuvent mesurer directement l'insuffisance, il faut créer un mouvement assez fort pour qu'un snobisme concurrent puisse se dégager et attirer les meilleurs.

Est-ce possible ? Je le crois. Pour beaucoup de raisons que j'ai déjà mentionnées, le contexte est favorable : le mouvement culturel dominant en France touche les fonctionnaires et les rend plus inquiets sur leur rôle, plus vulnérables et plus disponibles ; l'ouverture aux expériences étrangères différentes force à prendre du recul. Et il convient enfin de considérer une autre dimension de notre tradition administrative : la faiblesse que constitue, pour la haute fonction publique française, la fascination pour le brio intellectuel peut recouvrir une force — l'intérêt pour le débat intellectuel et la capacité à reconnaître la supériorité d'un autre raisonnement. Si les quelques essais déjà tentés ont réussi, malgré leur marginalité, c'est que leurs résultats impressionnaient par une qualité intellectuelle supérieure.

Le véritable problème réside dans l'avantage de carrière, dans la centralité et la visibilité du rôle joué par les meilleurs et les plus brillants[1]. C'est pourquoi la situation organisationnelle est ici essentielle. Les cellules de préparation des décisions doivent pouvoir apparaître comme des tremplins de carrière comparables à ceux des cabinets ministériels. En dépit de leur nature tout à fait différente, elles devraient se voir conférer un prestige équivalent, bien que plus intellectuel. Le secrétariat d'une commission prestigieuse doit pouvoir apparaître plus intéressant que celui d'un ministre.

Pour parvenir à ce résultat, créer le mouvement qui le rendra possible, il me semble indispensable de lier de façon nouvelle le travail d'analyse et de conseil, qui impose une nouvelle vision des problèmes, et la formation préalable et continue des analystes. Une institution légère, peut-être temporaire, mais en prise directe avec le Premier ministre (et le président), devrait être chargée de cette difficile mission. Elle disposerait d'une liberté d'innovation totale, de façon à s'imposer comme un lieu d'effervescence intellectuelle et de rayonnement. Elle ne devrait être liée formellement à aucune institution existante, de façon à pouvoir traiter efficacement avec les principales structures opposées. Le problème de recrutement de ses

1. David Halberstam a remarquablement traité des désastreuses conséquences du succès « des meilleurs et des plus brillants » dans l'expérience américaine.

poulains, notamment des premiers d'entre eux, est essentiel et particulièrement délicat. La qualité devrait primer sur les diplômes, la diversité des raisonnements de départ étant, d'autre part, indispensable. La meilleure formule paraît être *a priori* un recrutement équilibré entre fonctionnaires — qu'ils soient issus de l'ENA ou de l'École polytechnique — et non fonctionnaires issus des entreprises ou des cabinets de consultants. La formation et l'expérience à l'étranger devraient enfin tenir une place importante dans cette diversité.

La formation première, dans l'institution elle-même, devrait comporter autant d'analyses pratiques sur le terrain, effectuées pour les instances de décision, que de travaux d'entraînement de type plus universitaire et de stages de formation intense à l'étranger.

Ce projet peut paraître utopique. Pourtant, un tel redéploiement intellectuel de la haute fonction publique serait cent fois plus simple, plus pratique, plus efficace, que les choix qui ont pu être accomplis dans un passé récent par la gauche et par la droite, et son impact se révélerait à terme beaucoup plus essentiel pour une stratégie de changement. Car il permettrait de constituer, avec une masse critique suffisante, le premier groupe d'agents du changement capables de préparer le passage à l'État modeste.

9

Un autre système d'évaluation

Si l'on veut que l'État se mette réellement au service des citoyens et de la société, il est indispensable de disposer d'un système d'évaluation concret, pratique et fiable des résultats de l'action administrative. Actuellement, les contrôles surabondants ne sont que des contrôles formalistes.

Le problème est difficile, car la voie contentieuse est dangereuse et inefficace. Les solutions technocratiques ont échoué, tout comme la rationalisation des choix budgétaires en France, le PPBS ou le *Zero Base Budgeting* aux États-Unis. En revanche, certaines expériences étrangères comme celles du contrôle d'État suédois ou du *General Accounting Office* du Congrès américain ont fait largement progresser les méthodes. La formule actuellement mise en œuvre au Japon n'a aucune originalité technique mais elle a un très gros avantage : elle met l'administré au centre du dispositif d'évaluation et force ainsi l'administration à tenir compte de ses plaintes, sans pour autant entraîner le développement du contentieux.

Pourquoi l'évaluation des résultats de l'action administrative constitue le point critique

S'il faut créer un mouvement intellectuel capable de saisir l'imagination des meilleurs, on n'animera pas un immense ensemble enfermé dans ses principes, ses routines et sa suffisance à coups de règles, de punitions et de contrôles. En revanche, il est indispensable de mesurer à l'avance et de limiter les risques d'une nouvelle vague d'arrogance technocratique. Immanquablement, les nouveaux spécialistes de l'analyse de décision seront tentés de se constituer en caste disposant du savoir ésotérique qui les mettra à l'abri de critiques nécessairement incompétents. Dans un premier temps, la nouveauté de leur apport, son caractère plus concret, le combat qu'ils auront à mener, les aideront à garder pragmatisme, ouverture et sens des réalités, mais aucune méthode ne permet de prémunir ses utilisateurs contre les inévitables dérives du jeu bureaucratique.

La tradition qu'ont intériorisée les responsables politiques, l'administration et le public lui-même veut que la meilleure défense contre ces dérives soit l'imposition de règles et de contrôles, seuls capables de prévenir les abus. En un sens, ce remède est pire que le mal. Non seulement il étouffe la créativité de hauts fonctionnaires dont ce devrait être la principale qualité, mais il les fige dans la défense de leurs privilèges.

Nous devons donc élaborer d'autres moyens de maintenir l'ouverture d'un système : l'apport d'une nouvelle méthode intellectuelle risque en effet de n'en empêcher la fermeture que le temps d'une brève période d'enthousiasme comme ce fut le cas pour la planification ou la rationalisation des choix budgétaires. Il est indispensable, en conséquence, de compléter la réflexion sur les décisions par une seconde réflexion, portant sur l'évaluation des résultats de l'action.

Cette seconde réflexion, d'une certaine façon, est inséparable de la première. Il va de soi que la meilleure préparation pour les décisions à venir réside dans l'analyse des résultats de l'action passée. Et il est évident que toute cellule nouvelle d'aide à la décision devra accorder une très large part à cette évaluation. Mais celle-ci pose des problèmes plus complexes que la simple analyse de systèmes, car elle met en jeu les responsabilités des acteurs qui ont conçu et appliqué l'action à évaluer. De ce point de vue, la méthode intellectuelle est indissociable du mode d'organisation des ensembles politico-administratifs responsables.

Quels que soient leur caractère et leur intelligence, les hommes sont guidés et limités par le mode de raisonnement qu'ils utilisent. Mais ce mode de raisonnement, à son tour, est conditionné par le système de jeux de pouvoir avec lequel il est en symbiose. Changer la méthode sans que change également ce système ne peut déboucher à terme sur un succès.

Mais pourquoi l'évaluation des résultats constitue-t-elle le point critique du jeu ? Tout simplement parce qu'en l'absence de marché libre, il faut absolument trouver des moyens fiables d'apprécier les résultats des actions entreprises, et que ce problème est extrêmement difficile à résoudre.

Si l'on veut que l'État serve la société, il faut connaître la réalité des innombrables services qu'il rend ou croit rendre. Or on ne saurait se borner à parler en termes généraux du caractère essentiel de sa contribution au bien-être et à l'intérêt collectifs. Si le marché revêt une importance unique, c'est parce qu'il fournit justement des mesures d'utilité qui ne sont pas abstraites, mais précises et pratiques. Le marché a souvent été critiqué, son efficacité n'est pas totale, mais, pour autant que nous puissions le prévoir, il reste irremplaçable, la nécessité de connaître et de mesurer étant déterminante pour le simple maintien d'une société complexe. Que l'on songe ici à l'utilisation par les Soviétiques des prix de référence américains pour mettre un minimum d'ordre dans l'extraordinaire confusion que crée l'absence de marché réel[1]...

Cette capacité de mesure précise et concrète n'existe généralement pas dans les systèmes administratifs. Selon la théorie démocratique, le contrôle et la mesure de

1. Ceci est écrit, bien sûr, avant la mise en œuvre de la perestroïka.

l'action administrative s'effectuent à travers le mécanisme de l'élection. Les citoyens consommateurs d'action administrative votent pour des représentants à qui ils donnent le pouvoir de la contrôler ; s'ils sont mécontents, ils éliront une autre majorité politique qui sera responsable du résultat. Loin de moi l'idée de soutenir que des élections libres ne font pas une différence radicale avec un système où la responsabilité n'existe pas. Mais il faut souligner que ce contrôle par les élus est très insuffisant, souvent même illusoire, essentiellement parce qu'il est trop global. Les citoyens peuvent manifester leur mécontentement à l'égard d'un gouvernement dont l'orientation leur déplaît, mais ils ne peuvent juger séparément les milliers d'actions administratives différentes que poursuit l'État. Leurs représentants peuvent certes poser des questions, mais leur logique veut qu'elles soient beaucoup plus inspirées par la défense des intérêts des catégories affectées ou par l'attaque de l'adversaire politique. Il s'agit rarement — presque jamais — d'une mise en évidence de la non-pertinence des résultats. Le contrôle parlementaire est fort utile pour empêcher les abus, maintenir l'équité et la neutralité de l'administration, mais il est impuissant à mettre en question le service rendu. Dans tous les pays, son intervention tend d'ailleurs beaucoup plus à accentuer la dérive inflationniste des dépenses qu'à mettre l'État au service de la société.

Mais, dira-t-on, l'administration possède d'innombrables organes de contrôle et les rapports sur les activités de l'État s'accumulent sur les bureaux des responsables. Certains ajouteront que leur production augmente beaucoup plus vite encore que l'inflation des dépenses, et qu'ils servent encore moins l'intérêt général. S'ils se contentent par là de juger l'ensemble des activités actuelles de contrôle et d'études, ils n'ont pas entièrement tort. Mais il importe de distinguer l'évaluation des résultats des activités de contrôle. Celles-ci, en effet, s'effectuent toujours du point de vue des décideurs et pour leur bénéfice. Les contrôles sont des contrôles de conformité qui permettent de vérifier si l'action entreprise a obéi à toutes les règles qu'elle devait observer ; parfois, ils portent sur l'opportunité des mesures prises et des actions en cours, mais tangentiellement, et toujours du point de vue des objectifs des décideurs. Il ne s'agit là que de contrôle interne ; rarement le résultat de l'action est apprécié de façon indépendante. Les recours juridictionnels des citoyens leur permettent d'autre part de se protéger contre l'injustice et l'arbitraire, non de discuter du résultat de l'action du point de vue de l'ensemble des citoyens. Dans ce contexte, études et rapports deviennent généralement des activités largement « cosmétiques ». Le concept élémentaire d'évaluation disparaît à peu près totalement. Nul n'est plus capable d'appeler un chat un chat.

Le problème n'est pas spécifique à la France. Partout dans le monde, les systèmes administratifs sont accusés de comportements formalistes, voire ritualistes, et de préférer l'apparence à la réalité. L'État à la française est toutefois particulièrement vulnérable dans la conjoncture présente. Non seulement il a la manie des contrôles de conformité qui stérilisent son fonctionnement interne, mais il a développé sur les administrés des mécanismes de contrôle du même type, qui lui donnent un pouvoir exorbitant, échappant à toute sanction. Il assure son emprise sur la société en utilisant ses immenses moyens de contrôle qui lui permettent d'être présent et d'intervenir partout. Il peut même, s'il le veut, exercer un certain chantage sur les contrôlés. Ceux-ci, en raison des risques qu'ils courent, se montreront beaucoup plus enclins à se conformer aux conseils d'une administration qui reste tout à fait irresponsable, puisque le résultat ne lui est jamais imputable. Le conseiller a d'ailleurs généralement changé d'emploi quand les conséquences de son action commencent à apparaître...

Ce système est de plus en plus en crise, l'extension et la multiplicité des contrôles atténuant les effets de chacun. En outre, l'administration est de plus en plus obligée de se contrôler elle-même, à tel point qu'elle en vient à se paralyser. Leur capacité d'adaptation, leur recours au « système D », placent tous ses fonctionnaires tant soit peu actifs en situation vulnérable, si bien que l'opposition entre opérationnels et contrôleurs devient tout aussi paralysante que celle entre administration et administrés.

Comment dépasser cette contradiction en apparence insurmontable ? Une première réflexion utile, qui commence à se développer, nous est suggérée par l'expérience des entreprises.

Celles-ci cherchent à résoudre les problèmes analogues qu'elles connaissent en formant leurs employés à exercer eux-mêmes le contrôle de leur propre production. L'autocontrôle donne des résultats excellents, notamment quand il peut être nourri, soutenu et développé par des formules nouvelles d'organisation comme les cercles de qualité. Mais le développement de la qualité grâce à un engagement et à une responsabilisation accrus de chaque exécutant dépend indirectement — mais de façon prépondérante — de la réaction du client. C'est parce qu'il y a sanction du marché que les ressources humaines peuvent être mobilisées.

Rien de tel dans le monde administratif. L'autocontrôle du fonctionnaire ne peut mener très loin, car le partenaire essentiel, l'administré, reste absent. Certes, le fonctionnaire peut améliorer la qualité si on le laisse plus libre, mais ce sera la qualité pour lui, et non telle que l'apprécie le client-administré.

Les défenseurs du service public répondront que ce service exige que l'on ne cède pas aux intérêts particuliers et qu'il existe nombre de cas pour lesquels le bon fonctionnaire est celui qui dénie à l'administré le droit de juger la qualité du travail qu'il accomplit. Qui doit alors juger ? Supérieurs et contrôleurs spécialisés ne peuvent exercer qu'un contrôle interne. A travers eux, l'administration se juge elle-même. Elle empêche les fonctionnaires de s'écarter de la ligne. Mais elle est totalement incapable de juger de l'utilité de cette ligne.

Si l'on veut changer le système, il ne faut pas seulement

opérer la mutation intellectuelle d'un raisonnement nouveau, mais une conversion des pratiques de contrôle vers celles de l'évaluation des résultats, qui placent la réalité du service accompli et du client-administré qui en bénéficie ou en pâtit au centre des jeux de pouvoir entre les fonctionnaires.

Cela ne veut pas dire que les contrôles doivent disparaître ou que l'évaluation des résultats doive être développée jusqu'à devenir un outil aussi fiable et rigoureux qu'un contrôle comptable, mais qu'une connaissance des résultats suffisamment précise et directe peut permettre de mobiliser les talents des fonctionnaires et de leur donner davantage de responsabilités d'autocontrôle, allégeant ainsi le système d'une partie de son poids, aussi insupportable pour le fonctionnaire que pour l'administré.

Les dangers de la voie contentieuse

Pourvu que l'on veuille bien dépasser le vœu pieux ou la position rhétorique, placer le client-administré au centre du débat sur les choix administratifs contraint à réviser beaucoup de nos habitudes de pensée. Avant d'aller plus loin, il paraît indispensable d'examiner la pertinence et les limites de la réflexion dominante sur les rapports administration-administrés, qui est d'ordre juridique.

La vogue des idées néo-libérales inspirées de la croisade reaganienne contre les méfaits de l'État a remis à l'honneur la critique traditionnelle contre les privilèges exorbitants de l'État à la française. J'ai moi-même indiqué dans un chapitre précédent l'importance que j'attachais à l'affirmation de principes juridiques simples mettant la loi au-dessus de l'État. A défaut d'une telle mutation juridique, nous ne parviendrons pas à l'État modeste.

Mais cette mutation n'est pas suffisante. Elle risque même de se révéler dangereuse si elle n'est pas accompagnée par une transformation d'une autre nature des rapports des citoyens avec l'État. L'expérience du système américain démontre de façon accablante l'inefficacité et les dangers de la voie contentieuse dans l'évolution d'un système administratif.

Le cas américain est pourtant des plus favorables. L'administration n'y dispose pas d'une tradition de supériorité. Elle a été soumise depuis toujours à la loi et au juge qui l'interprète. Elle est d'autre part diversifiée, fragmentée en entités autonomes obéissant à des pouvoirs politiques décentralisés. Le citoyen a donc plus facilement accès à l'instance de décision. Il peut l'attaquer en justice pour défendre ses intérêts individuels et, grâce au concept de *class action,* ses intérêts de groupe, voire, depuis peu, sa propre conception de l'Intérêt général. Enfin, toutes sortes de mesures législatives ont obligé l'administration à opérer dans la plus grande transparence et à justifier tous ses actes.

Mais si le citoyen se trouve effectivement beaucoup mieux protégé qu'en France contre tout pouvoir administratif, force est de constater que le développement des pratiques contentieuses n'a absolument pas ralenti la croissance des complications bureaucratiques et a entraîné des réactions extrêmement vives des citoyens, aussi fortes là-bas que chez nous.

Comment expliquer ce qui, au moins aux yeux des néolibéraux, peut apparaître comme un paradoxe ? Trois raisons me semblent décisives, recelant toutes trois un enseignement pour tous les pays développés.

Première raison : la prédominance trop exclusive de la voie contentieuse, qui constitue le principe fondamental de la pratique américaine, repose sur l'idée que les fonctionnaires doivent obéir au politique, comme si leur rôle d'exécutants pouvait être parfaitement transparent. Le citoyen contrôle politiquement le fonctionnaire en votant pour les membres de l'Assemblée qui feront localement, régionalement ou nationalement la loi, et pour les chefs de l'exécutif qui l'appliqueront. Il le contrôle juridiquement en l'attaquant en justice si l'application n'est pas conforme à cette loi.

Cette idée n'est pas fausse, elle est simplement irréaliste. Dans certains métiers, le rôle d'un fonctionnaire peut effectivement consister à appliquer la loi de façon transparente. Mais, dans la majorité des cas, par ses interventions, aussi bien en préparant la loi qu'en l'appliquant, il va notablement contribuer à développer le tissu collectif dont les citoyens ont besoin. Le développement inconsidéré de la voie contentieuse le rejettera du côté du formalisme. Non seulement il cessera d'être innovateur, mais il appliquera ses talents à se protéger et à compliquer les règles qui contraignent les citoyens. D'où ce déplacement des mécanismes bureaucratiques qui vont se concentrer autour du contentieux.

Deuxième raison : le contentieux permet de se prémunir contre de mauvais résultats affectant des personnes ou des groupes, mais il ne fait pas apparaître les résultats globaux d'une action. Sortent du contentieux des jugements sur les intérêts particuliers face à l'action collective, non une appréciation désintéressée de cette action. Comme ces jugements tendent inéluctablement au formalisme, on peut raisonnablement parler d'une perte de sens de la réalité. Le citoyen est partout, mais la réalité collective disparaît.

Troisième raison enfin : la prédominance de la voie contentieuse, dans la mesure où elle est profondément intériorisée par les citoyens — ce qui est de plus en plus le cas aux États-Unis —, les détourne de toute collaboration avec les organes collectifs. Elle empêche aussi de répondre à ce besoin de plus en plus essentiel qui apparaît avec le développement de la complexité : mobiliser les imaginations et les talents des citoyens pour que le service soit moins coûteux, plus pertinent, plus efficace.

La voie contentieuse, pour indispensable qu'elle soit, doit être contrebalancée par d'autres voies qui donnent aux citoyens des possibilités d'accès permettant à la fois de développer la collaboration et de réduire les antagonismes.

Les solutions technocratiques

Quand on pose la question de savoir qui gouverne la France, les gens qui font profession de connaître le dessous des choses répondent : c'est le Budget. Vue très simpliste : le Budget ne gouverne pas la France, il ne gouverne même pas l'administration, mais il exerce une influence démesurée sur son fonctionnement. Si les arbitrages budgétaires sont essentiels, ce n'est pas seulement parce qu'ils déterminent les moyens matériels dont vont disposer les divers services, mais parce que la présentation qui en sera faite au Budget déterminera le succès ou l'échec de l'action de ces services. L'administrateur sage va donc anticiper la réaction du Budget. Son comportement sera orienté par la logique de celui-ci, ce qui conduira ses subordonnés, les fonctionnaires opérationnels, à s'y adapter eux aussi.

Comment le Budget fonctionne-t-il ? Il travaille avec d'énormes contraintes. Il est d'abord obligé d'accepter l'existant : la reconduction des services votés est impérative. Elle absorbe 90 %, voir 95 % de l'ensemble. Son travail se situe donc à la marge. Sur quoi va-t-il se fonder pour préparer les arbitrages qu'effectuera en dernière analyse le gouvernement ? D'un côté, le besoin absolu de comprimer les dépenses ; de l'autre, le besoin de donner au gouvernement la possibilité d'avoir une politique (ou de paraître en avoir une). Ses arguments sont extrêmement simples : gaspillages, doubles emplois, incohérences, etc. Pourra-t-il s'intéresser aux résultats et à l'utilité du service ? Il va certainement s'y essayer, et l'on peut dire que ses fonctionnaires ont généralement beaucoup de flair pour repérer les vices les plus graves de gestion. Mais l'utilité réelle de ce travail ne peut que rester obscure à la quarantaine de jeunes hauts fonctionnaires surchargés qui ne disposent pas de moyens de connaissance sérieux. En fait, ils entérinent non seulement le maintien, mais le développement de l'existant.

Réfléchissons au triangle central de toute décision administrative : objectifs-moyens-résultats. Dans cette logique, le poids principal est inéluctablement donné à la relation objectifs-moyens. Le politique définit des objectifs, l'administration possède des moyens, les organismes internes de décision comme le Budget vont opérer l'ajustement le moins mauvais possible, en forçant le politique à accepter la contrainte des moyens et en forçant l'administration à accepter les contraintes du jeu politique. De résultats, il ne pourra être beaucoup question.

Peut-il en être autrement ? Les Américains ont déployé de gros efforts pour améliorer ce système. Ils ont essayé de renforcer l'administration du budget en la dotant de moyens d'analyse plus précis et plus fiables. Ils ont essayé de faire sauter la contrainte des services votés. Leurs efforts ont permis de développer certaines techniques d'analyse, mais semblent globalement infructueux.

La méthode intellectuelle développée par la Rand Corporation pour contrôler les dépenses militaires, le *Planning Programming Budgeting System*, que nous avons transposée dans notre rationalisation des choix budgétaires, est d'abord apparue comme la solution miracle. Elle consistait à transposer dans le contexte administratif public les méthodes d'analyse employées avec succès par certaines grandes firmes américaines pour introduire un substitut du jeu du marché dans leurs transactions internes. Une analyse coût-avantages bien faite permet de mettre « en concurrence » la solution choisie avec toutes les autres solutions possibles, et de faire éventuellement appel à des fournisseurs extérieurs aux dépens des producteurs internes. Clarté et rationalité devaient ainsi éclairer le monde opaque de la bureaucratie, les dysfonctions devant fondre comme neige au soleil. Mais la bureaucratie n'eut aucune peine à résister, car son rôle est beaucoup plus complexe que les choix, apparemment simples en termes comptables, qu'effectuaient les firmes[1]. Seules certaines activités — dépenses d'armement, dépenses d'investissement d'ordre technologique ou scientifique, comme les investissements dans les recherches sur la santé ou la sécurité routière — purent en bénéficier jusqu'à un certain point seulement. La bureaucratie peut d'autre part s'appuyer sur le système politique qu'elle influence profondément, y compris aux États-Unis. C'est en utilisant les toutes-puissantes commissions parlementaires, dont les choix risquaient d'être remis en question, qu'elle parvint à stériliser l'usage du PPBS.

La réforme du Budget, devenu en 1970 l'*Office of Management and Budget Control* (OMB), a doté celui-ci de moyens plus considérables. Les *examiners* du Budget disposent désormais de capacités d'analyse et d'évaluation qui leur permettent de mettre en question les choix internes des grands bureaux fédéraux (équivalent de nos directions ministérielles). Si le PPBS a vite fait faillite, l'OMB, du fait qu'il était une création institutionnelle, a pris racine et pu affirmer son action. Son succès est néanmoins très limité, car il est trop lié à la présidence et, de ce fait, relativement suspect de partialité politique ; surtout, il est très étroitement lié par l'extraordinaire contrainte légale et psychologique que constituent les services votés.

C'est à ce tabou que voulut s'attaquer le plus doué de tous les néo-libéraux de la jeune garde reaganienne, David Stockman, devenu en 1980, à trente-huit ans, le tout-puissant directeur de l'OMB. Sa conception du *Zero Base Budgeting,* adoptée par Reagan, devait enfin permettre, croyait-il, de faire sauter les verrous du système bureaucratique à l'américaine. Dans son livre-confession assez

1. Celles-ci ont dû d'ailleurs s'apercevoir que le réductionnisme budgétaire auquel elles s'abandonnaient avait de plus en plus de conséquences secondaires néfastes. Voir, par exemple, le dossier accablant réuni par David Halberstam sur l'évolution des grandes entreprises d'automobile américaines, *The Reckoning,* William Morrow, 1986.

extraordinaire publié en 1985, il a longuement raconté les péripéties de son impossible entreprise et tenté d'analyser les raisons de son échec. A la lumière de son récit, on découvre une fois de plus les très étroites limites de toute action technocratique exercée au sommet de l'État. Les ajustements à la marge sont possibles pour une organisation comme le Budget, bien placée dans les mécanismes de décision ; mais si elle souhaite s'attaquer directement à la substance de l'action administrative, elle ne dispose ni des preuves pratiques et humaines de ce qu'elle avance ni du soutien politique pour imposer ses choix. Ses arguments ne sont que des chiffres dans un raisonnement économique, le résultat social humain n'y apparaît jamais. De ce fait, ni les bureaucrates ni les politiques ne peuvent être ébranlés.

Vers une nouvelle expertise

Le problème n'est pas insoluble pour autant. Dans les dix dernières années, des progrès remarquables ont été accomplis dans un certain nombre de pays. Les voies empruntées sont différentes, mais ce ne sont jamais les voies classiques de la discussion budgétaire. L'expérience semble bien montrer que, pour que l'évaluation réussisse, il faut qu'elle soit distanciée du débat direct sur la répartition des crédits. Son influence peut être énorme à terme. C'est un des moyens de réforme les plus puissants, mais c'est un *moyen indirect.*

Les réussites les plus éclatantes à ce jour sont celles du *General Accounting Office* aux États-Unis, qui contrastent avec les échecs de l'OMB et de toute la politique officielle des présidents Carter et Reagan.

Le GAO est une Agence fédérale très particulière, car elle dépend entièrement du Congrès des États-Unis dont elle est une des quatre Agences administratives. C'est une institution considérable, qui emploie plus de 5000 personnes spécialisées dans l'audit comptable pour la grande majorité, et dans l'audit managerial pour une minorité récente. Le GAO s'est lancé, dans les années soixante-dix seulement, dans de véritables évaluations qui se distinguent aussi bien des audits financiers que des audits managériaux. Il a créé en son sein un Institut, puis en 1983 une division spécialisée, la Division d'évaluation des programmes et de méthodologie (PEMD). Cette division très autonome n'emploie qu'un nombre limité de spécialistes, une centaine au total, mais de grande qualité. Ce sont des professionnels de sciences sociales (sociologues, économistes, statisticiens, politistes, psychologues) et non des fonctionnaires de carrière ou des financiers. Ils viennent généralement des universités. Les deux tiers ont un doctorat. Leur expertise est celle de la recherche, ou plutôt d'une recherche très particulière qu'ils ont contribué à développer : la recherche sur l'évaluation des programmes publics requiert des techniques, des méthodes et des modes d'approche très différents du contrôle comptable ou financier, mais très différents aussi des recherches universitaires classiques.

La PEMD comme le GAO entreprennent des études à la demande du Congrès. Les études de la PEMD ont été d'abord et restent encore principalement des études rétrospectives. Elles cherchent à répondre à des questions simples mais extrêmement difficiles : Qu'est-il arrivé ? Quels résultats a-t-on obtenus en mettant en œuvre telle politique ou tel programme ? Est-ce que cela a fait une différence ? Cette différence peut-elle être mesurée ? Que se serait-il passé si cette politique ou ce programme n'avaient pas été mis en place ?

Progressivement, des questions prospectives ont pu être abordées. Des méthodes ont été développées pour évaluer à l'avance les résultats que l'on peut espérer d'une politique. C'est surtout, bien sûr, en comparant deux politiques différentes que la PEMD a pu éclairer le Congrès. On mesure toutes les difficultés politiques et culturelles d'une telle intervention, qui peut paraître mettre en question la liberté de choix des parlementaires et qui, en tout cas, bouleverse leurs habitudes. Pourtant des succès ont été obtenus, qui ont convaincu les membres du Congrès de ce qu'ils avaient à gagner en acceptant de s'appuyer sur des méthodes scientifiques. En 1985, par exemple, c'est à partir d'une étude prospective du GAO que le Congrès a tranché entre deux projets de loi déposés sur un problème aux résonances émotionnelles et politiques douloureuses : la lutte contre la croissance inquiétante des grossesses illégitimes de mineures.

C'est naturellement toutefois les études rétrospectives qui constituent la grande majorité des 144 évaluations réalisées de 1980 à 1989. Elles portaient au début surtout sur les problèmes sociaux et les problèmes de défense. Mais elles couvrent maintenant presque tous les domaines de l'action politique fédérale : santé publique, emploi, énergie, éducation, environnement, transports.

Les évaluations de la PEMD font désormais autorité dans les commissions du Congrès. Elles sont largement reproduites dans la presse et leur impact peut être décisif. Un programme important du département de la Défense de plus de 2 milliards de dollars a été finalement supprimé fin 1988, après que l'évaluation du GAO eut montré que l'efficacité de ce programme n'avait absolument pas été prouvée.

L'expérience menée au GAO est impressionnante et en même temps réconfortante. Elle montre qu'il est possible en une douzaine d'années de créer une institution dont la crédibilité soit suffisante, sinon encore pour changer les termes du débat politique, du moins pour obliger les participants à tenir compte sérieusement des données de fait concernant les conséquences de leurs décisions. Un tel résultat a pu être obtenu grâce à la présence de quelques conditions essentielles : l'indépendance de l'institution, la continuité dans l'effort, le recrutement d'un personnel de première qualité et un leadership bien sûr particulièrement actif.

Dans tous les pays dans lesquels un gros effort est accompli pour acclimater la pratique de l'évaluation, les mêmes conclusions semblent s'imposer : la qualité du personnel, sa professionnalisation dans une spécialisation nouvelle et la continuité de vue de l'institution sont indispensables[1]. Le rattachement institutionnel, si largement débattu en France, n'est pas en soi décisif. C'est l'indépendance qui compte. Le Central Policy Review Staff, qui avait produit des évaluations remarquables en Angleterre, a succombé parce qu'il dépendait du Premier ministre et que la politique britannique ne lui était plus favorable. Mais l'institution d'évaluation japonaise, qui dépend elle aussi du Premier ministre, semble garder, elle, toute son indépendance.

De toute façon, le problème fondamental de ce point de vue, c'est de faire accepter des solutions qui permettent d'intégrer suffisamment l'évaluation dans le système politique pour qu'elle puisse lui apporter l'information et la connaissance dont il a le plus urgent besoin, tout en restant assez à l'écart du jeu politique pour qu'elle puisse garder son indépendance, son objectivité, en bref les valeurs morales de la recherche honnête.

L'insertion de l'administré dans la procédure d'évaluation

Les méthodes employées aux États-Unis et dans les autres pays occidentaux ont une faiblesse importante. Elles ne font jamais appel au client administré, dont

1. Cette nécessité de professionnalisation semble très mal comprise encore en France. L'évaluateur ne peut se contenter d'être l'expert d'un domaine particulier ni le spécialiste des méthodes et techniques administratives classiques : financières, juridiques ou comptables. Il doit devenir un spécialiste de l'effet système global. Les diverses techniques d'analyse qu'il doit employer simultanément n'ont de valeur que si elles sont repensées dans le cadre d'une problématique nouvelle qui demande un apprentissage radicalement différent de celui effectué à l'ENA et dans les cabinets ministériels. Voir *infra*, Postface, p. 301-302.

l'expérience n'est prise en compte que comme objet passif de l'action administrative. Elles pourraient de ce fait à terme susciter une nouvelle vague de ces réactions anti-technocratiques qui paralysent les États modernes.

Certes dans la mesure où une première prise de conscience du problème est en train de se manifester, une solution moderne séduisante et facile semble y bien répondre : celle des études d'opinion et de motivation. Un sondage bien fait permet de mesurer la satisfaction des administrés ou des usagers d'un service public, de mieux comprendre leurs attitudes et d'adapter ainsi l'action administrative. Mais il y a une différence profonde entre les opinions nécessairement superficielles, les sentiments vagues et temporaires que révèlent les sondages et les résultats concrets d'actions qui se poursuivent dans le temps. En fait, ce à quoi servent les sondages, c'est à créer une meilleure image, à découvrir de meilleurs moyens et de meilleurs arguments pour vendre au public des objectifs dont on n'imagine pas qu'ils puissent être discutés. Ce qui ne veut pas dire que les sondages soient inutiles : ils fournissent des éléments à considérer dans le cadre d'une évaluation, mais en aucune manière ils ne permettent d'insérer l'administré dans la procédure ni de remplacer la sanction du marché.

Les Japonais sont les seuls à avoir jusqu'à présent réussi à répondre, partiellement au moins, au problème. Ils y sont parvenus grâce à deux innovations majeures.

La première de ces innovations recoupe certains efforts menés en Occident. Elle consiste à donner aux procédures d'évaluation un poids décisif en les insérant au cœur même du système de décision. Les Japonais ont créé une administration autonome, séparée du Budget et des Finances, l'Agence administrative de management [1] qui a pour seule mission d'apprécier les résultats de l'action

1. Créée en 1955, cette administration a été élargie et transformée en 1984, sous le nom *Management and Coordination Agency* (traduction anglaise officielle).

administrative dans tous les domaines et à tous les niveaux. Cette Agence bénéficie d'un poids et d'un prestige comparables à ceux du Budget. Comme celui-ci, elle est coiffée par un ministre, membre du cabinet, qui n'a pas d'autre fonction. Elle dispose à Tokyo de très importants moyens qui lui permettent de passer les grandes unités de l'ensemble administratif au crible de l'analyse objectifs-moyens-résultats. Mais elle ne se contente pas de rapporter ses conclusions. Tous les ans, comme le Budget, elle devra trancher sur les projets de ces unités qui impliquent une extension ou une redistribution de leurs fonctions ou de leurs personnels[1]. Ces unités devront prouver que leurs résultats sont à la mesure des moyens dont elles disposent. Le Budget regardera l'équilibre d'ensemble et la cohésion financière des activités administratives, l'Agence administrative jugera de leur efficacité pratique. L'arbitrage final en sera fortement influencé.

Cette procédure intéressante reste beaucoup trop managériale, et on pourrait craindre que, du fait des inévitables collusions entre fonctionnaires, les analystes n'en viennent à perdre leur indépendance de jugement.

Une seconde innovation permet de casser ce jeu classique, grâce à l'insertion directe de l'expérience de l'administré dans la réalité locale qui est la sienne.

Dans chacune des cinquante préfectures japonaises, un service léger d'experts de l'Agence est installé. Sa tâche consiste à suivre sur le terrain l'activité des différents services extérieurs présents. Mais cette cellule, qui risquerait de devenir elle aussi par trop technocratique, est aiguillonnée par un comité indépendant de citoyens[2] qui joue le rôle d'*ombudsman* et auquel s'adressent tous les citoyens mécontents. La cellule de l'Agence reçoit les

1. Il est interdit de créer un nouveau service ou d'engager de nouveau personnel sans supprimer des bureaux ou des personnels ailleurs.

2. Cinq mille bénévoles font partie de ces comités et recueillent les plaintes de la population.

plaintes et les observations de ce comité. Elle a le droit et le devoir d'intervenir auprès des administrations responsables pour obtenir qu'elles rectifient leurs erreurs et répondent sérieusement aux administrés. Comme les administrations centrales de Tokyo dont elles dépendent savent que le comportement de leurs services locaux fait l'objet de rapports qui auront un impact sur l'analyse de leurs résultats et pèseront donc sur leurs chances de pouvoir maintenir ou développer leur politique, on conçoit que leur opinion sur leurs subordonnés responsables sera influencée par la façon dont ils sont jugés par les administrés et les cellules de l'Agence. D'où deux conséquences : efforts considérables des services locaux pour tenir compte des plaintes et désarmer les mécontents, développement au sommet d'une réflexion plus constante sur le service public et les résultats réels de l'action. Enfin, on peut également constater que cette irrigation permanente du sommet par la base tend à changer l'état d'esprit des cercles dirigeants. Elle est une source permanente de volonté de réforme [1].

Une telle expérience est-elle transposable en France ? Comme toutes les formules étrangères, notamment celles qui gardent encore une certaine qualité exotique, cette invention japonaise fait rêver comme une utopie réalisée, mais paraît à première vue inaccessible, justement parce qu'elle est considérée comme une utopie. L'explication culturelle permet d'esquiver le problème. Si les Japonais réussissent, ce serait à cause de leur originalité culturelle : leur expérience en serait inséparable et, de ce fait, n'aurait guère de signification pour nous.

Ce type de raisonnement apparemment logique et rassurant est bien propre à stériliser l'imagination. Vouloir

1. Le Premier ministre, Yashuhiro Nakasone, avait choisi de faire carrière à travers la tutelle qu'il exerça sur cette Agence comme ministre responsable au sein du Cabinet. Il s'est largement servi de son expérience à ce poste pour animer les réformes qu'il a introduites. La MCA nouvelle est directement rattachée au Premier ministre.

insuffler les « vertus » japonaises aux Français serait certes aussi absurde que de vouloir leur inculquer les vertus puritaines anglo-saxonnes. Mais tirer la leçon des succès d'autres sociétés est indispensable aux progrès d'une société. La transformation de la nôtre doit énormément aux leçons que les Français ont su tirer des réussites américaines au cours des années 1950-1960. Quant aux Japonais, c'est en voulant imiter les Américains qu'ils ont développé des innovations qui nous paraissent si folkloriquement japonaises.

Prenons l'exemple à la mode des cercles de qualité. Les techniques de contrôle de qualité sont américaines. Conscients de leur traditionnelle infériorité en la matière, les Japonais importèrent ces techniques et les experts américains trouvèrent enfin dans ce pays l'attention qu'ils avaient en vain cherchée chez eux. L'innovation japonaise a consisté à élaborer un système de rapports humains qui permette d'utiliser ces techniques là où elles peuvent réellement faire la différence, c'est-à-dire aux échelons opérationnels de base. Certes, ils ont été aidés dans cette élaboration par leurs traditions de coopération, mais la transposition des modèles qu'ils avaient mis au point a aussi bien réussi aux États-Unis qu'en France dès lors qu'on l'a sérieusement poursuivie. Si les échecs sont plus nombreux que les succès, c'est que le problème n'a pas bien été compris.

En ce qui concerne les systèmes japonais d'évaluation, la conception, une fois encore, est américaine. L'Agence fut créée à la fin de l'occupation américaine, sous l'influence d'experts américains. Les techniques d'évaluation actuelles ne témoignent d'aucune originalité. L'innovation consiste à s'en servir au point clé du processus de décision et à trouver le moyen de convertir les plaintes du public en sources d'information et en pressions pour le changement. On ne cherche pas à changer les motivations des partenaires, mais à les rendre utiles à l'amélioration du système.

Il serait certainement utopique de vouloir importer un système étranger complet, clé en main. Mais si l'on veut tirer la leçon des succès américains ou japonais, encore faut-il reconnaître que le secret ne réside pas dans des techniques simples aisément importables, sans danger pour les habitudes, mais dans le montage organisationnel.

Le problème va en fait beaucoup plus loin : comme la décision de changer le mode de préparation des décisions, c'est un problème de politique d'ensemble.

Différentes solutions sont possibles. Nous devons inventer la nôtre. Mais, pour réussir, il nous faut savoir d'abord bien apprécier tous les éléments qui sont en jeu : d'abord la professionnalisation des évaluateurs, qui doivent trouver le soutien institutionnel qui leur permettra d'apprendre à devenir différents ; ensuite l'introduction des techniques d'évaluation dans le système de décision, sans qu'elles soient faussées et corrompues par les pressions du jeu politique ; enfin la circulation d'une information plus pertinente, qui assure une communication acceptable entre l'ensemble administratif, le sommet de l'État et les citoyens.

10

Restaurer métier et leadership

Pour parvenir à l'État modeste, il est indispensable de changer l'état d'esprit des personnels. Mais l'administration ne dispose ni de la méthode intellectuelle ni des moyens humains qui permettraient d'entamer une pareille transformation du climat. La création de cellules de préparation des décisions et d'un système d'évaluation fiable aurait aussi pour objectif de la doter de ses premiers moyens.

Une fois les ressources nécessaires réunies, créer de véritables directions du personnel capables d'élaborer et de mettre en œuvre une politique pourrait constituer la seconde priorité.

Le poids du catégoriel, nécessairement bureaucratique, est encore écrasant. Les personnels sont gérés en fonction des normes et contraintes juridiques qui en découlent, et non pour le bien du service. Aucune réforme profonde n'est possible tant que le climat n'aura pas été profondément modifié, mais il est d'ores et déjà possible de diversifier la gestion des personnels et de créer des régulations plus efficaces à partir d'une restauration de l'idée de métier et en utilisant le très fort attachement des fonctionnaires à leur identité professionnelle. Un grand effort de connaissance devrait être accompli à cette fin, auquel ceux-ci s'associeraient d'ailleurs volontiers.

La formation constituera un outil stratégique indispensable, à condition toutefois qu'elle ait pour objectif prioritaire le développement du service au client et à la société.

Partout il faudra restaurer et développer l'esprit de leadership qui seul peut faire obstacle à la dérive technocratique.

Transformer radicalement la gestion des personnels

La création de cellules de préparation des décisions et le développement de procédures d'évaluation des résultats de l'action administrative sont, dans une certaine mesure, des actions périphériques. Elles ne s'attaquent pas, en effet, au cœur du système administratif, cette immense masse vouée à l'exécution, à la mise en œuvre, donc à l'adaptation des politiques et à la prestation des services. Mais, dans les circonstances actuelles, les blocages sont tels que le périphérique est absolument prioritaire. Il offre le seul moyen de faire bouger un système dont le volant d'inertie est trop fort. On ne peut agir sur de tels ensembles que si l'on dispose de moyens humains, et peut-être surtout de moyens intellectuels sans lesquels le plus imaginatif des réformateurs se trouve nécessairement désarmé. Ce qui caractérise l'administration actuelle, c'est qu'elle ne dispose, de ces deux points de vue, d'aucune marge de manœuvre. Les actions prioritaires qui ont été proposées dans les deux précédents chapitres visent à l'en doter de nouveau.

Le refus de s'attaquer d'emblée aux réformes en profondeur du système ne doit pas détourner pour autant de la réflexion sur les directions et les moyens de telles réformes. Si l'on veut que les actions prioritaires puissent concourir effectivement à la réalisation de réformes ultérieures, encore faut-il que, parallèlement, celles-ci aient été longuement mûries dans les esprits.

Dans cette perspective, la première et à mon avis la seule idée fondamentale qu'il importe de faire passer, c'est que la réforme du système administratif français exige avant tout une transformation radicale de la gestion des personnels. Si importants qu'ils soient, les problèmes de structures, les définitions de missions, les législations diverses sur l'accès du public à l'information et sur le contentieux sont secondaires. Ce qui est essentiel, c'est la façon dont les fonctionnaires se comportent compte tenu des droits, contraintes et obligations qui sont les leurs, et de leurs rapports avec supérieurs et subordonnés. Une administration, ce ne sont pas des structures et des moyens, mais des hommes liés entre eux par des règles et des habitudes.

Pour agir sur les comportements, il faut transformer ces règles et faire évoluer ces habitudes, aussi bien en ce qui concerne le fonctionnement du système de rapports internes qu'en ce qui concerne les rapports avec l'administré. Nous avons vu que le changement des pratiques d'évaluation peut contribuer à faire basculer les rapports avec l'administré. Pour accéder à un équilibre plus fructueux, il faut que change le système interne lui-même.

Avant de nous attaquer au *comment* — un comment auquel on n'aurait que trop tendance à passer hâtivement, tant le besoin de réforme se fait sentir —, essayons de réfléchir un peu plus aux deux types de raisons pour lesquelles un changement est indispensable.

Tout d'abord, il faut le répéter, la croissance exponentielle du système administratif n'est pas due à la voracité des fonctionnaires, mais au développement irrésistible de la complexité et à la montée générale des services. Les administrations deviennent de plus en plus des institutions de services dont citoyens et producteurs ont nécessairement besoin pour faire face aux complexités d'un système économique et social tissé de contradictions. Ce qui veut dire que la logique et la rationalité de ces institutions devraient changer pour s'adapter à ce rôle nouveau. De détenteur du monopole de la violence légitime, l'État au concret devient majoritairement un prestataire de services obligé, pour être efficace, de faire appel au bon vouloir de ses sujets. Les pratiques bureaucratiques qui se sont développées pour protéger fonctionnaires et administrés contre les risques de cette violence sont autant de formes creuses qui n'ont plus d'utilité réelle, mais qui paralysent l'adaptation du service à la réalité vécue par ceux à qui il est destiné.

Mais une seconde série de raisons tend à redoubler l'impact des premières. Ce sont toutes celles qu'entraîne le changement culturel que nous vivons et qui a transformé nos mentalités. L'administration traditionnelle, dans ses vertus et ses limites, était fondée sur un modèle militaire du service. Dans son autobiographie, *Profession : fonctionnaire,* François Bloch-Lainé [1] reproduit encore la logique de Vigny dans *Servitude et Grandeur militaires.* Il y a un très admirable orgueil dans cette humilité du grand commis. Mais, disons-le carrément, si ces valeurs restent non seulement respectables, mais importantes et utiles pour une élite restreinte, elles sont devenues incongrues et même dangereuses pour la masse des fonctionnaires et pour le système qu'elles contribuent à figer.

En réalité, le fonctionnaire moyen ne sert plus l'État, il sert le client. Il n'est plus le prêtre d'un service public désincarné dont la vertu cardinale est l'obéissance, il a un métier qu'il exerce bien ou mal. L'image du service public au sens traditionnel et sacré est encore abondamment utilisée, mais n'est plus en fait qu'un paravent, sinon une excuse, pour échapper à la pression du client. Vouloir restaurer le service public à l'ancienne est devenu absurde, du fait du changement culturel. Si l'autorité n'est plus exercée, acceptée et vécue comme une sorte de sublimation de la vie sociale, la logique du service à l'ancienne se dégrade. Seuls certains très hauts fonctionnaires peuvent encore se draper dans l'orgueil de l'obéissance, à défaut parfois de pouvoir eux-mêmes commander. Mais à partir du moment où plus personne n'entend incarner réellement l'autorité, sauf de façon abstraite et impersonnelle, et où même les plus conservateurs des citoyens se refusent en fait à obéir quand leur propre comportement est en question, la vision fonctionnelle des services à rendre aux

1. Éditions du Seuil, 1976.

divers publics et à la société doit se substituer à la vision exorbitante d'un État transcendant.

Ce sont ces renversements des fonctions, des pratiques et des mentalités qui expliquent l'affaissement du corps administratif et la lourdeur du poids qu'il représente pour la société. La gestion des personnels telle qu'elle s'exerce actuellement est devenue en conséquence une véritable caricature.

Ni les critères et les modes de sélection, ni les mécanismes de promotion, ni les récompenses et les sanctions — pour autant qu'il y en ait —, ni même les tentatives nombreuses de formation ne sont adaptés aux réalités de la tâche à accomplir, à l'objectif des missions, pas plus qu'aux conditions psychosociologiques de la relation fondamentale avec le client.

Dans la logique du gouvernement interne des ensembles administratifs, la dissociation entre la carrière du fonctionnaire et la tâche qu'il accomplit est la plus extrême qui se puisse concevoir : son travail et ses résultats ne peuvent être pris en compte pour son avancement, car l'appréciation qu'on en fait pourrait donner lieu à favoritisme. Ce qu'on appelle le progrès social ne saurait être ici la promotion d'individus, mais l'avancement de catégories. Cette logique catégorielle a profondément influencé le syndicalisme français : le syndicalisme des fonctionnaires a conquis en fait la même influence sur le syndicalisme français que l'État sur la société civile. Elle en a fait un instrument de conservation sociale. C'est le même esprit qui, malgré les apparences, prévaut dans l'action interventionniste de l'État et la rend aussi paralysante. Ce sont les intérêts catégoriels que les mesures gouvernementales visent systématiquement. Les gouvernants, parce qu'ils pensent et vivent dans la culture administrative, raisonnent par catégories : ouvriers, cadres, artisans. Ils nourrissent implicitement l'idéal d'un statut qui codifierait droits et devoirs par catégorie. Mais qu'est-ce qu'une catégorie ? Que recouvre-t-elle ? Quel intérêt y a-t-il à promouvoir par la codification une classification qui ne correspond jamais à la réalité et qui enferme les intéressés dans un modèle nécessairement figé ? Toute innovation, tout changement réel met justement en question l'équilibre catégoriel. Plus on a figé le jeu social et politique dans le débat catégoriel, plus on a de chances de s'enliser dans les conflits conservateurs. Autour des définitions statistiques, nous avons reconstitué en fait les catégories d'Ancien Régime.

Nous nous moquons des disputes des corporations du Moyen Age entre savetiers et cordonniers sans nous rendre compte que les rapports et oppositions entre ingénieurs des Ponts-et-Chaussées et ingénieurs du Génie rural, entre polytechniciens et inspecteurs des Finances, sont tout aussi stupides et anachroniques.

Il n'existe pas en fait de direction de personnel sélectionnant, préparant, formant et guidant les hommes de qualité indispensables à l'animation et à l'exécution d'une politique qui porte essentiellement sur les rapports humains, ceux-ci constituant la substance même de l'action administrative. Nous trouvons bien des services bureaucratiques qui gèrent les personnels, mais cette gestion n'est absolument pas assurée en vue des missions que doivent assurer les services. Le divorce entre l'exercice pratique du métier et la carrière est profond. Le personnel est géré, mais en fonction de règles et de normes qui n'ont rien à voir avec les objectifs qu'il devrait poursuivre et les résultats qu'il obtient. D'autre part, l'uniformité et la rigidité des règles statutaires non seulement éloignent de la pratique du métier, mais, accentuant la stratification propre à toute grande organisation bureaucratique, elles paralysent l'exercice de l'autorité par les supérieurs qui n'ont pas la possibilité d'animer et d'orienter l'action de leurs services.

De ces constatations sur les vices de fonctionnement de l'administration, la conclusion que tirent les libéraux, pour évidente qu'elle puisse paraître, n'en est pas moins simpliste. Supprimer les statuts ou le modèle du statut n'est pas une solution. D'abord parce qu'un certain nombre de fonctions administratives doivent être absolument protégées contre les interventions des administrés et contre le favoritisme de supérieurs susceptibles d'être influencés par des considérations extérieures, notamment politiques. Ensuite parce que ce qui fait problème, ce n'est pas le statut, mais son uniformité et l'application qui en est faite. Le problème n'est pas d'éliminer les protections dont jouissent les fonctionnaires, mais de restaurer la primauté absolue du service à l'usager, à l'administré, au citoyen.

Les réformateurs néo-libéraux voudraient supprimer cette monstruosité juridique qui fait des fonctionnaires des citoyens à part et qui constitue à leurs yeux une source de blocage scandaleuse. Ils ne peuvent comprendre que les fonctionnaires soient passionnément attachés à leur statut. Il s'agit là pourtant d'un fait. C'est la sauvegarde du statut qui perpétue la force d'un syndicalisme par ailleurs en perte de vitesse, à la fois parce qu'il dispose encore sur ce terrain de symboles émotionnels efficaces et parce que ce sont les syndicats qui administrent en fait son application. Attaquer le statut est donc le plus sûr moyen de renforcer le syndicalisme des fonctionnaires dans ses réactions de plus en plus conservatrices et, finalement, dans son pouvoir bloquant.

Pour avoir quelques chances d'avancer, il faut essayer de comprendre le problème en prenant un peu de distance par rapport à la rhétorique traditionnelle de droite ou de gauche. Si l'uniformité de la gestion des personnels présente de tels inconvénients, c'est que, les personnels constituant le moyen essentiel de l'action administrative, toute la gestion de l'administration en dépend ; l'État à la française apparaît ainsi comme un immense conglomérat à qui ses dirigeants voudraient imposer le même type de gestion minutieuse uniforme pour des activités qui ont aussi peu à faire ensemble que la production en série de pièces détachées et la fourniture de services informatiques. On sait depuis longtemps dans le privé que de telles aberrations aboutissent vite à un effondrement mérité.

Le problème n'est donc pas la suppression du statut,

mais la constitution de systèmes de gestion adaptés aux métiers dominants des unités administratives concrètes et privilégiant les services à fournir et les objectifs à assurer.

A première vue, cette conversion paraît sinon impossible, du moins extraordinairement difficile. Cette impression tient pour une large part à la méconnaissance des rapports humains réels que cachent les complexités administratives, et des régulations informelles qui permettent aux intéressés de les assumer. Ce sont ces régulations qu'il convient de renforcer et auxquelles il faudrait adapter les statuts, plutôt que de vouloir désespérément plier la réalité aux exigences des principes abstraits de la tradition étatique ou du néo-libéralisme.

En fin de compte, qu'est-ce qui rend la conception actuelle du statut si sclérosante ? C'est sa rigidité et son uniformité. Mais croit-on que les fonctionnaires ne souffrent pas, eux aussi, de ces contraintes ? Il est évident que si. Ce qu'ils voudraient, c'est que la rigidité enferme l'administration, mais les laisse, eux, libres, et qu'à la place du statut général, le groupe ou la catégorie auxquels ils appartiennent puissent disposer d'un statut particulier dérogatoire. Inacceptable, pour ne pas dire absurde, va-t-on trop vite conclure. Mais ne peut-on voir dans cette propension le témoignage de la persistance d'une qualité dont la présence est toujours constatée dans ce milieu : l'attachement au métier et à l'environnement professionnel ? Cette qualité est une ressource considérable ; actuellement canalisée et stérilisée dans une expression corporative défensive, elle pourrait être utilisée pour favoriser le changement.

Au lieu de vouloir réformer le système administratif en culpabilisant et punissant les fonctionnaires, la bonne stratégie consisterait à utiliser et à développer le réservoir de ressources humaines que constitue la fonction publique pour créer, à partir des problèmes, des pressions et des capacités actuels, des équilibres plus ouverts, plus dynamiques, plus fructueux avec la société. Les actions prioritaires sur les méthodes de préparation des décisions et les systèmes d'évaluation des résultats serviraient à dégager les moyens nécessaires pour y parvenir.

Donner la priorité aux métiers

Comment réussir à capter les ressources humaines que peut offrir la fonction publique ?

Notons d'abord que la ressource humaine dans l'État à la française n'est exploitée que de façon malthusienne, ce qui induit des comportements de retrait et d'accaparement qui en font généralement un obstacle. Mais les fonctionnaires ne constituent pas un obstacle en tant que personnes ou membres d'un groupe humain par essence conservateurs ; c'est le système qui est en question, et pour le changer, il faut utiliser la ressource qu'ils représentent. Pour y parvenir, le premier levier est *la connaissance,* car ressources et opportunités sont systématiquement ignorées par un système qui ne se maintient qu'en les refusant.

Notons ensuite que la ressource humaine n'est pas une donnée stable : elle se dégrade mais peut aussi se développer, elle est extensible. L'investissement en ressources humaines est le plus difficile des investissements, mais, en cas de réussite, c'est aussi le plus rentable. L'expérience montre que c'est autour des missions opérationnelles réelles et de la connaissance de leurs résultats que ce développement est le plus efficace, même s'il est de longue haleine et ne peut viser des résultats spectaculaires immédiats.

Toute stratégie visant à transformer l'État doit donc reposer sur la priorité donnée à l'investissement dans les ressources humaines, qui ne saurait être général et abstrait, mais fondé sur la priorité des missions à remplir. Son levier principal est la vertu de la connaissance, la stimulation qu'apporte la connaissance des réalités et des résultats de l'action. Elle doit être essentiellement une stratégie à moyen et long terme, privilégiant le travail en profondeur et à longue échéance. Au lieu d'agir avec des commandos de fidèles imposant les meilleures solutions, les dirigeants doivent choisir la voie plus lente de la remotivation des opérationnels, seuls capables d'effectuer les meilleurs choix sur le terrain.

Si l'on réfléchit à la fois en fonction des contraintes et des opportunités existant sur le terrain et en fonction du changement culturel qui dispose les hommes à comprendre et à agir, les meilleures chances de succès pour cet investissement dans les ressources humaines résident actuellement dans la revalorisation des métiers qu'exercent les fonctionnaires.

Une première observation s'impose. Il n'y a pas *un* métier de fonctionnaire. Beaucoup plus qu'en d'autres pays, il existe en France un état, un statut du fonctionnaire qui polarise l'attention des administrés et des intéressés eux-mêmes. Pour les uns comme pour les autres, cet état suggère une image accusée de privilèges. La polarisation qui en découle détourne en fait de la réalité des métiers concrets qui s'effacent derrière cet état abstrait. Mais, heureusement, ce sont encore en fait les métiers qui comptent, au moins le plus souvent, pour les hommes eux-mêmes. On est fonctionnaire, certes, mais on est avant tout inspecteur des impôts, postier, douanier, enseignant, statisticien ou membre de la Cour des comptes. Revaloriser les métiers signifie avant tout changer l'image concrète des emplois très divers de fonctionnaires, redonner priorité aux métiers réels par rapport à cet état mythique d'homme ou de femme à part du commun des mortels, état d'autant plus décrié qu'il était et reste encore indûment glorifié.

Une seconde observation doit s'ajouter à la première. L'extrême diversité des métiers de la fonction publique rend cette imagerie d'état, de statut et de service public profondément déraisonnable. Les métiers des fonctionnaires ont beau être avant tout des métiers tertiaires, on trouve parmi eux beaucoup d'ouvriers, de spécialistes et d'experts, de managers et de magistrats. D'autre part, les métiers « tertiaires » qu'on y rencontre sont aussi différents entre eux qu'il est possible de l'imaginer. Entre les innombrables travaux de pure procédure administrative, les travaux aussi nombreux de relations, d'animation, de conseil, d'arbitrage et d'arrangements humains divers (en haut aussi bien qu'en bas de l'échelle), les différences sont si grandes qu'il paraît absurde de vouloir appliquer la même philosophie du service et les mêmes règles à tous.

De la simple analyse de ces caractéristiques et de cette variété, on déduira que pour soutenir réellement le fonctionnaire dans l'exercice de son métier, le mode de gestion du personnel, les modalités de sélection ou de choix, et surtout de récompense et de développement, doivent être parfaitement adaptés non seulement à la mission à accomplir, mais aux contraintes qui sont les siennes et aux types de rapports humains qu'elle engendre.

Prenons quelques exemples des principaux métiers que l'on peut repérer au sein de l'ensemble administratif actuel.

Il existe d'abord des métiers participant à leur manière de l'autorité juridictionnelle d'un magistrat. A côté des métiers de magistrature proprement dite, qui, dans tous les pays civilisés, ont toujours joui d'un statut particulier, on peut montrer qu'à des degrés divers, un inspecteur des impôts, un inspecteur du travail, un commissaire de police ont des activités qui présentent certaines analogies avec celles du magistrat. Cette observation n'est pas sans conséquences. Interrogeons les administrés : aucun d'eux n'a envie que son inspecteur des impôts soit rémunéré au rendement, ni même qu'il soit récompensé dans son avancement en fonction du nombre de contribuables qu'il aura épinglés. Certes, eux-mêmes ne détesteraient pas pouvoir bénéficier d'une faveur bien méritée dans leur cas toujours si particulier. Mais ils craignent en revanche que ce personnage si dangereux ne soit accessible aux influences de tout un chacun, en particulier de quelque pouvoir politique qui pourrait exercer sur lui une forme de chantage. Ce qui leur importe, c'est qu'il soit équitable, humain certes, mais indépendant.

L'inspecteur du travail est moins connu ; les problèmes dont il traite sont beaucoup plus souvent polarisés : chaque partie voudrait qu'il soit de son côté, d'où des interférences et des suspicions politiques. Mais qui ne voit que la seule façon de permettre à ce fonctionnaire de bien faire son travail est de le protéger suffisamment pour qu'il puisse se montrer non partisan et n'appliquer que la loi ? Il peut parfois paraître opportun d'obtenir des accommodements, mais n'est-il pas à terme plus important que ce fonctionnaire soit un magistrat intègre plutôt qu'un politique trop zélé ou trop astucieux ?

Quand on examine chacun de ces métiers, on est frappé que leur exercice se trouve en fait soutenu par l'existence de régulations complexes extrêmement fortes : relations avec les pairs, coutumes de négociations implicites, modes d'arrangement admis mais limités. Le fonctionnaire peut faire preuve d'inventivité, mais à l'intérieur d'un système qui le soutient. La hiérarchie joue un rôle de gardienne des valeurs, sans toutefois intervenir. C'est le métier qui commande, non les supérieurs. Que le bon fonctionnaire soit celui qui n'a jamais d'histoires et ne fait donc jamais intervenir la hiérarchie est une proposition qui peut choquer, mais qui exprime fort souvent une réalité à la fois efficace et honorable.

Tel n'est pas le cas des métiers de management : toutes les régies, les télécommunications, les postes, la direction des routes, les chèques postaux, etc. Quand le service est simple et standardisé, que le produit matériel est tangible, l'ensemble des rapports humains devraient être dominés par le modèle du management classique, fondé sur la mobilité des personnels, la promotion au choix, l'évaluation rapide des résultats. Le cas des Télécommunications — service dont l'administration n'a reconnu l'importance qu'il y a une douzaine d'années seulement — est particulièrement sensible. En 1970, la gestion du tableau d'avancement des ingénieurs et cadres pouvait être entièrement assurée sur ordinateur : lorsqu'une vacance s'ouvrait, il n'y avait jamais qu'une seule personne pour remplir toutes les conditions nécessaires pour être promue. Une telle situation est proprement aberrante ; elle explique le navrant retard des télécommunications en France jusqu'en 1974, le coût considérable du rattrapage et les erreurs accumulées en ce domaine par tous les gouvernements.

Le domaine du management classique est relativement restreint, malgré l'enthousiasme plutôt touchant de beaucoup de fonctionnaires pour la fonction qui leur paraît maintenant si noble de « gestionnaire ». Les métiers les plus nombreux sont en effet des métiers de service : ceux de l'éducation et de la santé. Ces métiers qui, comme ceux de la production classique, pourraient être assurés par des institutions privées ne comportent pas pour autant, loin s'en faut, les mêmes régulations que celles-ci. Des services fondés sur l'échange humain et sur la professionnalité du prestataire ne devraient gérer leur personnel ni comme les institutions de magistrature ni comme des services de production au rendement. Le management classique qu'on cherche à y introduire y est généralement tout aussi déplacé que la gestion bureaucratique.

Quantité de métiers sont à la frontière ou empruntent leurs caractéristiques à plusieurs catégories. On relève des aspects de gestion importants dans les unités dont les métiers dominants sont de type magistrature ou de service. D'autres, généralement plus isolés mais parfois dominants, doivent être pris en compte : les métiers d'animation, de conseil, d'expertise et, plus à part encore, les métiers de recherche scientifique. Particulièrement étouffés par les modèles dominants de la fonction publique, ces métiers sont extraordinairement difficiles à gérer. Alors que devraient y dominer la mobilité, la fertilisation croisée, les missions temporaires, les croissances rapides et les changements brusques, ils sont paralysés par la prédominance des carrières à l'ancienneté, de la promotion interne, de la fermeture à l'étranger, à l'extérieur. La fonctionnarisation de la recherche scientifique, épilogue d'une longue suite d'erreurs et de démissions, est la plus absurde et dommageable mesure prise en ce domaine au cours des dernières années. Que le succès dans l'activité la plus personnelle et la plus aristocratique qui soit, la recherche, puisse être attribué à l'ancienneté, en dit long sur le raisonnement dominant de la fonction publique.

Restent, dira-t-on, les métiers exercés par les membres des grands corps de l'État, épargnés d'une certaine façon à cause de leurs titres, mais aussi de leurs contacts et de leur disponibilité. Mais le milieu qu'ils constituent est trop étroit et nécessairement limité par ses propres atouts. D'autre part, ses membres omniscients sont généralement incapables de se spécialiser dans les techniques et modes de pensée nouveaux. Leur succès indique néanmoins quelques éléments décisifs à prendre en compte pour développer les métiers de conseil et d'experts.

Comment réussir l'indispensable transformation de tous ces modes de gestion ? Un minimum de bon sens permet de juger qu'il est aberrant de gérer de la même façon le personnel des Télécommunications, celui de la direction des Impôts, celui du commissariat au Plan et celui de la Recherche scientifique. Mais il est beaucoup plus difficile de proposer des solutions. Nous sommes ici confrontés à du « sur-mesure ». Le problème n'appelle pas de solution miracle, mais la différenciation, la spécialisation des modes de gestion, ainsi que leur personnalisation. Programme qui paraîtrait impossible s'il ne se plaçait dans un très vaste mouvement de reconquête culturelle contre les facilités bureaucratiques.

Que l'on me permette de me répéter une fois encore : aucune solution générale d'ordre législatif n'est envisageable, à la fois parce qu'elle serait inadéquate (aucune loi ne saurait faire du « sur-mesure »), parce qu'elle serait humainement (donc politiquement) insupportable, et parce qu'on ne crée pas une nouvelle gestion par décret.

C'est par un effort de revalorisation des métiers que l'on pourra agir. Effort difficile à concevoir, parce qu'il ne semble pertinent ni dans les esprits ni dans les mœurs. Effort pourtant possible, parce qu'il est attendu. Répétons-le, être fonctionnaire n'est pas un métier, c'est un état, un privilège ou une contrainte. On n'est pas fier d'être fonctionnaire, mais on l'est d'être douanier, d'être postier, d'être spécialiste des impôts, d'être inspecteur du travail, d'être responsable d'animation. La remontée des entreprises et la reconquête de la qualité sont en train de s'accomplir autour de la valeur du métier, au pouvoir motivant considérable parce qu'elle exprime non seulement des pratiques, mais tout un ensemble de relations qui constituent un milieu humain de soutien. Bien faire son métier, être le meilleur dans ce métier sont des moyens de motivation que les intéressés, s'ils ne sont pas découragés par le système, redécouvrent instinctivement.

Mais, pour utiliser ces potentialités, encore faut-il d'abord les connaître. Or l'ignorance dans laquelle se trouvent à leur égard les responsables, les politiques et le public lui-même est déconcertante. Dans bien des cas, bureaucratie et syndicats s'entendent implicitement pour cacher à tous des réalités qu'ils estiment peu compatibles avec la dignité de fonctionnaire. Mais chaque fois que l'on y accède par une enquête ou simplement par des programmes de formation plus ouverts, on est abasourdi par tous ce qu'on découvre, à commencer par la passion que peuvent mettre les fonctionnaires à discuter des problèmes de ces métiers précis qui sont les leurs. Une philosophie propre à chacun d'eux, des logiques particulières, se dégagent des analyses qu'on peut en faire. C'est à partir d'elles que l'on pourra bâtir des modes de gestion et de formation mieux adaptés. A la limite même, c'est à partir d'elles que pourraient être repensées certaines structures qui doivent être grandement déficientes puisqu'on les réforme en permanence et que chacune de ces réformes successives se solde par un échec !

L'expérience des cercles de qualité dans l'industrie doit être particulièrement méditée. Quand les cercles réussissent — ce qui est avant tout affaire de soins, de souci du détail, de passion professionnelle —, ils apportent à tous une masse de connaissances inédites qui offre des perspectives de renouvellement dans les situations en apparence les plus bloquées [1].

Une fondation pour l'étude et la valorisation des métiers administratifs pourrait être un instrument temporaire de stimulation de la réflexion préparatoire à d'éventuelles interventions ultérieures.

A terme, il me semble évident que dans ces métiers de relations humaines, les directions de personnel devraient devenir les organes centraux de toutes les grandes unités. C'est le patron même de l'unité qui devrait en être l'inspirateur, car cette fonction constitue l'élément essentiel de toute stratégie de changement.

Tant que n'existent pas de vraies directions du personnel, on ne peut ni spécialiser les fonctions, ni faire utilement de la formation, ni remotiver le personnel. Les actuelles gestions du personnel, à quelques exceptions près [2], sont des gestions juridiques et bureaucratiques qui non seulement n'aident pas à la promotion des talents, mais découragent toutes les velléités d'innovation. Les responsables s'abritent derrière le statut et la vision principalement juridique de la direction de la fonction publique. Les doctrinaires du libéralisme exigent le démantèlement du statut et, en attendant, se révèlent incapables de proposer aucune action sérieuse. En fait, il n'est nul besoin de changer de statut pour constituer des cellules de direction des personnels véritablement compétentes. A défaut de telles cellules, aucun assouplissement acceptable des statuts n'est possible. Mais, grâce à elles, beaucoup de progrès pourraient être accomplis, que les intéressés considéreraient comme autant de bénéfices et d'encouragements, non comme des attaques déplacées contre leurs privilèges.

Tout n'est pas parfait, loin de là, dans les directions du personnel des entreprises privées, françaises ou étrangères. Mais nous disposons désormais de connaissances

1. Voir Françoise Chevalier, *op. cit.*
2. Comme celle, remarquable, du ministère de l'Équipement.

considérables et de très nombreuses techniques qu'il est possible de mettre en œuvre. L'administration pourrait d'autant plus facilement réussir en ce domaine que, grâce aux succès des actions prioritaires (décision-évaluation), elle serait à même de faire appel à un très grand nombre de gens compétents, son extraordinaire sous-développement constituant ici dans une certaine mesure un avantage. Au moins les chances de réussite sont-elles ici d'autant plus fortes qu'on comblerait un retard perceptible aux yeux de tous.

Réformes de structure d'abord, réforme du statut ensuite pourraient être envisagées dans un avenir plus lointain : dix à quinze ans, quand le climat aura déjà changé et que, de ce fait, les esprits auront réellement évolué.

La formation comme outil stratégique

L'administration étant avant tout affaire de relations humaines, elle ne peut être rénovée que si on sait faire appel aux fonctionnaires, que si l'on accepte d'investir massivement dans les ressources humaines qu'ils constituent. Pour y parvenir, il faut d'abord créer des directions du personnel modernes, capables d'en assumer la charge. Je ne m'étendrai pas sur les divers instruments d'action dont ces directions devront disposer, mais il en est un qui demanderait dès maintenant un investissement d'exploration préalable, et sur lequel je voudrais attirer l'attention, car il sera central dans tout dispositif de changement : la formation.

Pourquoi mettre l'accent sur la formation alors que l'administration française est renommée pour l'effort qu'elle a toujours consenti en vue de sélectionner des personnels de haut niveau déjà bien formés ? C'est que, dans le monde où nous entrons désormais, la formation change complètement de nature et même de sens. Je l'ai déjà répété à plusieurs reprises : le gouvernement par circulaires et par ordres hiérarchiques est de plus en plus périmé. C'est vrai aussi bien pour le public que pour le privé. Les règlements et circulaires s'amoncellent, qui paralysent l'action au lieu de la stimuler. Les ordres hiérarchiques qui pourraient les compléter sont de moins en moins pertinents et de moins en moins obéis, à cause de cette impatience qu'hommes et femmes modernes éprouvent vis-à-vis de toute autorité. Mais tout le monde a beau se plaindre de la lourdeur du système, chacun contribue à la renforcer : il n'existe en effet aucune méthode de substitution.

Ce que découvrent graduellement les patrons privés les plus ouverts, c'est que la seule façon d'alléger le système consiste à gouverner par les mœurs et la culture au lieu de recourir aux règles et aux ordres.

Plus que toute autre institution, l'administration a les moyens de s'engager dans cette voie. Car elle réussit d'ores et déjà à fonctionner en partie du seul fait de la solidité des mœurs et de la culture de ses différents métiers. Si l'on souhaite l'alléger, il faut s'appuyer bien davantage encore sur le capital humain que son expérience lui a permis d'accumuler, mais en s'efforçant d'en tirer parti et de le développer en fonction des réactions du client-administré-citoyen et de l'évolution des missions. La formation permanente est l'instrument indispensable pour connaître, utiliser et développer ce capital. Mais, pour devenir cet instrument essentiel qu'elle peut et devrait devenir, la formation permanente doit subir une transformation radicale. Ce qui est en question, ce n'est que secondairement le contenu et la pédagogie ; c'est d'abord et avant tout l'objectif et l'état d'esprit.

Actuellement, dans l'administration publique, si la formation permanente ne parvient pas à se développer, c'est principalement parce que le plus souvent elle ne sert à rien : elle est conçue de façon abstraite, comme une affaire scolaire individuelle offrant aux uns et aux autres la possibilité de se perfectionner dans les domaines qui les intéressent, et de rattraper éventuellement leurs retards antérieurs. Rarement est-elle pensée en fonction des problèmes du métier, encore moins dans la perspective des objectifs prioritaires des responsables. Il en résulte inévitablement une profonde inadaptation à la réalité vécue. On la voudrait tremplin pour la promotion, mais c'est impossible, car il y a si peu de promotions et déjà tellement de paramètres à satisfaire ! En fait, la formation est ressentie comme un moyen d'échapper à son milieu. Comment s'étonner alors que les responsables se montrent réticents à libérer leurs meilleurs employés et que les expériences positives — il y en a — soient rares et demeurent quasi clandestines ?

La formation dont l'administration aurait besoin pour se moderniser serait active, se proposerait des buts et les réviserait en fonction des résultats. C'est une fonction qui devrait devenir centrale et mobiliser les plus gros investissements. Dans des activités de service impliquant des rapports humains complexes, des modes d'adaptation rapide, une part de responsabilité, donc d'arbitraire, la fonction « formation » devrait représenter une part croissante dans la masse salariale. Cela se vérifie en Amérique, en Suède et en d'autres pays avancés. A défaut de former constamment ses fonctionnaires, l'administration ne peut prétendre se mettre à l'écoute de ses publics.

Paradoxalement, tout en étant considérée à juste titre comme la fonction centrale, la formation doit également être pensée comme une fonction secondaire d'accompagnement, certes essentielle, mais adaptée aux buts et aux missions prioritaires qu'elle a pour tâche de faire réussir. La formation pour la formation n'a guère de sens.

Reprenons l'exemple des deux actions prioritaires dont j'ai esquissé le plan. L'une et l'autre offrent des cas privilégiés autour desquels peuvent s'expérimenter des actions de formation d'un nouveau style. Créer des cellules de préparation des décisions capables d'éclairer les responsables n'intéresse au départ qu'un nombre limité de personnes de haut niveau, mais l'investissement de formation n'en est pas moins considérable. Car il faut d'autant plus investir qu'on n'a ni les connaissances préalables ni l'expérience. Ce n'est qu'en mobilisant ressources françaises et étrangères qu'on y parviendra. Et cette action très spécialisée, élitiste, nous apprendra en revanche beaucoup sur les contenus et méthodes transposables pour l'encadrement moyen de la fonction publique.

L'introduction de méthodes et de procédures d'évaluation requiert également des investissements de formation sans commune mesure avec le nombre de personnes à y former directement. Elle peut d'ailleurs se faire en association, car on a à former des experts de différentes spécialités, devant exercer des fonctions et surtout des rôles différents. Ces divers spécialistes ont des besoins de rencontre et de coordination communs, mais, en même temps, des besoins d'approfondissement impliquant connaissances, méthodes et pratiques, analyses et études de cas, constructions de modèles beaucoup plus spécialisés. Les uns et les autres ont en outre besoin d'expérimentation, de travaux en vraie grandeur, dirigés et supervisés ; l'apprentissage du terrain et par le terrain est ici essentiel. Il est coûteux mais indispensable — et à terme très fructueux — de suivre ces expériences grâce à des moyens plus substantiels, afin qu'elles puissent être menées avec tout le soin nécessaire et qu'on puisse en tirer la leçon. On ne construit pas un prototype avec les mêmes ressources et les mêmes ratios que les modèles de série. Jusqu'à présent, l'administration était bien incapable de le concevoir...

Dans l'un et l'autre cas, les institutions de formation doivent être des foyers d'animation, de rayonnement, de direction, elles ne peuvent réussir que directement « branchées » sur les patrons opérationnels des grandes unités. De telles expériences pourraient également servir de bancs d'essai pour le développement de nouveaux types de formation.

Les opérations plus classiques de réorganisation, de réanimation de grandes unités opérationnelles posent d'autres problèmes. Chaque patron d'unité doit néanmoins concevoir l'utilisation de la formation selon la même philosophie, c'est-à-dire comme une arme offensive pour changer l'état d'esprit de son personnel afin que celui-ci puisse être plus libre, plus autonome dans son action, tout en concourant au but prioritaire que constitue le bon accomplissement de la mission.

C'est autour du développement et de la diffusion de la connaissance pratique des réalités relationnelles de la tâche administrative que la formation peut obtenir ses meilleurs résultats. L'échange d'expériences entre participants sur leurs propres pratiques génère par exemple un extraordinaire dynamisme. Elle sera d'autant plus efficace qu'elle aura été préparée et suivie avec tout le soin nécessaire, et qu'elle pourra être nourrie par l'utilisation des connaissances de la réalité qu'apportent les recherches empiriques. Là réside pour une large part le secret du succès des cercles de qualité. La revalorisation des métiers pourrait s'y prêter merveilleusement. Elle requiert en effet un effort d'investissement dans l'analyse des pratiques actuelles, des pratiques étrangères, des techniques disponibles et des alternatives qu'elles peuvent offrir, ainsi que dans l'analyse des milieux servis et des divers partenaires du service rendu.

L'orientation de certaines de ces actions pourrait paraître choquante à ceux que leur tradition de lutte syndicale ou leur souci d'égalitarisme juridique rendent incapables de considérer la formation autrement que comme un droit ou un privilège égalitairement réparti. Il convient donc de procéder avec prudence, en prenant tout le temps de préparation nécessaire pour convaincre.

La formation, qui permettra de moderniser l'administration et de progresser peu à peu vers l'État modeste, doit être orientée en priorité vers le bien du service, non vers le bien des fonctionnaires. Même s'ils en éprouvent quelque crainte, les fonctionnaires en ont aussi plus profondément envie.

Dans un rapport rédigé par la CEGOS, tirant la leçon des expériences du privé, Yves Cannac conclut que, pour réussir son développement, l'entreprise doit « *se mobiliser pour le développement de ses compétences professionnelles* », ce qui suppose « *que l'organisation du travail, l'emploi des hommes, les formes de commandement, les méthodes de résolution des problèmes, la gestion des carrières, bref, le fonctionnement même de l'entreprise deviennent des moyens d'éducation : que l'entreprise tout entière s'assume comme un système éducatif* ».

Les entreprises bénéficient à présent d'une expérience considérable en ce domaine. L'État doit enfin en tirer parti. Dans son esprit et dans ses pratiques actuels, la formation serait plutôt un frein au changement ; elle reprendrait tout son sens si elle devenait l'outil même du changement. Sa valeur d'entraînement lui redonnerait alors toutes les possibilités de développement qu'elle a perdues.

Contre la technocratie, restaurer les patrons

J'ai déjà beaucoup parlé de l'élite administrative et de la technocratie à la française. Mais, dans le cadre de cette dernière réflexion sur la renaissance de notre système de décision et de gestion collectif, il me semble nécessaire de reprendre le sujet, cette fois sous l'angle des responsabilités du fonctionnement interne.

L'actuel système administratif est dominé par les technocrates. Non que ceux-ci soient tout-puissants ou puissent même décider ou gouverner vraiment. Mais parce que ce sont eux qui imposent, maintiennent et justifient le mode de raisonnement bureaucratique dont nous sommes — tout comme eux — prisonniers.

Or la reconquête de cet État étouffant par une société qui veut vivre exige un changement radical de raisonnement. Ce changement ne saurait s'accomplir par des astuces intellectuelles ou de brillants discours, il doit s'incarner dans des pratiques relationnelles. J'ai essayé de montrer quels types de comportement pouvaient s'avérer souhaitables dans les relations avec les divers publics et avec la société. Mais pour que ces comportements soient possibles, il faut que changent en même temps les relations internes, les modes de gestion et le système de décision à l'intérieur du monde administratif lui-même.

Ce qui implique, nous l'avons vu, des techniques, des méthodes et un raisonnement nouveaux. Mais ce qui implique aussi des réformes de longue haleine, des innovations difficiles, des risques et des choix. Or il n'est pas d'innovation sans innovateur, de réforme sans auteur, de risque assumé sans leadership, ni de leadership sans leader. Certes, il arrive — et c'est particulièrement souhaitable — que des équipes se constituent, beaucoup plus capables d'animer un ensemble qu'un leader isolé. Mais une équipe ne se constitue que grâce à l'action d'un patron (plus rarement de plusieurs).

Nous avons besoin de nouveaux patrons. L'État à la française rejette les patrons. Il préfère les technocrates, parce que ceux-ci sont interchangeables, donc irresponsables, et ne peuvent troubler le système dans sa perfection. Des patrons responsables sont trop humains, ils paient de leur personne, font des différences entre les résultats, ce qui est dangereux, mais surtout entre les personnes, ce qui devient vite inacceptable. Pour conduire l'indispensable changement, il nous faut trouver des patrons ou plus exactement — plus difficilement, peut-être — les accepter. On ne pourra animer le personnel de la fonction publique, mobiliser les immenses ressources qu'il recèle, tant que l'on ne réussira pas à faire accepter l'arbitraire humain que toute entreprise exige et qu'incarne le modèle émotionnel du patron.

Le changement culturel accéléré des sociétés occidentales s'est réalisé pour une bonne part contre l'autorité. Le mythe du chef s'est effondré. L'impatience extrême de nos contemporains face à toute forme d'autorité rend impossible — tout à fait heureusement, à mon sens — sa restauration. Mais un patron n'est pas nécessairement un autocrate. Ce n'est pas non plus un homme de hiérarchie, le représentant d'un groupe social. C'est même presque le contraire : c'est un dérangeur, un éveilleur, un animateur, celui qui réussit à faire prendre les décisions douloureuses.

La réflexion traditionnelle, qui continue d'ailleurs à occuper une large place dans le débat sur la conduite de la société, me semble faussée par le fait qu'elle se polarise sur la personnalité du leader. Nous récusons toute autorité alors même que nous perpétuons toutes sortes de cultes de la personnalité. Nous cherchons chez certaines personnalités les qualités exceptionnelles qui doivent faire d'elles des surhommes censés obtenir de nous une obéissance que nous refusons par principe d'accorder.

L'analyse empirique montre au contraire que les patrons qui ont réussi sont très différents les uns des autres, que leurs qualités ne se recoupent pas. Ce qu'ils ont en commun, c'est la passion de leur entreprise, la capacité de s'effacer devant elle, que ce soit avec modestie ou avec panache.

Le problème n'est pas la personne, mais la fonction. Ce que nous devons restaurer, ce n'est pas la personne (le chef), ce n'est pas l'autorité (l'inacceptable dépendance), mais la fonction de leadership. La vie des institutions, leur développement impliquent de l'innovation, du risque, c'est-à-dire de l'arbitraire, donc des hommes qui l'incarnent temporairement.

L'importance de ces problèmes est en train d'émerger à nouveau dans le monde entier, plus particulièrement dans les pays occidentaux les plus avancés. Le concept de leadership est redevenu à la mode aux États-Unis, où toutes les bonnes universités offrent désormais sur ce sujet des séminaires qui attirent de plus en plus les meilleurs étudiants. La *Kennedy School of Government* de Harvard, l'institution la plus prestigieuse pour la formation des fonctionnaires, est allée plus loin. Elle organise une bonne partie de ses programmes de formation pour « *middle managers* » publics, et à un moindre degré ses programmes pour étudiants, autour de la discussion de cas réels récents d'innovation administrative. Réflexion sur le leadership et réflexion sur l'innovation sont alors très étroitement associées [1].

La Suède socialiste est actuellement le pays qui fait le plus d'efforts dans ce domaine. A la différence des États-Unis, ce sont les autorités gouvernementales qui les animent. La formation des « managers publics » fait l'objet de leur part de soins particuliers et d'investissements considérables. Parallèlement, tous les nouveaux directeurs d'Agences gouvernementales — l'équivalent de nos directions générales — se voient offrir des contrats de six années, car on a reconnu qu'il ne peut y avoir de leadership sans continuité. L'autorité politique leur accorde désormais une grande autonomie et n'exerce plus sur eux de contrôle tatillon. En revanche, elle définit leurs missions de façon beaucoup plus précise et ils sont soumis à des évaluations très sérieuses de leurs résultats en fonction de ces missions [2].

La réflexion sur le leadership est inséparable de celle sur la méthode. D'une certaine façon, la réflexion sur la méthode, sur l'apprentissage de nouveaux raisonnements, coïncide avec l'apprentissage d'un nouveau leadership. Faire accepter l'autorité, restaurer des patrons peut apparaître aussi étrange dans notre monde que le fut naguère la réhabilitation du profit ou celle de l'entreprise. Faire naître et accepter de nouveaux leaders est pourtant parfaitement possible à l'occasion de nouvelles missions, de réformes plus pragmatiques à réaliser. Le mouvement se prouve en marchant, nous devons en accepter le risque. Il ne sera pas si difficile de trouver de vrais patrons, car jusque chez les technocrates, nombre de leaders potentiels seraient capables de se révéler face à ce défi. Le problème

1. Michel Crozier, *Comment réformer l'État? Trois pays, trois stratégies : Suède, Japon, États-Unis, op. cit.*, p. 106-108.

2. Michel Crozier, *ibid.*, p. 35-36. Richard Murray, « Le cas suédois », in *Comment réformer l'État,* Colloque de la Fondation du futur, 1988, p. 47-51.

sera de leur faire confiance, donc de créer le climat de soutien indispensable autour de la fonction qu'ils auront à remplir [1].

1. Depuis son entrée en fonctions, le gouvernement Rocard a choisi d'accorder une grande importance aux problèmes du personnel de la fonction publique.

La voie qu'il a choisie pour son programme de rénovation est celle de projets de service directement imités des projets d'entreprise du privé. Cette voie présente l'avantage de permettre l'introduction de consultants extérieurs et de forcer les responsables à repenser leurs fonctions. Elle constitue un moyen de sensibilisation intéressant. On en trouvera une brève analyse dans la postface de cet ouvrage, p. 300-301.

Les problèmes débattus dans ce chapitre, celui des métiers, celui des directions de personnel, celui des nouveaux types de formation et surtout celui du leadership, restent toutefois encore tout à fait ignorés.

Conclusion

Pour une politique modeste

Pas d'État moderne sans politique modeste

La conquête de modernité que sera le passage à l'État modeste ne pourra s'accomplir que si nous réussissons parallèlement à ramener la politique elle-même à la modestie. Un État modeste, respectueux des citoyens au service desquels il accepte d'œuvrer, suppose en effet une politique modeste qui ne prétende ni changer la vie ni même fonder à nouveau la société. Malheureusement, l'ambition de modestie, même si elle répond au désir des citoyens, paraît naïve et utopique dès qu'on la formule de façon positive. Convertir au bon sens un État arrogant et une politique mégalomane ne serait possible qu'au prix d'immenses efforts. Or quelles chances aurait-on de rassembler les énergies nécessaires à de tels efforts quand le but proposé semble si trivial ?

La contradiction dans laquelle se trouve enfermé tout réformateur n'est pas si profonde qu'on a tendance à le croire. Elle est l'expression d'une époque et d'un contexte particuliers. Vieux routiers de la politique, jeunes excités de l'action révolutionnaire et experts en communication croient les uns et les autres que pour soulever les montagnes de l'inertie populaire, il convient d'utiliser les grands mots de l'idéologie, voire les démonstrations spectaculaires qui frappent l'imagination des téléspectateurs. Ils ne se rendent pas compte qu'ils sont prisonniers de cette hyper-inflation du politique que rejettent de plus en plus les citoyens.

Difficile et douloureuse, la conversion n'en est pas moins en train de se préparer. Cette hyper-inflation du politique ne saurait se perpétuer indéfiniment. Le malaise est désormais ressenti profondément par les Français. Leurs réactions le prouvent amplement. Ce que nous devons comprendre et faire comprendre, c'est que la mégalomanie des politiques entretient l'État arrogant dont tout le monde se plaint. C'est au nom de l'idéal que la bureaucratie s'arroge le droit de décider à notre place. Si l'on veut libérer les hommes des hiérarchies abusives qui les oppriment, il n'est pas d'autre solution que d'éliminer cette notion — après tout contingente — d'un idéal politique absolu qui devrait s'imposer à nous. La recherche et la mise en œuvre d'un idéal absolu, fût-ce celui de la justice, impliquent nécessairement une intervention active, donc une contrainte hiérarchique et la bonne conscience des acteurs dominants. Cette conception archaïque est en parfaite opposition avec le mouvement culturel qui entraîne tous nos concitoyens au rejet de toute autorité et à l'affirmation de leur autonomie. Si elle continue de prévaloir, c'est par défaut : parce que nous avons été jusqu'à présent incapables d'en élaborer une autre qui soit en accord avec les conditions réelles de l'action dans le monde actuel. Elle est fondée sur le mythe extravagant de la possibilité de création d'un homme nouveau, empruntée au romantisme révolutionnaire. Ce mythe n'a pas seulement perverti la politique de gauche, il a influencé l'ensemble du monde dirigeant. Les plus doux planificateurs « indicatifs » en quête de supplément d'âme se sont sentis investis de la mission sacrée de fabriquer l'avenir. Tout ministre de l'Éducation nationale fraîchement nommé n'a eu de cesse d'engager *sa* nouvelle et dérisoire réforme en se persuadant lui-même qu'il était comptable de la préparation de l'homme de l'an 2000, en formation dans les éprouvettes et les cornues de *ses* écoles.

Cette illusion de responsabilité, cette passion pour les grandes décisions fondatrices séduisent toujours par la noblesse de leurs intentions, mais doivent être récusées au nom même de la morale qu'elles prétendent incarner. Le problème est en effet beaucoup plus profond que celui de la fin et des moyens.

Quand il s'adressait aux jeunes révolutionnaires romantiques, à ces « excités » des années troubles de l'effondrement du Reich impérial, Max Weber tentait de les mettre en garde contre les illusions de l'éthique de la conviction [1]. Mais il apparaît clairement aujourd'hui que l'éthique de la responsabilité qu'il leur demandait de cultiver en contrepartie constituait un bien trop faible barrage contre les mouvements qui allaient déchirer l'Europe. Le raisonnement wébérien qui a nourri le débat sur la morale politique contemporaine doit être dépassé. Il plaisait et plaît encore aux modérés, car ils ont toujours l'impression qu'ils le gagneront avec aisance. Ils n'ont effectivement cessé de le gagner en théorie, mais l'ont en même temps presque toujours perdu en pratique. Tout le monde ne peut à l'évidence manquer d'admettre que la fin ne justifie pas les moyens, les mauvais moyens corrompant à terme les meilleures fins et l'idéal risquant de dégénérer en tyrannie bureaucratique. Mais qui ne voit après coup que pour une fin attirante et qui soulève les passions, il suffira de s'aveugler suffisamment longtemps sur les moyens employés pour que le débat perde tout son sens ?

Si l'on veut vraiment arrêter les apprentis sorciers de la politique mégalomaniaque, capables de renforcer l'État arrogant en prétendant le supprimer, ce n'est pas sur une morale des moyens qu'il faut s'appuyer, mais sur une critique radicale de la glorification des fins de l'action politique.

L'indispensable désinflation du politique exige qu'on accepte enfin de désacraliser la vie collective. C'est l'espérance religieuse transcendantale qui corrompt la politique, non l'emploi de mauvais moyens. C'est la peur de désespérer Billancourt qui a conduit à tromper les

1. Dans ses deux conférences de 1919 réunies en français sous le titre *Le Savant et le Politique*, Plon, 1959.

citoyens. Il faut avoir le courage d'admettre que le dieu-Société est mort.

La mort du dieu-Société

Nous ne réussirons à fonder la nouvelle morale politique indispensable à l'avènement de l'État modeste que si nous prenons conscience du changement radical qui affecte nos perspectives politico-théologiques en cette fin de siècle. Un dieu est bien en train de mourir une seconde fois. Ce n'est bien sûr plus celui d'Abraham et de Jacob qui est ici en question, mais celui de Lénine et de Trotski. A terme, ce renversement de notre vision du monde est encore plus crucial que celui qui bouleversa la culture européenne il y a cent ans[1].

Le « *Si Dieu est mort tout est permis* » qu'avaient fait retentir Nietzsche et Dostoïevski a dominé la réflexion de notre siècle de turbulences et nourri les angoisses de la conscience moderne. Les outrances et les folies de la passion révolutionnaire ne peuvent se comprendre que sur le fond de cette angoisse qui a saisi l'homme moderne, ainsi projeté dans le vide métaphysique. C'est à cause d'elle que le dieu-Société a pu incarner à son tour une transcendance dont on ne pouvait encore se passer. Le salut, donc l'espérance venaient désormais d'un devenir social sur lequel il fallait refaire le pari de Pascal.

On se demandera à l'avenir comment tant d'esprits raisonnables purent s'aveugler si longtemps sur les faits et les mécanismes sociaux. Le fantastique social allemand à la Brecht, les vagues successives de romantisme révolutionnaire à la Malraux, à la Jean-Paul Sartre ou à la Régis Debray apparaîtront probablement, à distance, comme les

1. Il est paradoxal et d'une certaine façon plaisant que ce soit en Russie soviétique que cette révolution s'accomplisse désormais le plus nettement. Je ne l'imaginais guère, bien sûr, en écrivant ces lignes.

somptueuses manifestations d'une esthétique baroque destinée à célébrer un projet de société aussi désuet, aux yeux de nos descendants, que le paraissent aux nôtres les absolutismes princiers et religieux du XVIIe siècle.

La mort de ce dieu-Société constitue une seconde mort de la transcendance sociale. Un sociologue comme Alain Touraine, lui-même longtemps fasciné par le caractère religieux du mouvement social, exprime parfaitement la profondeur de cette crise quand il proclame que la société n'existe plus. Quelques chargés de mission eschatologique continuent certes d'entretenir des ersatz de rêves, mais si les mots et les symboles subsistent et persistent à nourrir l'inflation verbale et la mégalomanie de politiques en quête de messages dans des majorités de circonstance, l'idée du Bien et du Mal ne peut plus désormais s'ancrer en politique. Nos libéraux ont dû le reconnaître à leurs dépens, qui avaient cru que l'onction du vote pouvait sacrer une nouvelle légitimité. La crise de légitimité qui avait provoqué la défaite de la gauche n'allait pas manquer de les affecter à leur tour.

Les Français ne sont pas en train de se détourner de la politique, ils commencent tout simplement à la désacraliser. Je m'en réjouis. La distinction du bien et du mal ne saurait plus longtemps être rapportée à des catégories qui définiraient des fins transcendantales. Le suffrage universel donne le droit de gouverner, mais dans les limites étroites des libres arrangements entre les hommes. Il ne peut consacrer le droit de changer *de* société ni même de changer *la* société.

En m'exprimant ainsi, j'ai conscience de choquer le sentiment religieux des passionnés de politique dont je respecte l'engagement. Pour eux, une politique ainsi désacralisée, pareille modestie conduisent nécessairement à tolérer l'injustice et à s'abandonner au conservatisme, voire à un matérialisme vulgaire.

Je voudrais d'abord répondre que le bien de la société, la justice sociale sont des formules aussi vagues que la Providence. Nul n'a le droit de vouloir changer l'homme au nom d'un dieu ou d'un principe souverain. La politique modeste consiste au bout du compte à admettre que nous ne pourrons jamais réaliser le royaume de Dieu sur terre.

Je répondrai ensuite que désacraliser la politique ne signifie pas renoncer à agir, mais agir autrement, en fonction d'une autre morale mieux adaptée à notre époque, et que je crois finalement plus haute.

La morale de la complexité

L'action politique n'a de sens que par rapport à une morale de l'action humaine. Deux types de réflexions ont toujours été nécessaires pour fonder cette morale : une réflexion religieuse ou sociale sur le rapport de l'homme à la destinée collective, et une réflexion individuelle sur la liberté réelle de l'homme, qui permet d'apprécier sa responsabilité. Il ne peut y avoir de morale sans valeurs, et ces valeurs sont nécessairement collectives. Mais il ne peut y avoir non plus de morale sans responsabilité ni de responsabilité sans liberté. Car ce n'est qu'en fonction de ses réelles possibilités de choix que l'homme peut être tenu pour responsable et qu'une morale est possible.

Quand une vision aisément transcendantale du collectif prend le pas sur le fondement empirique de la morale, la notion de responsabilité s'estompe ou se simplifie outrageusement. Alors le déterminisme est roi, la mission de l'homme est de se laisser guider par la Providence, par la Grâce ou par le sens de l'Histoire. Rien de plus « chrétien Grand-Siècle » que les angoisses existentielles de Sartre ! Malgré les raffinements métaphysiques introduits dans le discours, le salaud est le salaud comme le pécheur était le pécheur. La justification du choix moral reste la passion de Dieu, l'espérance en la possibilité d'incarner Son royaume sur cette terre.

La seconde mort de la transcendance ramène de nos jours la réflexion empirique sur la responsabilité de l'homme au centre du débat. On peut également penser que c'est la revendication de responsabilité et de liberté qui entraîne l'effondrement du sacré collectif. Cette seconde formulation risque de surprendre à une époque où tant de gens se plaignent de manquer de liberté et où les puissants se désolent de la fuite de leurs concitoyens devant toute responsabilité. Ni les uns ni les autres ne veulent en fait reconnaître que la liberté concrète, limitée par les contraintes des rapports à autrui, qui est la vraie liberté de l'homme, n'a rien à voir avec la liberté existentielle à la Sartre. Nos contemporains ne peuvent accepter de responsabilités que si celles-ci sont commensurables avec leur liberté limitée réelle, mais, dans ce cas, ils ne sont pas seulement capables de les exercer : ils sont passionnément attachés à les revendiquer.

Dans un tel contexte, notre morale politique doit tenir compte des conditions d'exercice de la liberté humaine, d'une part, des rapports très complexes de l'individu à la société, d'autre part. Dans ce contexte, fins et moyens se trouvent inextricablement mêlés. On ne peut juger des moyens par rapport aux fins, car il n'est plus possible de les distinguer. Les valeurs ne peuvent s'imposer que très partiellement, car elles sont nécessairement contradictoires dès qu'on en vient à poursuivre leur mise en œuvre au-delà d'une certaine limite. Ce sont les individus eux-mêmes qui doivent arbitrer entre les valeurs, car ce n'est qu'empiriquement que des solutions peuvent être trouvées, à travers les pratiques dont l'individu responsable est davantage en mesure d'apprécier les contraintes que les gouvernants les mieux intentionnés.

Prenons l'exemple le plus immédiat, celui de l'éducation. Il est — ou il devrait être — évident que nous ne savons pas très bien quelles fins lui assigner, ou qu'il ne serait pas possible de mettre deux Français sur trois d'accord sur ces fins. Si nous croyons à la supériorité des sociétés pluralistes et tolérantes, nous devrions plutôt nous en réjouir. Voilà qui devrait nous permettre de désacraliser et de dédramatiser un débat de principes devenu parfaitement stérile sur l'homme de demain.

Cette reconnaissance de la réalité ne signifie pas pour autant que nous devions abandonner les valeurs auxquelles nous souscrivons individuellement et collectivement. Mais commençons par mesurer combien ces valeurs sont contradictoires entre elles. Non seulement valeurs de liberté et valeurs d'égalité s'opposent, mais différentes valeurs d'égalité et de liberté s'opposent entre elles, sans compter les valeurs d'efficacité, que l'on oublie toujours en morale politique, mais que personne pourtant ne tient vraiment à abandonner. Pour parler bref, allons-nous, pour obtenir une parfaite égalité des chances entre enfants de capital culturel inégal, supprimer l'égalité de tous aux examens ? Allons-nous supprimer la liberté des parents de choisir la formation qui assurera le meilleur épanouissement à leurs enfants ? Des arbitrages sont à l'évidence nécessaires, qui devront toutefois être compatibles avec un minimum d'efficacité. Mais, finalement, qu'est-ce qu'une efficacité minimale ? Nous sommes bien incapables de la définir, ce qui ne nous empêche pas de penser que cette idée a un sens.

Examinons les conséquences. Nous savons qu'une école qui recrute des étudiants parmi les meilleurs obtient des résultats supérieurs à ceux d'une école qui en recrute de mauvais. Dans certaines conditions du moins, les bons étudiants tendent à élever le niveau de leurs professeurs, et les mauvais à l'abaisser. Jusqu'à quel point un apprentissage positif de ces meilleures façons d'enseigner qu'on a plus de chances de susciter avec de bons étudiants peut-il être considéré comme une valeur ? S'il peut servir la communauté des autres écoles, peut-être. Mais jusqu'à quel point ? En sens inverse, quand une école marche trop bien, est-il de bonne morale politique d'en disperser les éléments ou bien de la dissoudre parce qu'elle tend à aggraver les inégalités ?

Comme nous ne savons répondre à aucune de ces questions, nous continuons à nous battre sur les grands principes et à laisser décider, de façon empirique et conservatrice, une bureaucratie administrative aveugle et des enseignants plus préoccupés souvent de leurs arrangements corporatifs que des valeurs qu'ils prétendent défendre. Plus nous insistons sur ces valeurs de façon abstraite, plus nous renforçons en fait le pouvoir de la bureaucratie et les réactions corporatives du système enseignant.

Abandonner le débat « transcendantal » sur les finalités de l'éducation et sur les valeurs qu'elle doit mettre en œuvre pourrait certes entraîner à la passivité et au conservatisme. Pourtant, l'action positive la plus efficace pour des valeurs plus hautes ne consiste pas à vouloir absolument contraindre autrui à obéir au modèle auquel on croit soi-même, mais à élaborer des méthodes de changement plus ouvertes, permettant aux enseignants, aux parents et aux enfants d'apprendre eux-mêmes par l'expérience. Si nous nous engageons dans cette voie, nous redécouvrirons les mêmes valeurs, mais dans le contexte empirique de leur mise en œuvre et en nous appuyant sur le savoir-faire des praticiens. Allons-nous être à la merci de ceux-ci ? Certainement pas plus qu'aujourd'hui, et assurément beaucoup moins si nous faisons nous-mêmes l'effort de les aider à mieux comprendre ce qu'ils font, à s'ouvrir à leur environnement, à se livrer à cet apprentissage que nous ne pouvons faire pour eux. Ce qui est en jeu, c'est le développement de la connaissance des réalités qui va permettre d'abandonner les querelles de principes. Les débats de principes sont l'aliment essentiel du corporatisme et indirectement de la bureaucratie. L'évaluation sérieuse des résultats de l'action pratique permet de les dépasser. Nous sommes mûrs pour y parvenir.

La morale de la politique mégalomaniaque est une morale de l'absolu. Avec elle, les conflits de valeurs entraînent inéluctablement un recours à la bureaucratie. Si la bureaucratie prospère, c'est qu'il faut bien confier à quelqu'un l'arbitrage entre les valeurs, la possibilité d'autoriser des accommodements avec certaines et, finalement, avec toutes. L'allocation des valeurs et des ressources pourrait certes être réservée au politique, mais la complexité est telle que l'essentiel se passera toujours dans l'exécution. Le révolutionnaire amène nécessairement le technocrate. Le réformiste ou bien ne réforme rien, ou bien devient lui-même un technocrate. Le technocrate absorbe et stérilise le politique dans la mesure où l'exécution absorbe continuellement la décision. Le politique imposera les valeurs sans souci des contradictions, et la bureaucratie qui les mettra en œuvre disposera du pouvoir réel du fait de leur imprécision et de ces mêmes contradictions.

La complexité de nos affaires impose l'éclatement de ce système baroque dans lequel nous sommes aliénés. La meilleure machine à faire les compromis est toujours la personne humaine qui les réalise pour elle-même ou dans la responsabilité — limitée, certes, mais concrète — de la fonction sociale ou collective qu'elle assume empiriquement.

Créer les conditions permettant aux individus de décider pour eux-mêmes entre eux, en maintenant des compromis honorables entre valeurs et en aidant à dégager un bien commun perpétuellement remis en question, telle doit devenir la tâche essentielle du politique. Tâche difficile, à la limite impossible.

Cette morale de la complexité renoue par certains aspects avec la morale des casuistes, et je reconnais volontiers qu'à ce titre elle peut s'avérer dangereuse. Les grands casuistes du début du XVIIe siècle espagnol devraient être réhabilités, car ils apportèrent une réponse au saut de complexité qui affecta alors les affaires humaines. Mais il n'est pas moins vrai qu'ils furent responsables de la dérive à la fois laxiste et conservatrice qui scandalisait si fort Pascal. Pour justifiée qu'elle ait pu être, la réaction janséniste n'est en revanche qu'une réponse romantique, inséparable de la vision barbare d'un Dieu de colère et de l'écrasant déterminisme de la Grâce.

Si nous reprenons le débat dans les conditions qui sont les nôtres, l'idée que le respect des valeurs ne saurait se mesurer que de façon empirique, en fonction du contexte, me semble une conquête indispensable. Mais elle ne peut servir de morale politique que si l'on tient compte de deux autres dimensions du choix, elles aussi indispensables.

La première est la nécessaire priorité accordée à quelques valeurs simples qui ont été les conquêtes de l'humanisme et qui conditionnent le maintien du lien social : vérité, respect d'autrui, responsabilité de la personne pour ses actes. Ces valeurs peuvent être maintenues dans le catégorique kantien. Elles ne fondent pas le politique, mais s'imposent à lui.

La seconde concerne la reconquête du social et du métasocial par la personne. Il n'y a de possibilités d'action et de développement que par la personne. Mais l'individu ne peut être tenu responsable que de ce qui est du domaine de sa liberté véritable. L'homme n'est pas déterminé, mais sa liberté réelle est moins grande que dans le modèle humaniste de l'impératif catégorique. Ses limites, ce sont les contraintes qui tiennent aux conditions mêmes d'une vie de plus en plus collective et de plus en plus organisée. C'est sur sa marge de liberté et sur la découverte qu'il en fait que va se jouer sa responsabilité, non sur des choix de valeurs et de principes qui n'ont en fait aucun sens pour lui. Le rôle du politique consistera en conséquence à créer les conditions qui lui permettent de reconnaître cette marge de liberté, de l'élargir et de l'utiliser pour la réalisation partielle et l'approfondissement de valeurs dont il découvrira alors la pertinence.

Il est impossible et immoral de vouloir changer l'homme, mais on peut l'aider à se changer lui-même

La politique révolutionnaire vise à façonner un homme nouveau, à tout le moins à intervenir activement pour promouvoir un homme socialiste libéré des entraves capitalistes. La politique réformiste conteste ces trop vastes ambitions, mais vise encore à améliorer les êtres imparfaits que nous sommes. Les libéraux eux-mêmes voudraient œuvrer à l'avènement d'un homme libéral, souscrivant à de nouvelles valeurs.

Il faut répéter sans relâche que ces raisonnements sont scandaleux. De quel droit et au nom de quoi des dirigeants pourraient-ils intervenir pour changer ce qui en nous est notre bien le plus précieux : notre conscience ?

La même tentation existe chez tous ceux qui sont investis d'un pouvoir sur autrui. Les hommes d'affaires qui découvrent actuellement l'importance de la culture d'entreprise réclament qu'on les aide à la transformer pour pouvoir s'appuyer sur une « bonne culture ». Les plus naïfs d'entre eux souhaitent créer, par des décisions et un programme d'action raisonné, une culture de consensus et d'harmonie. Comment ne voient-ils pas qu'ils sont en passe de susciter les mêmes réactions de résistance que les politiques ? De quel droit entendent-ils intervenir ainsi dans la vie de leurs employés ? Ne se rendent-ils pas compte que, ce faisant, ils violent un principe beaucoup plus fondamental que ces valeurs de consensus et d'harmonie : celui du respect de la liberté d'autrui [1] ?

Est-ce à dire que l'homme ne change pas, ou ne doit pas changer ? L'observation de l'évolution des sociétés nous prouve aisément le contraire. L'homme change continuellement, il ne cesse de découvrir et de réaliser de nouvelles valeurs. On peut dire que, malgré les plus douloureuses épreuves et régressions, et à travers elles, il devient plus humain. Mais ces conquêtes et ces progrès ne sont jamais le fait d'autorités supérieures qui lui intimeraient l'ordre de changer. Jamais on n'a réussi à changer durablement l'homme par oukase ou décret. Il s'est changé lui-même dans l'incessant mouvement de ses multiples expériences.

La nouvelle morale politique nécessaire à l'État modeste consiste d'abord à reconnaître cet état de fait : la politique ne peut changer l'homme, mais l'homme change

1. J'ai essayé de traiter ces problèmes dans *L'Entreprise à l'écoute*, *op. cit.* Ils sont en train de prendre une grande importance dans l'administration avec les projets de service.

lui-même continuellement. La politique modeste ne sera pas conservatrice dans la mesure même où elle se donnera pour tâche d'aider l'homme à être plus libre, à choisir en meilleure connaissance de cause, et donc à mieux *se changer*.

Tout ce livre n'a été qu'un plaidoyer pour le développement de ce rôle que le politique joue on ne peut plus mal et qui devrait pourtant être le sien : le service des citoyens. La liberté, la capacité d'agir ne sont pas données, elles ne se décrètent pas davantage par des lois, fussent-elles excellentes ; elles se conquièrent petit à petit par l'expérience, si les régulations qui doivent nécessairement les limiter y sont favorables. A l'État de les faire émerger et de les maintenir, au politique de guider l'État. A l'un comme à l'autre d'investir dans la connaissance et de créer les occasions d'apprentissage grâce auxquelles elles vont se réaliser.

La nouvelle pertinence de la parabole des talents

Qu'as-tu fait du talent que je t'avais confié, dit le Seigneur à celui qui l'avait enfoui sous la terre. Le mauvais serviteur n'est pas seulement celui qui dilapide son talent, mais celui qui ne le fait pas fructifier. La morale de la parabole des talents est une morale de la liberté en même temps qu'une morale de l'investissement. Elle me semble offrir le raisonnement le mieux adapté à notre monde de la complexité.

D'une certaine façon, la liberté de l'homme est son talent. Non pas la liberté absolue, existentielle, de porter le monde sur ses épaules, mais la liberté limitée, précaire, qui est empiriquement la sienne dans les contraintes de l'ici et maintenant. Cette liberté, il ne doit pas la thésauriser dans une défense contre autrui ou le système, mais la faire fructifier.

Comment ? D'abord en la découvrant, car elle ne lui est pas donnée une fois pour toutes ni comme une quantité fixe. Il va l'expérimenter en en explorant les limites, l'approfondir et l'élargir s'il le peut, en innovant. La liberté n'est pas une rente placée à intérêts composés dans le sens de l'Histoire. C'est une aventure qui appelle à la plus profonde vertu de l'homme : celle d'être créateur. On me dira que la parabole ne dit pas vers quoi, en vue de quoi nous devons faire fructifier notre talent, et qu'elle ne peut donc fonder une morale politique. J'apprécie quant à moi la belle confiance que les temps bibliques pouvaient mettre dans une Nature domestiquée par des siècles d'agriculture. Le problème de notre morale politique est de transposer cette confiance en la Nature en confiance dans les relations entre les hommes. La foi démocratique n'a pas d'autre fondement : laissez-les libres, donnez-leur la responsabilité de chercher, et ils trouveront ce qui leur convient. Cela ne veut pas dire le moins du monde que les valeurs doivent être abandonnées : elles sont insérées dans les contraintes de l'ici et maintenant, et toute innovation, pour réussir, doit les respecter, les approfondir ou faire accepter qu'elles soient dépassées. Il y a certes risque de régressions et d'injustices, mais les hommes sont seuls juges. Ayons confiance dans leurs capacités d'apprentissage.

La politique modeste doit et peut devenir le contraire d'une politique conservatrice. Elle seule peut nous faire réellement progresser, car elle seule peut faire appel aux capacités créatrices du plus grand nombre d'hommes. Mais, pour qu'il en soit ainsi, il faut qu'elle soit investissement et non pas protection. L'accélération de la complexité nous force à découvrir — ou à redécouvrir — que si l'homme peut devenir plus libre, plus responsable de ses choix de valeurs, c'est dans les limites et jusque dans l'esprit du contexte qui est le sien. Le problème de la politique n'est pas de dire que faire aux hommes, mais de créer un contexte qui leur permette de trouver eux-mêmes que faire, et de créer ainsi davantage. Il ne s'agit pas d'imposer des finalités, mais d'aider les hommes à réaliser les leurs et à s'en découvrir de nouvelles.

Ces finalités ont été jusqu'ici d'autant plus divergentes et d'autant moins compatibles entre elles qu'on voulait à l'avance, d'en haut, leur imposer une cohérence. C'est l'investissement dans la connaissance et dans l'amélioration du contexte, non la passion de cohérence et de contrôle, qui donnera les meilleures chances de développement.

La signification actuelle de la parabole des talents comporte toutefois une autre dimension, probablement la plus importante de toutes : celle de l'apprentissage. Si la liberté est l'élément essentiel du progrès, si le bien commun, davantage que des consignes de gouvernants spécialisés, voire de sages reconnus, dépend de l'usage que chacun en fait sous sa seule responsabilité, c'est que l'homme est capable d'apprendre et de tirer parti de ce qu'il apprend.

Si le terme « apprentissage » n'a pas en France le rayonnement qu'il mérite, c'est en grande partie à cause d'une incertitude de vocabulaire. Il fait trop immédiatement penser à l'acquisition d'un savoir déjà connu, alors qu'il peut et doit consister aussi dans le développement et l'acquisition de connaissances et de pratiques nouvelles. Dans cette acception plus large, l'apprentissage est la clé du changement. Si le monde ne se répète pas, si la société a toujours dépassé et dépasse de plus en plus la simple reproduction, c'est que l'homme apprend constamment. Dans notre société, la parabole des talents revient à signifier que son devoir premier n'est autre que le devoir d'apprentissage.

C'est dans la capacité d'apprendre des hommes que résident les possibilités et les limites du changement. Investir dans le développement de ces possibilités constitue la première et la seule responsabilité du politique en matière de changement. La politique modeste capable d'assumer cette responsabilité serait en fait beaucoup plus ambitieuse que toute politique idéologique. Elle demanderait en tout cas une foi plus profonde — quoique beaucoup plus raisonnable — dans les vertus humaines.

Parler autrement

Les passionnés de la politique veulent qu'on fasse rêver les citoyens. Ils souhaitent frapper leur esprit et sont si bien habitués à la rhétorique conventionnelle qu'ils ne peuvent concevoir d'autre discours que celui qui repose sur l'agitation des symboles, l'inflation des mots et la manipulation de l'espérance. Ils ne comprennent pas que plus on se laisse aller à l'enthousiasme idéologique, plus on se condamne à pratiquer dans la réalité les plus sordides *magouilles* [1]. Derrière le rêve des lendemains qui chantent, on ne découvre jamais que des gourous et des guérisseurs qui font métier de vendre des amulettes.

Le temps des médecins de la politique et de leurs ordonnances est révolu. Il n'y a plus de patients, mais des êtres humains libres que le praticien conseille. Le psychanalyste lui-même n'analyse plus, mais est là pour aider l'analysant. Quand donc le politique se résignera-t-il à comprendre qu'il n'a pas de tâche plus sacrée que celle des autres professionnels et qu'il est, comme eux, au service de ses semblables ?

Quand donc comprendra-t-il que si les Français se détournent de lui, c'est parce que son comportement mégalomaniaque leur semble de plus en plus incongru ? Quand donc s'apercevra-t-il que ses grands mots et ses petites phrases prêtent plus souvent à rire qu'à réfléchir ?

Les milieux traditionalistes ont longtemps cru qu'il était barbare d'enlever à l'homme simple l'image d'un Dieu consolateur qui pouvait l'aider à vivre. Les esprits forts, il est vrai, manquaient de charité. Mais la religion elle-même a su se dépouiller de cette aura superstitieuse sans que sa mission la plus haute s'affaiblisse, bien au contraire.

Ne peut-on imaginer la même évolution en politique ? Rester dans l'incapacité de concevoir cette mutation, c'est

1. Ce n'est pas un hasard si ce mot clé de notre univers politique s'est imposé à travers le délire idéologique soixante-huitard...

vivre comme si nous croyions encore aujourd'hui que l'homme préfère rêver d'absolu et se sacrifier romantiquement à une cause plutôt que de se battre pour assumer les responsabilités qui le concernent directement. Ne savons-nous pas, au fond de nous-mêmes, que c'est de plus en plus faux ?

Il n'y a plus d'excuses au ressassement de la rhétorique idéologique. Une autre parole est désormais possible, qui fasse appel à la liberté et à la responsabilité de chacun. Que nos politiques veuillent bien donner l'exemple en se changeant eux-mêmes et en travaillant à la transformation de cet État en qui ils se sont aliénés ; nous autres citoyens saurons alors comment aller plus loin.

POSTFACE

Les chances de renouveau du service public

1. *Un programme enfin intelligent*

Le 23 février 1989, Michel Rocard lançait une circulaire « relative au renouveau du service public ». Sous l'apparence d'une forme particulièrement modeste d'acte public, il s'agissait en fait d'une véritable charte de la réforme administrative.

A la lecture de ce texte, on est frappé aussi bien par sa qualité intellectuelle que par l'ampleur et le caractère global, humaniste même du programme qu'il esquisse. On ne cherche pas à créer de nouvelles structures ou à imposer une énième réforme institutionnelle technique mais à engager une politique de rénovation en profondeur. La formulation est prudente et les orientations encore générales. Mais tout le mouvement intellectuel récent trouve ici enfin sa première conclusion en termes d'action. Les lecteurs de ce livre ne manqueront pas en particulier de relever à quel point il est fait écho aux thèmes majeurs que j'ai développés. Les têtes de chapitre du document sont déjà par elles-mêmes éloquentes : un devoir d'évaluation des politiques publiques, une politique de développement des responsabilités, une gestion plus dynamique des personnels. On peut penser que cette fois après tant d'occasions perdues, un souffle nouveau anime le sommet de l'État et que l'immense machine va commencer à s'ébranler.

Cette impression de nouveau départ se trouve confortée si l'on prend en compte le climat d'effervescence intellectuelle dans lequel baigne cet engagement du Premier ministre. Les cabinets ministériels se sont bien laissés aller comme toujours à leur agitation brouillonne et à leurs querelles de clocher. Du moins ont-ils « agité » de nouvelles idées. Mais surtout, des rapports ont été demandés à des personnalités extérieures à l'administration, des commissions ont travaillé sérieusement, des rapports de qualité ont été établis. Si variés qu'aient pu être ces efforts, on peut constater qu'ils sont remarquablement convergents. Le rapport de la commission présidée par François de Closets en constitue le meilleur témoignage et, d'une certaine façon, la synthèse [1].

Nous vivons, nous vivions du moins [2] dans une conjoncture et dans un contexte particulièrement favorables : un Premier ministre bénéficiant d'une popularité constante dans une France économiquement prospère et, malgré les violences verbales de Jean-Marie Le Pen et de ses amis, relativement apaisée. Mieux encore, sous le gouvernement précédent Hervé de Charette avait avec beaucoup de courage et de prudence bien engagé l'effort sans soulever des réactions d'hostilité. Le terrain était bien préparé et l'opposition ne pouvait guère à son tour critiquer l'esprit d'un programme qui allait manifestement dans le sens qu'elle avait elle-même amorcé.

Ce que la première vague libérale n'avait pu réussir à obtenir, la seconde vague social-démocrate plus large et mieux assurée paraissait devoir l'accomplir.

2. *Mais une crise qui s'aggrave*

Et pourtant, du point de vue de l'observateur extérieur, le malaise de la fonction publique paraît au contraire s'aggraver.

1. François de Closets, *Le Pari de la responsabilité*, Commission Efficacité de l'État, Payot, 1989.
2. Ces lignes étaient écrites avant l'éclatement de la crise du Golfe.

Les mouvements sociaux se succèdent dans les administrations et chez les para-publics. Ce ne sont pas des grèves encadrées, ordonnées, ayant des objectifs précis, mais des mouvements qui donnent l'apparence de la spontanéité et qui témoignent de l'existence d'une profonde exaspération. Surtout, ils mettent en cause, même si c'est de façon confuse, l'organisation du travail, la hiérarchie, « le système ». On parle naturellement à leur sujet de crise : crise des infirmières, puis des internes qui renvoient à une crise de l'hôpital public, crise des personnels pénitentiaires, crise de la gendarmerie, crise même de la plus sacro-sainte des administrations, celle des Finances.

Plus surprenant encore peut-être est le contraste entre l'effort de renouveau que l'on veut lancer et l'impuissance manifeste des responsables gouvernementaux et administratifs devant ces crises. Dans chaque cas ils semblent pris de court et comme paralysés. Reproduisant ainsi les mêmes incertitudes et atermoiements qu'ils reprochaient à juste titre au gouvernement Chirac. Les personnels descendent dans la rue pour réclamer qu'on les écoute et malgré l'esprit du renouveau personne ne semble capable de le faire. Les technocrates répondent comme toujours par des chiffres et proposent des solutions de circonstance qui ou bien sont des trompe-l'œil, ou bien risquent d'obérer l'avenir.

Devant les problèmes de fond qui sont posés et qui concernent l'organisation, le management et les rapports avec la société, on a même l'impression que les hommes politiques et les hauts fonctionnaires régressent instinctivement vers les méthodes éprouvées de la négociation syndicale et des solutions catégorielles.

Dans cette atmosphère, le grand pubic est fondé à penser que la refonte de la grille de la fonction publique constitue la pièce maîtresse du programme de renouveau du service public. Certes cette refonte peut offrir des opportunités intéressantes pour une gestion plus dynamique des personnels. Mais le dialogue social qu'elle entraîne est dominé presque fatalement par le raisonnement catégoriel dont j'ai essayé de montrer qu'il était un des éléments centraux du blocage administratif français.

Quand on est loin du milieu des animateurs du renouveau du service public, on a l'impression en conséquence que leurs efforts n'ont pas de prise sur la réalité qui compte. L'image qui est projetée ne correspond pas du tout à l'esprit que le Premier ministre entend affirmer dans sa circulaire.

On peut penser certes que cette image extérieure n'a pas beaucoup d'importance, compensée qu'elle est par l'image proprement moderniste de Michel Rocard. Toute politique novatrice demande protection, donc suppose une action de défense d'apparence conservatrice. Seul compte vraiment le travail de longue haleine qui ne donnera de résultats que dans le moyen terme, deux ou trois ans au mieux.

Il reste que l'existence de ces crises oblige à une réflexion plus profonde et que cette réflexion ne semble pas encore avoir été faite en particulier en ce qui concerne la préparation des décisions et l'organisation gouvernementale.

3. On a sous-estimé l'ampleur du changement culturel à accomplir

Les crises récentes de la fonction publique comme toutes les crises apparaissent d'abord comme des crises conjoncturelles. Mais en même temps elles révèlent l'existence de problèmes profonds. On peut donc dire à la fois qu'elles ne doivent pas remettre en cause l'effort d'investissement pour le renouveau mais qu'elles invitent à repenser le diagnostic sur lequel cet exposé a été fondé.

Or, quel est le diagnostic implicite que l'on peut discerner dans les paroles du Premier ministre et dans les instructions qu'il donne ? C'est que les problèmes essentiels de la fonction publique française se situent à la base dans l'organisation du travail, dans les méthodes d'encadrement et dans la gestion du personnel.

Ce diagnostic est naturellement en partie justifié mais c'est un diagnostic qui fait problème car si on le traduit trop directement en termes d'action, on croira facilement que c'est sur la transformation du système bureaucratique dans lequel sont enfermés les personnels à la base qu'il faut faire porter l'effort. On n'est pas très loin de l'analyse d'Alain Peyrefitte qui, dans *Le Mal français,* rendait les petits fonctionnaires responsables des blocages et tendait à conclure qu'il fallait d'abord changer le statut de la fonction publique.

Michel Rocard adopte naturellement une position très différente mais qui, paradoxalement, rejoint celle de Peyrefitte. Même s'il donne énormément d'importance aux problèmes techniques et aux problèmes de management, c'est à la base qu'il voit les obstacles et, pour les surmonter, il s'adresse aux organisations syndicales qui représentent légitimement cette base. C'est ce qui explique qu'il fasse du dialogue social sa première priorité. A des organisations syndicales affaiblies, désorientées, en butte aux attaques des « coordinations », incapables de résister aux grèves sauvages qui éclatent un peu partout, il offre une collaboration qui devrait leur permettre de restaurer leur influence. En échange il espère qu'elles lui donneront la caution qui lui semble indispensable pour transformer l'organisation des services. Il pense ainsi obtenir la légitimité de gauche qu'il ne peut demander à des partenaires socialistes qui ne s'intéressent guère à ces problèmes.

Ce marché, si intelligent qu'il paraisse, n'est toutefois véritablement habile que sur le papier. D'abord parce que les organisations syndicales sont trop faibles et trop divisées pour prendre le risque de s'engager dans la moindre réforme. Ensuite et surtout parce que l'action qu'on cherche à leur faire légitimer ne peut manquer de leur sembler d'autant plus dangereuse que leur rôle y est exagéré. Donner une telle importance au dialogue social laisse entendre effectivement que l'on rend responsables du blocage les gros bataillons de personnel encadrés par les organisations syndicales. Quoi que l'on déclare par ailleurs, cela donne l'impression que l'on veut revenir sur les avantages qu'ils ont acquis en la matière. On pousse donc tout naturellement les syndicats à venir à la négociation en exagérant encore leur méfiance traditionnelle.

Bien sûr, le système est extrêmement pesant et le statut constitue une très forte contrainte. Mais, j'ai cru pouvoir le montrer dans ce livre, le problème de cet État français qui paralyse la société n'est pas celui des petits fonctionnaires tatillons au comportement routinisé, mais bien plutôt celui du système politico-administratif français tout entier commandé et inspiré par sa tête. C'est la tête qui est malade beaucoup plus que le corps. Ou plutôt, si l'on veut réformer l'ensemble, il faut s'attaquer au sommet, au système d'organisation et à la logique dont les hauts fonctionnaires et les politiques sont les gardiens. L'appel au dialogue social ne résout rien, n'apporte rien pour cette transformation prioritaire du management public. Même si on réussissait à obtenir des réformes intéressantes, on ne pourrait pas les utiliser puisqu'on ne dispose ni de l'organisation moderne ni des leaders capables d'en tirer parti efficacement.

C'est dans cette perspective que s'impose la réflexion sur les difficultés et les possibilités du changement culturel. Car il s'agit avant tout d'un changement culturel. La culture profonde du système administratif français est désormais de moins en moins bien adaptée à la société nouvelle postindustrielle de services dans laquelle nous sommes entrés. Ce n'est pas spécialement la culture des organisations syndicales qui est en cause. Elle n'est qu'une conséquence. C'est la culture de l'élite politico-administrative, avec ses modes de raisonnement, sa logique d'action, ses méthodes de travail et son système de pouvoir et de communication.

Cette culture est en train de changer parce que les fonctionnaires sont influencés par le monde extérieur et qu'ils sont capables de se rendre compte que malgré leur bonne volonté, les résultats qu'ils obtiennent ne sont pas satisfaisants. Le monde change si vite toutefois et la résistance du système dont ils font partie est si forte qu'ils ne peuvent s'adapter à temps et se trouvent ainsi constamment en désarroi. Les crises successives sont au moins en partie l'expression de ce désarroi. Or, les diverses enquêtes et analyses dont nous pouvons disposer montrent que ce n'est pas à la base que se trouve le nœud du problème. On découvre en fait beaucoup plus d'innovations intéressantes aux échelons opérationnels qu'au sommet. Car ce qui résiste le plus, ce sont les principes juridiques, financiers, comptables d'organisation administrative grâce auxquels l'ensemble directorial commande et détermine l'action de tout le système. Les rapports fournis au Premier ministre mettent souvent ces principes en question et celui-ci entreprend courageusement des réformes sur quelques-uns de ces points, particulièrement les mécanismes financiers et comptables, mais son approche est uniquement technique. Il a de meilleures solutions et il veut les imposer, ou du moins les suggérer. Or le problème est avant tout humain. Pour parvenir au résultat souhaité, il faut travailler pour faire évoluer la façon de raisonner des hauts fonctionnaires et des politiques, leurs modes de relations et le système de pouvoir et d'influence qui sont pour eux une seconde nature.

La deuxième critique qu'on peut faire à l'effort actuel, c'est d'avoir sous-estimé l'ampleur de cette transformation culturelle à laquelle il doit faire face. Ses promoteurs n'ont pas pensé à élaborer une stratégie pour tirer parti des ressources sur lesquelles on pourrait s'appuyer pour la réaliser. Ces ressources sont avant tout des ressources humaines. Les meilleures techniques et les solutions les plus sophistiquées sont inopérantes, parfois même contre-productives quand on ne dispose pas des groupes humains capables non seulement de les mettre en œuvre mais de les porter et d'animer leurs subordonnés. Nulle part sauf dans le rapport de Closets il n'est question des élites administratives, de leur capacité d'évolution et des moyens de mobiliser parmi elles une masse critique suffisante d'animateurs du changement.

Nulle part il n'est question non plus du rôle essentiel que jouent ces élites, c'est-à-dire de la préparation des décisions. Parmi ceux que j'aborde dans ce livre, ce problème est celui qui a reçu le moins d'écho, peut-être parce qu'il touche au cœur même de la tradition étatique française. Il est pourtant central malgré la très grande qualité individuelle de chacun des membres de l'élite, le mode de préparation des décisions est chez nous d'une inefficacité remarquable. Nulle autre cause à la répétition des crises que nous pouvons maintenant constater et des échecs passés imputables aussi bien à la droite qu'à la gauche aussi bien en matière d'éducation et dans les universités que dans la sidérurgie ou les télécommunications.

4. Trois problèmes de mise en œuvre

Ces erreurs de diagnostic et de stratégie affaiblissent beaucoup à mon avis la portée et les chances de succès des chantiers entamés.

Je prendrai trois exemples : la formation à la gestion des ressources humaines, l'évaluation des politiques publiques, les projets de service.

La formation à la gestion des ressources humaines. Il est remarquable que l'administration s'aperçoive enfin de l'importance des ressources humaines et qu'elle fasse de la formation de ses agents d'encadrement en la matière une priorité. La circulaire du Premier ministre est éloquente et relativement précise sur ce point. Elle a l'immense mérite de sensibiliser les responsables administratifs à ce problème. Mais elle ne comporte aucune réflexion sur le recrutement et la formation des formateurs et sur les investissements nécessaires pour que les formations demandées ne se modèlent pas sur les formations techniques actuellement données. Ni les services administratifs internes ni les universités ne sont capables actuellement d'élaborer et de mettre en œuvre des programmes répondant réellement aux objectifs recherchés. La pratique dominante va se poursuivre qui consiste à enseigner de façon didactique principes, méthodes et modalités d'emploi. Elle est tout à fait inopérante. Il ne s'agit pas en effet de techniques à employer mais d'une philosophie nouvelle des rapports humains à faire adopter. Seule la constitution d'un foyer nouveau de rayonnement intellectuel et humain permettrait d'y parvenir.

L'évaluation des politiques publiques. Le même problème se pose pour l'évaluation des politiques publiques. Le rapport Viveret est excellent sur l'importance du concept d'évaluation, sur les problèmes que pose son adoption et sur les diverses solutions techniques qu'on peut leur donner. Mais il laisse de côté un problème crucial à mes yeux : le rôle, la formation et la carrière des évaluateurs. On ne peut en effet concevoir d'évaluation sérieuse sans qu'apparaisse un vrai métier d'évaluateur, comme on en voit l'exemple aux États-Unis, au Japon et en Suède. C'est sur la qualité des premiers évaluateurs que va se jouer le succès de l'opération. Les expériences étrangères montrent qu'il faut du temps, de la patience et un investissement raisonné dans la formation, le développement et le déploiement de ces nouveaux spécialistes pour réussir à imposer une nouvelle logique d'action dans ce domaine.

La réflexion française s'est portée en priorité sur les choix institutionnels. Or on ne peut faire sérieusement de tels choix tant qu'on ne s'est pas mis d'accord sur les données du problème, sur les objectifs à atteindre et enfin et surtout sur la stratégie à employer. Si l'on pose trop tôt cette question en se fiant à la seule vertu intellectuelle qu'on attribue au concept nouveau, les points de vue conflictuels des diverses institutions qui vont s'en disputer la garde, vont complètement fausser le débat. Tous les choix vont être subordonnés à la lutte des divers pouvoirs établis pour se voir confier la charge du dossier. Malgré la bonne foi affichée des protagonistes, il s'agira pour une large part d'une défense des traditions de chaque institution pour échapper à la menace que fait peser sur ses monopoles traditionnels l'innovation envisagée. Dans de telles conditions, on arrive vite à la paralysie ou à des compromis trop mal conçus pour être efficaces.

Aucune distinction d'ailleurs n'a été établie entre évaluation et contrôle, et aucune réflexion n'a été faite pour organiser les relations entre les personnes et les groupes qui devront incarner la nouvelle philosophie et ceux qui, dans les institutions et les corps traditionnels, incarnent la philosophie classique du contrôle. Comme l'administration française est dominée sinon paralysée par les procédures de contrôle et que les corps de contrôle pèsent d'un poids très lourd dans le système de pouvoir, on conçoit qu'une longue préparation et une bonne stratégie soient nécessaires pour éviter que les procédures d'évaluation soient assimilées par les procédures de contrôle et ainsi en grande partie stérilisées. Dans cette perspective, il est indispensable d'investir suffisamment dans l'analyse des obstacles institutionnels et des résistances culturelles prévisibles d'une part, de tirer la leçon, d'autre part, des échecs et des réussites étrangères et de celles des expériences françaises antérieures ayant quelque rapport avec l'évaluation, comme celle de la RCB.

Sans une telle préparation, on risque de s'enliser très vite à nouveau dans les ornières déjà bien établies. On risque en même temps de faciliter une dérive très spécifique à la société administrative française et qui avait déjà paralysé l'effort de renouvellement tenté avec la RCB : l'hypertechnicité. N'ayant pas d'expérience pratique ni de confrontation possible avec la réalité du changement à accomplir, les hauts fonctionnaires qui s'emparent du dossier s'affrontent intellectuellement sur la technicité d'approches de plus en plus sophistiquées qui deviennent vite ésotériques. Ces raffinements utiles pour le débat théorique, car ils permettent de se positionner face à l'adversaire et d'occuper le terrain, font barrage en revanche à toute expérience concrète, donc à tout apprentissage véritable. Les exigences de rigueur qu'ils réussissent à imposer sont parfaitement inappropriées. Loin de garantir le succès de l'innovation, elles la paralysent.

Les projets de service. Ils constituent en fait actuellement la voie la plus prometteuse du renouveau administratif essentiellement parce que l'appel aux consultants extérieurs auxquels on a dû nécessairement recourir a, dans beaucoup de cas, forcé des administrations frileuses à ouvrir largement leurs fenêtres et à laisser pénétrer non seulement les idées mais les façons de faire et les comportements nouveaux.

Les projets de service ont été calqués sur les projets d'entreprise en vogue depuis trois ou quatre ans dans les entreprises. Ces projets ont pour objectif de rassembler les membres de l'entreprise autour des valeurs communes qui rendent possible leur coopération et autour de la culture qui lui assure son efficacité. Valoriser les ressources humaines et les mobiliser par et pour un projet global apparaît parfaitement transposable au système public.

Mais on aurait tort de s'illusionner. Les expériences patronales sont rarement concluantes. Les projets se concrétisent le plus souvent par des formules généreuses mais vagues qui restent des vœux pieux. S'ils se transforment en injonctions plus précises, ils suscitent des réactions de rejet. Les valeurs sont du domaine privé des personnes et celles-ci n'admettent pas que le patron puisse leur dicter ce qu'elles doivent penser. Les projets d'entreprise n'ont une influence positive que s'ils constituent un moyen de réflexion, de découverte et d'apprentissage pour les responsables. Comme j'ai essayé de le montrer en tirant la leçon des expériences des dernières années[1], on n'a des chances d'influer réellement sur la culture d'une entreprise que si l'on a consenti auparavant un gros effort pour l'écouter, la connaître et la comprendre telle qu'elle est, ce qui est naturellement très rarement le cas. Tous les

1. *L'Entreprise à l'écoute, op. cit.*

cas de réussite que j'ai examinés pour l'Institut de l'entreprise confirment ce jugement. Ils sont fondés sur la compréhension et le respect de la culture existante, d'une part, sur l'engagement prioritaire affectif et moral du patron et de son groupe de direction, de l'autre.

Or, si la situation n'est pas mauvaise dans les administrations sur le premier point puisque les conflits de valeurs y sont moins aigus, elle est désastreuse sur le second. Non qu'il n'y ait dans l'administration publique des responsables compétents, dévoués et prêts à s'engager, mais parce que très peu d'entre eux ont la liberté d'un vrai leader et sont reconnus comme tels. Un projet n'a de sens que s'il y a quelqu'un pour le porter réellement et suffisamment longtemps dans le temps[1]. Les Suédois qui font un gros effort dans ce sens mettent l'accent sur la formation des leaders, la continuité de leur mandat, la liberté dont ils doivent bénéficier et l'aide qu'il est nécessaire de leur apporter.

L'exercice d'élaboration d'un projet de service reste néanmoins, s'il est bien préparé et bien exécuté, un instrument de réflexion extrêmement utile. C'est un moyen de faire apparaître les problèmes, de forcer les responsables à prendre du recul, à clarifier leurs objectifs, à les confronter avec leurs moyens et avec les contraintes qu'ils doivent observer, à dialoguer avec leurs subordonnés et avec leurs supérieurs. Même si les résultats utiles sont compromis dans l'immédiat par des changements de personnes intempestifs, un changement d'état d'esprit a été amorcé.

La collaboration entre spécialistes de l'extérieur et fonctionnaires prépare d'autre part un changement indispensable de la doctrine officielle selon laquelle seuls des fonctionnaires peuvent incarner l'intérêt général.

1. J'ai examiné une situation dans laquelle un manager engagé dans un tel projet avait quitté son entreprise pour une situation plus intéressante. Le traumatisme très considérable de ses cadres et de son personnel devant ce « lâchage » avait eu des conséquences désastreuses.

Ce changement n'est encore perceptible ni dans les textes ni dans les discours mais il est la conséquence inévitable d'une collaboration de plus en plus féconde dans la pratique. Les groupes dirigeants de l'État s'accrochent encore à l'idée que l'État doit donner l'exemple à la société et qu'il peut et doit se réformer lui-même. L'intervention des consultants les force à constater que seuls des spécialistes de l'extérieur peuvent les aider à prendre conscience de leurs problèmes et à développer une stratégie raisonnable pour les surmonter. En filigrane apparaît l'idée jusqu'alors hérétique qu'ils peuvent aussi promouvoir l'Intérêt général.

5. *L'insertion dans une stratégie politique conservatrice constitue un handicap sérieux*

Si l'on essaie de comprendre pourquoi le programme lancé par Michel Rocard présente des lacunes graves et se fonde sur une stratégie insuffisante, il faut revenir au contexte politique dans lequel il a été lancé.

Si l'occasion qui se présentait avec cette situation particulièrement favorable que j'ai analysée dans mes premières remarques risque à nouveau d'être en partie perdue, c'est que, comme les occasions précédentes et particulièrement celle dont Jacques Chaban-Delmas a eu la responsabilité, elle s'insère dans une stratégie conservatrice déterminée par le chef de l'État.

François Mitterrand avait placé sa campagne présidentielle sous le signe de l'ouverture. Il avait bien senti que la faiblesse de Jacques Chirac, c'était l'impression qu'il donnait d'être partisan et dogmatique. Les Français qui s'étaient révoltés contre le dogmatisme socialiste ne voulaient pas davantage de celui des néo-libéraux qui semblaient se croire, eux aussi, investis du mandat souverain de changer la société. Mais ils attendaient du nouvel élu une politique d'ouverture et de réconciliation. Non pas bien sûr tous les Français, mais la minorité cruciale qui fait la différence lors d'une élection et qui peut seule porter l'esprit de réforme.

Cette minorité s'était mobilisée pour Jacques Chaban-Delmas comme pour Pierre Mendès France et allait se mobiliser à nouveau pour Raymond Barre puis pour les rénovateurs de la droite. C'est son soutien au moins indirect qui assure la popularité constante de Michel Rocard.

François Mitterrand a semblé répondre à la demande d'ouverture en nommant Michel Rocard Premier ministre. Mais après quelques jours d'hésitation, il a finalement tranché en sens contraire, de façon nette quoique non explicite, en créant toutes les conditions pour que cette politique échoue et ne puisse pas être reprise. En recherchant une victoire socialiste immédiate par la dissolution et en constituant le premier gouvernement, il décidait en fait de revenir aux clivages et aux cercles vicieux traditionnels.

Un tel choix n'était pas seulement un acte de cuisine politique, au demeurant d'une grande habileté, c'était un choix plus profond, mettant en question l'orientation et même la substance de la politique française. Si l'on revenait à l'opposition gauche-droite, on s'interdisait d'élaborer des réformes consensuelles et on se mettait sous la dépendance des plus partisans des membres de son propre camp, confortant ainsi les plus réactionnaires des membres de l'autre camp. Le jeu traditionnel allait reprendre. Curieusement, François Mitterrand répétait le choix conservateur qu'avait fait Georges Pompidou contre l'ouverture particulièrement populaire qu'incarnait son Premier ministre Jacques Chaban-Delmas avec la Nouvelle société.

François Mitterrand n'a évidemment pas la même stratégie « économiste » de développement pour la société française. Mais l'analogie reste forte. Le choix de Michel Rocard, qui incarne au plus haut degré l'ouverture, le renouveau, constitue un bon moyen d'apaiser une opinion publique traumatisée par l'ébranlement entraîné par les excès de la période socialiste. Mais si c'est une politique « intéressante », c'est seulement dans la mesure où elle n'est ni prioritaire ni essentielle. On reviendra le plus vite possible à la politique traditionnelle.

En exacerbant les querelles et les passions politiques de la société française autour de l'immigration et du racisme, le président croit comme les gaullistes naguère avec le parti communiste rendre impossible l'union de ses adversaires et donc s'assurer une position de force inexpugnable. Mais il rend ainsi beaucoup plus difficile au gouvernement de faire face aux problèmes que pose l'adaptation de la société française au monde de demain.

Michel Rocard, il est vrai, semble avoir été instruit par l'expérience de son prédécesseur. C'est délibérément qu'il a choisi de coller étroitement à la politique du président en adoptant un profil bas. Moyennant quoi, il s'est assuré, grâce à son autonomie dans la gestion gouvernementale, la possibilité d'effectuer des réformes d'une nature moins spectaculaire mais de portée plus pratique.

Son pari, c'est qu'il est possible d'effectuer dans le cadre d'une stratégie politique conservatrice une modernisation suffisante de l'État pour rassurer son efficacité. Il maintient ainsi l'image moderniste dont il bénéficie et qui reste porteuse. Mais est-ce suffisant pour réussir ? L'absence de soutien politique, ou plutôt l'impossibilité dans laquelle il se trouve de faire appel à un soutien politique le rend malheureusement vulnérable au moins à trois titres.

Tout d'abord en se privant du soutien que pourraient lui apporter les membres de l'ancienne majorité il ne peut pas faire appel à une large opinion consensuelle et il se prive de ressources humaines non négligeables. Ses tentatives, pour neutres qu'elles soient en fait, apparaissent trop facilement comme des tentatives partisanes puisqu'elles risquent d'être utilisées par la gauche triomphante contre ses ennemis.

En second lieu, ne disposant pas de contrepoids politique, il se trouve dépendre beaucoup plus directement des pressions et des humeurs d'un parti socialiste tout-puissant. Or, ce parti dans sa majorité ne comprend pas l'intérêt profond de possibles réformes. En conséquence, le Premier ministre se trouve rejeté du côté de la technocratie traditionnelle. Bien sûr il ne manque pas de jeunes technocrates modernistes pour peupler les cabinets ministériels et les états-majors de réforme. Mais, sans consensus politique et sans soutien de l'opinion, ces réformateurs sont vulnérables et facilement récupérables par le système dont ils font partie.

Enfin et surtout, en adoptant cette voie technocratique, il s'interdit de toucher au système de décision politico-administratif dominant des cabinets et des comités interministériels. Or, il n'est pas possible d'animer vraiment l'ensemble étatique si l'on ne dispose pas d'un leadership fort du sommet. D'où le risque d'enlisement. D'où aussi, paradoxalement, la remontée des pressions pour une politique plus clairement socialiste. Si la modernisation de l'État pour François Mitterrand n'est qu'une politique d'accompagnement et non pas un objectif prioritaire, et s'il n'y a pas d'autre politique en vue que le statu quo, l'impatience ne peut manquer d'agiter les rangs.

6. Une étape pourtant très importante

Le programme de renouveau du service public, c'est bien clair, ne réussira pas à transformer l'État arrogant que nous connaissons en cet État modeste que j'appelle de mes vœux dans ce livre. En outre, même en réduisant la portée de ses réformes, le Premier ministre ne s'assure pas nécessairement de leur succès. Du fait du handicap politique qui est le sien et de l'absence d'une réflexion stratégique plus poussée, je crains que les résultats ne soient pas à la hauteur des espérances. Les déceptions que j'ai pu constater lors de nombreuses enquêtes d'entreprise ne manqueront pas de se reproduire dans la fonction publique[1].

Il reste que le lent cheminement des idées non seulement se poursuit mais s'approfondit, et que ce programme va représenter une étape très importante dans le changement des mœurs. C'est ce changement finalement qui importe le plus car il rendra possibles à terme les transformations plus profondes dont nous avons besoin.

Dès maintenant, malgré les crises et le sentiment de dégradation qu'elles provoquent, malgré l'inflation de la politique-spectacle, des progrès sensibles peuvent être enregistrés dans des domaines particuliers. Les efforts poursuivis pendant une dizaine d'années déjà dans les directions départementales de l'Équipement grâce à l'imagination et à la continuité de leadership qu'assure la direction du personnel ont porté des fruits, tout à fait insuffisants encore, mais bien réels. Les programmes mis en place dans la police ont été soigneusement préparés et ont des chances eux aussi d'obtenir des résultats. France Télécom avec le changement de statut obtenu par Paul Quilès va pouvoir, de son côté, relancer les expériences antérieures même en son sein et lancer des programmes plus ambitieux. Dans les hôpitaux enfin, après la période d'intervention brutale des années 1982-1985[2], des progrès très considérables apparaissent çà et là dans des expériences de changement animées en collaboration avec la base. La direction des hôpitaux elle-même poursuit un effort considérable d'animation intelligente avec les directeurs d'hôpitaux.

De façon plus générale, les occasions de collaboration entre fonctionnaires responsables et consultants sont de plus en plus avidement saisies. Un climat très différent du climat traditionnel de la fonction publique se développe

1. Voir *L'Entreprise à l'écoute, op. cit.*
2. Avec l'introduction du budget global et d'un contrôle de gestion trop tatillon avec parallèlement l'essai infructueux d'imposer une réforme de structure élaborée au sommet.

autour de ces expériences. Nous sommes en train de former empiriquement, sans l'avoir voulu, une génération nouvelle de fonctionnaires plus ouverts à l'innovation. Le mouvement a été donné. Il se poursuivra malgré les obstacles et les retours en arrière. L'étape actuelle, de ce point de vue, ne restera pas comme une occasion perdue.

Table

Conclusion

Postface

IMPRIMERIE BUSSIÈRE À SAINT-AMAND (CHER)
DÉPÔT LÉGAL FÉVRIER 1991. N° 12396 (3631)

Collection Points

SÉRIE ESSAIS

DERNIERS TITRES PARUS

85. Huit Questions de poétique, *par Roman Jakobson*
86. Lectures du désir, *par Raymond Jean*
87. Le Traître, *par André Gorz*
88. Psychiatrie et Antipsychiatrie, *par David Cooper*
89. La Dimension cachée, *par Edward T. Hall*
90. Les Vivants et la Mort, *par Jean Ziegler*
91. L'Unité de l'homme, *par le Centre Royaumont*
    1. Le primate et l'homme
    par E. Morin et M. Piattelli-Palmarini
92. L'Unité de l'homme, *par le Centre Royaumont*
    2. Le cerveau humain
    par E. Morin et M. Piattelli-Palmarini
93. L'Unité de l'homme, *par Centre Royaumont*
    3. Pour une anthropologie fondamentale
    par E. Morin et M. Piattelli-Palmarini
94. Pensées, *par Blaise Pascal*
95. L'Exil intérieur, *par Roland Jaccard*
96. Semeiotiké, recherches pour une sémanalyse
    par Julia Kristeva
97. Sur Racine, *par Roland Barthes*
98. Structures syntaxiques, *par Noam Chomsky*
99. Le Psychiatre, son « fou » et la psychanalyse
    par Maud Mannoni
100. L'Écriture et la Différence, *par Jacques Derrida*
101. Le Pouvoir africain, *par Jean Ziegler*
102. Une logique de la communication
    par P. Watzlawick, J. Helmick Beavin, Don D. Jackson
103. Sémantique de la poésie, *par T. Todorov, W. Empson*
    J. Cohen, G. Hartman, F. Rigolot
104. De la France, *par Maria-Antonietta Macciocchi*
105. Small is beautiful, *par E. F. Schumacher*
106. Figures II, *par Gérard Genette*
107. L'Œuvre ouverte, *par Umberto Eco*
108. L'Urbanisme, *par Françoise Choay*
109. Le Paradigme perdu, *par Edgar Morin*
110. Dictionnaire encyclopédique des sciences du langage
    par Oswald Ducrot et Tzvetan Todorov
111. L'Évangile au risque de la psychanalyse (tome 1)
    par Françoise Dolto

112. Un enfant dans l'asile, *par Jean Sandretto*
113. Recherche de Proust, *ouvrage collectif*
114. La Question homosexuelle, *par Marc Oraison*
115. De la psychose paranoïaque dans ses rapports avec la personnalité, *par Jacques Lacan*
116. Sade, Fourier, Loyola, *par Roland Barthes*
117. Une société sans école, *par Ivań Illich*
118. Mauvaises Pensées d'un travailleur social *par Jean-Marie Geng*
119. Albert Camus, *par Herbert R. Lottman*
120. Poétique de la prose, *par Tzvetan Todorov*
121. Théorie d'ensemble, *par Tel Quel*
122. Némésis médicale, *par Ivan Illich*
123. La Méthode
1. La nature de la nature, *par Edgar Morin*
124. Le Désir et la Perversion, *ouvrage collectif*
125. Le Langage, cet inconnu, *par Julia Kristeva*
126. On tue un enfant, *par Serge Leclaire*
127. Essais critiques, *par Roland Barthes*
128. Le Je-ne-sais-quoi et le Presque-rien
1. La manière et l'occasion, *par Vladimir Jankélévitch*
129. L'Analyse structurale du récit, Communications 8 *ouvrage collectif*
130. Changements, Paradoxes et Psychothérapie *par P. Watzlawick, J. Weakland et R. Fisch*
131. Onze Études sur la poésie moderne, *par Jean-Pierre Richard*
132. L'Enfant arriéré et sa mère, *par Maud Mannoni*
133. La Prairie perdue (Le Roman américain), *par Jacques Cabau*
134. Le Je-ne-sais-quoi et le Presque-rien
2. La méconnaissance, *par Vladimir Jankélévitch*
135. Le Plaisir du texte, *par Roland Barthes*
136. La Nouvelle Communication, *ouvrage collectif*
137. Le Vif du sujet, *par Edgar Morin*
138. Théories du langage, Théories de l'apprentissage *par le Centre Royaumont*
139. Baudelaire, la Femme et Dieu, *par Pierre Emmanuel*
140. Autisme et Psychose de l'enfant, *par Frances Tustin*
141. Le Harem et les Cousins, *par Germaine Tillion*
142. Littérature et Réalité, *ouvrage collectif*
143. La Rumeur d'Orléans, *par Edgar Morin*
144. Partage des femmes, *par Eugénie Lemoine-Luccioni*
145. L'Évangile au risque de la psychanalyse (tome 2) *par Françoise Dolto*
146. Rhétorique générale, *par le Groupe μ*
147. Système de la mode, *par Roland Barthes*
148. Démasquer le réel, *par Serge Leclaire*

149. Le Juif imaginaire, *par Alain Finkielkraut*
150. Travail de Flaubert, *ouvrage collectif*
151. Journal de Californie, *par Edgar Morin*
152. Pouvoirs de l'horreur, *par Julia Kristeva*
153. Introduction à la philosophie de l'histoire de Hegel *par Jean Hyppolite*
154. La Foi au risque de la psychanalyse *par Françoise Dolto et Gérard Sévérin*
155. Un lieu pour vivre, *par Maud Mannoni*
156. Scandale de la vérité, *suivi de* Nous autres Français *par Georges Bernanos*
157. Enquête sur les idées contemporaines *par Jean-Marie Domenach*
158. L'Affaire Jésus, *par Henri Guillemin*
159. Paroles d'étranger, *par Élie Wiesel*
160. Le Langage silencieux, *par Edward T. Hall*
161. La Rive gauche, *par Herbert R. Lottman*
162. La Réalité de la réalité, *par Paul Watzlawick*
163. Les Chemins de la vie, *par Joël de Rosnay*
164. Dandies, *par Roger Kempf*
165. Histoire personnelle de la France, *par François George*
166. La Puissance et la Fragilité, *par Jean Hamburger*
167. Le Traité du sablier, *par Ernst Jünger*
168. Pensée de Rousseau, *ouvrage collectif*
169. La Violence du calme, *par Viviane Forrester*
170. Pour sortir du XXe siècle, *par Edgar Morin*
171. La Communication, Hermès I, *par Michel Serres*
172. Sexualités occidentales, Communications 35 *ouvrage collectif*
173. Lettre aux Anglais, *par Georges Bernanos*
174. La Révolution du langage poétique, *par Julia Kristeva*
175. La Méthode
    2. La vie de la vie, *par Edgar Morin*
176. Théories du symbole, *par Tzvetan Todorov*
177. Mémoires d'un névropathe, *par Daniel Paul Schreber*
178. Les Indes, *par Édouard Glissant*
179. Clefs pour l'Imaginaire ou l'Autre Scène *par Octave Mannoni*
180. La Sociologie des organisations, *par Philippe Bernoux*
181. Théorie des genres, *ouvrage collectif*
182. Le Je-ne-sais-quoi et le Presque-rien
    3. La volonté de vouloir, *par Vladimir Jankélévitch*
183. Le Traité du rebelle, *par Ernst Jünger*
184. Un homme en trop, *par Claude Lefort*
185. Théâtres, *par Bernard Dort*
186. Le Langage du changement, *par Paul Watzlawick*

187. Lettre ouverte à Freud, *par Lou Andreas-Salomé*
188. La Notion de littérature, *par Tzvetan Todorov*
189. Choix de poèmes, *par Jean-Claude Renard*
190. Le Langage et son double, *par Julien Green*
191. Au-delà de la culture, *par Edward T. Hall*
192. Au jeu du désir, *par Françoise Dolto*
193. Le Cerveau planétaire, *par Joël de Rosnay*
194. Suite anglaise, *par Julien Green*
195. Michelet, *par Roland Barthes*
196. Hugo, *par Henri Guillemin*
197. Zola, *par Marc Bernard*
198. Apollinaire, *par Pascal Pia*
199. Paris, *par Julien Green*
200. Voltaire, *par René Pomeau*
201. Montesquieu, *par Jean Starobinski*
202. Anthologie de la peur, *par Éric Jourdan*
203. Le Paradoxe de la morale
par Vladimir Jankélévitch
204. Saint-Exupéry, *par Luc Estang*
205. Leçon, *par Roland Barthes*
206. François Mauriac
1. Le sondeur d'abîmes (1885-1933), *par Jean Lacouture*
207. François Mauriac
2. Un citoyen du siècle (1933-1970), *par Jean Lacouture*
208. Proust et le Monde sensible
par Jean-Pierre Richard
209. Nus, Féroces et Anthropophages, *par Hans Staden*
210. Œuvre poétique, *par Léopold Sédar Senghor*
211. Les Sociologies contemporaines, *par Pierre Ansart*
212. Le Nouveau Roman, *par Jean Ricardou*
213. Le Monde d'Ulysse, *par Moses I. Finley*
214. Les Enfants d'Athéna, *par Nicole Loraux*
215. La Grèce ancienne (tome 1)
par Jean-Pierre Vernant et Pierre Vidal-Naquet
216. Rhétorique de la poésie, *par le Groupe μ*
217. Le Séminaire. Livre XI, *par Jacques Lacan*
218. Don Juan ou Pavlov
par Claude Bonnange et Chantal Thomas
219. L'Aventure sémiologique, *par Roland Barthes*
220. Séminaire de psychanalyse d'enfants (tome 1)
par Françoise Dolto
221. Séminaire de psychanalyse d'enfants (tome 2)
par Françoise Dolto
222. Séminaire de psychanalyse d'enfants
(tome 3, Inconscient et destins), *par Françoise Dolto*
223. État modeste, État moderne, *par Michel Crozier*